근대문학의 종언

KINDAI BUNGAKU NO OWARI
Copyright ©2005 by KARATANI Kojin
All rights reserved.
Original Japanese edition published by INSCRIPT Inc.
Korean translation rights arranged with KARATANI Kojin
This Korean edition was published 2025 by Vigo.

이 책의 한국어판 저작권은 KARATANI Kojin과 독점계약한
도서출판 비고에 있습니다.
저작권법에 의해 한국 내에서 보호를 받는 저작물이므로
무단전재나 무단복제를 금합니다.

근대문학의 종언

가라타니 고진
조영일 옮김

비고

일러두기

1. 이 책은 『近代文学の終り』(インスクリプト, 2005)의 완역이다.
2. 단 본서에 수록된 동명의 글 「근대문학의 종언」의 경우 문고본에서의 변경사항도 반영했다. 판본과 관련된 자세한 내용은 글 서두에 있는 〈일러두기〉와 〈옮긴이 후기〉를 참조하기 바란다.
3. 이 책에 추가된 「영어판 서문」은 출간예정인 영어판의 후기로 작성된 글이다. 편의상 서문의 형태로 배치했다.
4. 각주는 모두 역자의 주며, 원문의 명백한 오류는 수정하여 옮겼다.
5. 독자에게 익숙하지 않은 인명의 경우 생몰연도를 기입했고, 간단한 보충설명은 본문에 [ ]의 형태로 삽입했다.
6. 영어로 표현된 단어 중 일부는 우리에게 익숙한 표현으로 옮겼다. 예를 들어 '디컨스트럭션/디컨스트럭티브'는 '탈구축(적)'으로, '글로벌리제이션'은 '세계화'로.

목차

근대문학의 종언

| 한국어판 서문 | 9 |
| 영어판 서문 | 11 |

1부 근대문학의 종언

1 번역가 시메이 17
2 문학의 쇠퇴 31
3 근대문학의 종언 45

2부 국가와 역사

1 역사의 반복에 대하여 97
2 교환, 폭력, 그리고 국가 125

3부 텍스트의 미래로

1 아이러니 없는 종언 185
2 다가올 어소시에이션이즘 213

저자 후기	303
옮긴이 후기	305
(해제) 근대문학의 마지막 농담	311
발표지면 일람	318
인터뷰 · 좌담회 출석자	319

한국어판 서문

나는 지금까지 많은 문학비평을 써왔다. 그러나 『일본 근대문학의 기원』을 예외로 친다면 외국어로 번역되어 있지 않다. 해외에서 나는 오로지 철학적인 저작으로만 알려져 있을 뿐이다. 한국에서도 그럴 것이라고 생각한다. 하지만 그것을 특별히 유감스럽게 여기는 것은 아니다. 사실 일본에서도 내 저작을 읽으면서도 내가 문예비평가라는 사실을 알지 못하는 사람들이 많아졌다. 바로 이런 것이 '근대문학의 종언'의 증거라고 해도 좋다.

구체적으로 말해 나는 1999년 말까지 두 개의 소설신인상과 평론신인상의 심사위원으로 있었다. 현재 뛰어난 역량을 보이는 작가들이 처음 등장할 때 나는 항상 입회해 있었으며, 자만은 아니지만 내가 없었다면 빛을 보지 못했을 작가도 적지 않다.[1] 나는 확실히 문학의 현장에 있었던 것이다. 그러므로 내가 '근대문학의 종언'을 말할 경우 그것은 학자적인 관점에서 말하는 것이 아니다. 나는 진정으로 낙담한 것이다.

하지만 '근대문학의 종언'에 대해 말하기 시작한 이후 나는 미술·연극·건축·영화 등에 종사하고 있는 지인들로부터 이구동성으로 자신들의 영역도 '종언'일 수밖에 없는 상태에 처해있다는 말을 들었다. 내가 근대문학의 종언만을 심각하게 받아들인 것은 그저 문학에 깊이 관여하고 있기 때문이었다.

우리는 현재 세 가지 해결해야 할 과제에 직면해 있다. 전쟁, 환경문제, 세계적인 경제적 격차. 이것들은 자연과 인간, 인간과 인간의 역사적 관계를 집약하는 사항들이다. 게다가 이것들은 시급한 과제들이다. 이전의 문학은 이런 과제들을 상상력으로 떠맡았다. 그러나 오늘날의 문학이 이것을 떠맡지 않는다고 해도 불만을 드러낼 생각은 없다. 그러나 나 자신은 그것을 떠맡고 싶다. 문학적인지 비문학적인지는 전혀 중요하지 않다.

2006년 3월
가라타니 고진

---

[1] 다와다 요코多和田葉子가 그중 한 명이다.

영어판 서문

「근대문학의 종언」은 20세기 말 무렵 어느 잡지에 실린 인터뷰에서 시작되었다. 당시 나는 수년간 주위 사람들에게 문학과 관련된 글을 쓰고 싶은 마음이 생기지 않는다고 말해 왔다. 많은 사람들이 내가 문학계를 견인해 주기를 기대하던 무렵의 일이다. 그래서 어떤 잡지의 젊은 편집자가 문학에 흥미를 잃은 이유가 무엇인지를 밝히는 인터뷰를 기획했다. 나는 이 기획이 그리 내키지 않았지만, 그 편집자가 과거 나의 학생이었기 때문에 힘이 되어 주고 싶어 인터뷰를 수락했다. 그러자 내 발언은 문예지 등에서 스캔들처럼 다루어지게 되었다. 그래서 이 문제에 대해 좀 더 정리된 견해를 쓸 필요성을 느꼈고 그렇게 쓴 것이 「근대문학의 종언」이다.

이런 경위가 말하고 있는 것처럼 문학이 끝났다는 주장은 적극적으로 주장하고 싶은 내용이 결코 아니었다. 「문학의 종언」이라는 인터뷰를 할 무렵, 나는 '교환양식'이라는, 사회를 이해하는 새로운 관점을 제창하고 있었다. 그리고 그것은 자연스럽게 나를 새로운 세계로 이끌어갔다. 그 과정에서 나는 점점 문학과 멀어지게 되었는데, 그것은 의도한 것이 아니었다. 자연스럽게 그렇게 된 것이다.

그런데 최근 몇몇 사람들에게서 나의 데뷔작「의식과 자연」에 교환양식론의 맹아가 있다는 지적을 받았다. 그 글은 커뮤니케이션이라는 형태를 취한 '교환'에 대해 논하고 있는데, 그렇다면 교환양식론은 마르크스의『자본론』에서 발전한 것이라기보다는 본래 문학적인 것이 아니냐는 것이었다. 아마 그럴지도 모른다.

또 7, 8년 전쯤의 일로 생각되는데, 노벨문학상 선정에 관여하는 사람에게 이런 말을 들은 적이 있다. "당신이 좁은 의미의 문학과 관련된 글을 쓰지 않게 되었다는 것을 잘 알고 있다. 하지만 당신이 하고 있는 것은 본질적으로 문학이다." 왜인지는 모르지만 무척 기뻤다.

생각해 보면 내가 '철학자'가 된 것은 사고(accident)였다. 그것은 다음과 같은 사정 때문이었다. 2005년 나는 〈아사히신문〉의 서평위원이 되었다. 몇 년 전부터 요청이 있었지만, 소설평을 기대하고 있는 것 같아서 사양했다. 하지만 어떤 책을 다루든 상관없다며 그 후로도 계속 열심히 요청했기 때문에 결국 수락하게 되었다. 취임 즈음에 어떤 직함을 쓸 것이냐는 질문을 받았다. 나는 이미 문학작품에 대한 글을 쓰지 않고 있었기에 '문예평론가'는 아니었다. 그렇다고 '비평가'나 '이론가'라고 하기에는 너무 막연했다. 스스로를 '사상가'로 칭하는 것은 주제넘은 일 같았다. 결국 소거법에 따라 나는 '철학자'가 되었다. 물론 나는 직업적인 철학자(대학의 철학과 교수)가 아니다. 그런 의미에서 나는 그 무엇도 아니다. 문예평론의 세계에 들어간 것은 그곳이 경제학이나 철학, 정치학 등의 전문 분야와 달리 자유롭고 창조적인 세계였기 때문이다.

그렇게 생각하면 나는 문학을 그만둔 것도 철학자로 전향한 것도 아니다. 항상 새로운 사고를 추구해 왔을 뿐이다. 오늘날 우리는 문학의 종언이 아니라 인간 세계의 종언 가능성에 직면해 있다. 지금이야말로 자유와 창조성이 그 어느 때보다도 필요한 시기다.

2024년
가라타니 고진

1부 근대문학의 종언

1 번역가 시메이

일본근대문학의 기원으로서의 번역

1부 근대문학의 종언

 메이지明治 전기에는 많은 서양소설이 번역되었다. 하지만 그것은 번역이라기보다 번안에 가까웠다. 즉 언문言文의 의미나 줄거리를 소개하는 것으로 충분했다. 그러던 중 원작에 충실하게 축어적 번역을 시도한 이가 비로소 등장했는데, 그가 바로 후타바테이 시메이二葉亭四迷(1864~1909)다. 후타바테이는 그와 같은 번역작업에 대해 독자적인 견해를 가지고 있었다. "외국 문장을 번역할 경우 의미만을 생각하여 그것에 중점을 둘 경우 원문을 파괴할 위험이 있다. 모름지기 원문의 음조音調를 이해하고 그것을 옮기는 것처럼 해야 한다. 나는 그렇게 믿고 있기 때문에 쉼표나 마침표 하나도 마음대로 버리지 않고 원문에 쉼표가 세 개 마침표가 하나라면 번역문에도 마침표가 하나 쉼표가 세 개라는 식으로 하여 원문의 음조를 옮겼다."[1]

 그러나 이것은 단순한 착상이 아니었다. 어떻게 번역을 해야 하는지를 꽤 연구한 것이다. 그는 바이런을 러시아어로 번역한 주콥스키Vasily Zhukovsky(1783~1852)의 방법이 좋다고 생각했다. 간단히 말하자면 "원문을 완전히 부수어 자기 나름의 시형詩形으로 단지 의미만을 번역한다"는 방식이다. 주콥스키의 러시아어 번역은 그의 영어능력으로 읽은 바이런보다도 훌륭해서 자신도 그렇게 하고 싶었

---

[1] 二葉亭四迷, 「余が飜譯の標準」(1906), 『二葉亭四迷: 明治の文學 第5卷』, 筑摩書房, 2000, 406頁.

1 번역가 시메이

지만 할 수 없었다. "왜냐하면 주콥스키류의 번역을 하기 위해서는 자신에게 충분한 필력이 있어서 설령 원시原詩를 부셔도 그 시상詩想에 새로운 시형을 덧붙일 수 있어야 하는데, 그런 필력이 자신에게는 부족하기 때문이다." 그렇기 때문에 축어역 방식으로 했다는 것이다. 하지만 이런 자조적인 회상을 액면 그대로 받아들여서는 안 된다.

예를 들어 모리 오가이森鷗外(1862~1922)의 번역은 말하자면 주콥스키류의 번역으로서 원작에서 자립한 창작으로 정평이 나 있다. 그에 반해 후타바테이의 번역은 "아니 실은 읽기 어렵다, 문장이 어려워 이해하기 힘들다, 부자연스럽고 너무 솜씨가 없다. 따라서 세상의 평도 나쁘다, 가끔 칭찬해주는 사람도 있지만 대체로 비판의 목소리가 많았다". 하지만 그의 번역, 특히 투르게네프의 「밀회」 등의 번역은 실제로는 큰 영향을 주었다.

한편 그 자신이 쓴 소설 『뜬구름浮雲』은 언문일치로 썼기 때문에 이후 일본 최초의 근대소설로 높은 평가를 받게 되지만 동시대에는 거의 영향을 주지 못했다. 후타바테이 자신도 창작에 대한 관심을 접고 말았다. 그가 다시 소설을 쓴 것은 그로부터 약 20년 후, 죽기 일 년 정도 전이었다. 그럼 왜 소설이 아니라 번역이 영향을 주었던 것일까? 그것은 그의 소설이 도쿠가와德川시대의 속어적 소설을 계승한 문체로 쓰인 데 반해 번역은 러시아어 원작의 축어적 번역이었기 때문이다.

1부 근대문학의 종언

　나카무라 미쓰오中村光夫(1911~1988)는 이렇게 말하고 있다. "이 방법은 자신의 눈으로도 반드시 성공했다고는 말할 수 없었고 당시 일반작가들 사이에서 불평이 있었지만, 원작자가 가진 감수성의 움직임이 그대로 일본어로 옮겨진 것 같은 일종의 독특한 어조가 청년들에게 청신淸新한 인상을 주었고, 기존의 문장감각에 익숙한 눈에는 어색하고 정리되지 않은 것처럼 보인 문체가 그들의 젊은 감수성에는 새로운 표현의 길을 보여주었다."[2]

　하지만 이것을 그저 우연적인 결과로 간주해서는 안 된다. 후타바테이가 자신은 일본어를 잘 하지 못하기 때문에 원작의 의미를 능숙하게 전달하는 창조적인 번역을 포기했다고 말한 것은 여느 때처럼 자학적 표현에 지나지 않는다. 사실 그는 그와 같은 방법을 부정하지 않았다. 사람들은 후타바테이 번역의 유니크함과 그 결과의 엄청남에 주목한다. 하지만 그가 가진 인식에는 주목하지 않았다. 그에 관해 나는 벤야민이「번역가의 사명」이라는 에세이에서 서술한 사항들이 시사적이라고 생각한다. 19세기 횔덜린에 의한 소포클레스 번역은 축어역의 지독한 예로 여겨졌는데, 벤야민은 그와 같은 번역을 옹호했을 뿐만 아니라 루돌프 판비츠Rudolf Pannwitz(1881~1969)의 다음과 같은 말을 인용하고 있다.

---

[2] 中村光夫,『現代日本文學史』, 明治篇, 筑摩書房, 1973(나카무라 미쓰오,『일본 메이지문학사』, 고재석 · 김환기 옮김, 동국대출판부, 103쪽)

1 번역가 시메이

우리나라의 번역은 가장 좋은 것조차 잘못된 원칙에서 출발했다. 그것들은 독일어를 인도어화, 그리스어화, 영어화하는 대신에 인도어, 그리스어, 영어를 독일어화하려고 했다. 외국작품의 정신보다도 자국어 용어법에 훨씬 더 많은 외경심을 품고 있었다. …… 번역가의 원칙적인 오류는 자국어를 외국어로 격하게 흔드는 대신에 자국어의 우연적 상태를 철저히 지키려고 하는 데 있다. 번역가는 특히 관계가 먼 언어에서 번역하는 경우에는 말語과 모양像과 소리音가 하나로 결합되는 언어 그 자체의 궁극적 요소까지 거슬러 올라가야 한다. 번역가는 자국어를 외국어를 통해 확대하고 심화시키지 않으면 안 된다.[3]

이 주장은 그야말로 후타바테이가 참고한 주콥스키의 번역방식을 전면적으로 부정한 것이다. 벤야민 자신은 축어적 번역을 해야 하는 근거를 다음과 같은 사고에서 찾고 있다. 문학 텍스트에는 언어적 형식 자체가 초래하는 결코 어떤 의미로 환원되지 않는 무언가가 있다. 벤야민은 그것을 '순수언어'(die reine Sprache)라고 부른다. 축어적인 충실함이 번역가로 하여금 원작을 단순히 의미로서 받아들이는 것이 아니라 '순수언어'로 향하도록 강요한다.

---

[3] 루돌프 판비츠, 『유럽문화의 위기』, 1917(발터 벤야민, 「번역가의 과제」, 반성완 옮김, 『발터 벤야민의 문예이론』, 민음사, 331~332쪽).

1부 근대문학의 종언

그래서 벤야민은 다음과 같이 말하는 것이다.

순수언어란 스스로는 더 이상 아무것도 지향하지 않고 어떤 것도 표현하지 않고 표현조차도 가지지 않는 창조적인 말로서 모든 언어 안에 있는 것이지만, 이 순수언어 안에서 결국 모든 전달, 모든 의미, 모든 지향은 그것들이 모두 소멸할 수밖에 없는 하나의 층에 도달한다. 그리고 바로 이 층에서 번역의 자유는 하나의 새롭고 보다 고차원적인 정당성을 획득하게 된다. 이 자유는 그렇게 전달된 의미—이 의미에서 해방되는 것이 바로 충실함의 사명이지만—에 의해 존속하는 것이 아니다. 번역의 자유는 오히려 순수언어를 위하여 번역언어에 근거하여 자신의 진실성을 증명한다. 이질적인 언어의 내부에 사로잡혀 꼼짝 못하는 순수언어를 자신의 언어 안에서 구제하는 것, 작품 안에 갇힌 것을 개작 안에서 해방시키는 것이 바로 번역가의 사명이다. 이 사명을 위해 번역가는 자기 언어의 썩은 울타리를 파괴한다. 그렇게 루터, 보스Johann Heinrich Voß(1751~1826), 횔덜린, 게오르게는 독일어의 한계를 확대한 것이다.[4]

루터가 『성서』를 독일의 속어로 번역했다는 것, 그리고 그것이 표준적인 독일어가 되었다는 것은 잘 알려져 있다.

---

[4] 발터 벤야민, 「번역가의 과제」, 위의 책, 331쪽.

1 번역가 시메이

피히테는 독일어를 그리스어만이 필적할 수 있는 유일한 원原언어이기 때문에 다른 불순한 언어와는 다르다고 했다. 그는 독일어가 번역에 의해 만들어졌다는 사실을 잊고 오리지널리티를 주장하고 있는 셈이다. 독일어만이 아니다. 근대의 내셔널한 언어는 전부 번역을 통해서 형성된 것이다. 그러나 중요한 점은 왜 루터의 번역이 독일어를 형성시킬 정도로 강한 영향력을 가졌는가 하는 것이다. 벤야민은 루터의 『성서』가 가진 영향력도 축어적인 번역이었다는 사실에서 찾았다. 그리고 루터에게 축어적(faithful) 번역을 강요한 것은 『성서』라는 신성한 텍스트에 대한 그의 신앙(faith)이었다.

그런데 이것은 후타바테이가 축어적 번역을 한 이유를 설명하는 것이기도 하다. 후타바테이는 말한다. "문학에 대한 존경심이 컸기 때문에, 예를 들어 투르게네프가 그 작품을 쓸 때의 마음가짐은 대단히 신성한 것이었기 때문에 이것을 번역할 때 똑같이 신성해야 했다, 그러므로 한 글자 한 구절도 중요하게 생각해야 한다고 믿었다."[5] "투르게네프는 투르게네프, 고리키는 고리키, 각별히 그 시상詩想을 터득하여 엄밀히 말해 몸과 마음을 원작자와 항상 똑같이 하여 충실히 그 시상을 옮기지 않으면 안 된다. 사실 이것이 번역의 근본적인 필요조건이다."[6]

---

[5] 二葉亭四迷,「余が翻訳の標準」, 위의 책, 407-408頁.
[6] 二葉亭四迷,「余が翻訳の標準」, 위의 책, 408頁.

1부 근대문학의 종언

이런 관점에서 보면, 후타바테이의 축어적 번역은 의미를 전달하는 것뿐만 아니라 각각의 작품에서 의미에 의해 갇혀있는 '순수언어'를 일본어로 구제하는 것이었다. 그가 일본어보다 러시아어를 더 잘 알았다는 것은 과장이 아니다. 오히려 외국어였기 때문에 의미로 환원되지 않는 '순수언어'를 감지할 수 있었다. 다른 한편으로 그의 축어적 번역은 그야말로 '자국어를 격하게 흔드는' 것이었다. 젊은 이들, 예를 들어 구니키다 돗포国木田独歩(1871~1908)와 같은 작가가 다른 무엇보다도 후타바테이의 투르게네프 번역에 감동한 것은 그 때문이다. 그 이전 번역이나 일본어에 의한 다양한 번역은 '자국어의 우연적 상태를 철저히 지키려고 했기' 때문에 후타바테이의 번역이 부여한 것 같은 청신함을 주지 못했다.

그런데 문제는 일본근대문학이 그가 번역한 투르게네프의 방향으로 나아갔다는 점이다. 사실 그것은 그의 『뜬구름』이 영향을 주지 않았다는 것과 관련이 있다. 나는 후타바테이에 의한 투르게네프 번역은 축어역이었기 때문에 영향을 주었다고 서술했다. 그러나 후타바테이가 축어적으로 번역한 것은 투르게네프만이 아니었다. 그는 고골이나 고리키도 축어적으로 번역했다. 주목해야 하는 것은 그의 고골 번역의 문장이 어떤 의미에서 후타바테이 자신의 『뜬구름』 문체와 닮아있다는 점이다. 거슬러 올라가면 그것은 시키테이 삼바式亭三馬(1776~1822)와 같은 에도江戸작

1 번역가 시메이

가(곳케이본滑稽本[7])와도 닮아 있다.

후타바테이 시메이는 투르게네프를 번역했지만 그것을 좋아했다고는 말할 수 없다. 그의 자질은 분명 고골, 도스토옙스키 선상에 있었다. 그런데 그의 번역은 고골이 아니라 투르게네프 선상에서만 영향을 주었다. 이것이 의미하는 것은 무엇일까? 메이지의 일본작가들은 에도소설과 관련이 있는 풍자(satire)적 소설이 아니라 리얼리즘적 소설을 일본어로 실현시켰다는 말이다.

이 문제는 같은 시기 일본의 화가가 당면한 문제와 닮아있다. 프랑스에서는 초상화로 먹고 살던 화가들이 19세기 중반에 사진이 출현하자 더 이상 그렇게 할 수 없게 되었다. 기하학적 원근법을 특징으로 하는 근대회화는 사실 사진과 같은 원리, 즉 카메라 옵스큐라에 기초하고 있었기 때문이다. 사진이 출현했을 때 근대회화는 자신의 존재이유를 잃어버렸다. 그러므로 인상파 화가들은 사진으로는 할 수 없는 것을 하려고 했다. 그때 그들은 일본의 우키요에浮世繪와 만났다. 그런데 아이러니하게도 그로부터 얼마 후 메이지 일본인은 인상파 이전의 서양회화를 규범으로서 받아들였다. 페놀로사Fenollosa(1853~1908)나 오카쿠라 덴신岡倉天心(1862~1913)은 일본의 전통적인 미술에서 서양 근대미술의 한계를 넘어선 것을 보려고 했다. 그러나 오카쿠라는 서양파에 의해 그가 창립한 미술학교에서 추방당

---

[7] 서민생활을 익살로 엮은 에도시대의 통속소설.

한다. 그것은 구니키다 돗포가 후타바테이가 번역한 투르게네프 작품의 영향을 받은 문체로 쓴「무사시노武藏野」를 발표했을 즈음이다.

근대소설의 특성은 어쨌든 리얼리즘에 있다. 소설이 예술로 간주된 것은 그것이 허구를 통해 '진실'을 파악한다고 간주되었을 때이다. 이것을 위해서는 허구라고 해도 리얼한 것처럼 생각되어야 했다. 그저 '이야기物語'여서는 안 되었다. 영국소설에서도 초기는 디포가 그랬지만 이야기가 아니라 사실을 쓰고 있다는 식의 서사기법을 만들었다. 그 결과『전염병 연대기』등은 역사적 사실로 생각될 정도다. 오늘날 TV 등에서는 "이 이야기는 픽션입니다"라고 애써 양해를 구하지만 초기 소설은 그 반대였다. 소설가는 이야기임에도 불구하고 그것이 어떻게 하면 리얼하게 보일지를 고민했다. 그것은 회화에서도 마찬가지였다.

파노프스키는 회화의 리얼리즘을 대상과 그것을 파악하는 형식이라는 두 가지 관점에서 보고 있다(『'상징형식'으로서의 원근법』). 대상으로 말하면 그것은 종교적·역사적인 주제가 아니라 평범한 인간이나 풍경을 주제로 삼은 것을 말한다. 형식(상징형식)으로 말하면 그것은 기하학적 원근법의 채택이다. 이것은 고정된 한 점에서 투시하는 도법으로 이차원 공간에 깊이가 있는 형태를 부여하는 장치다. 소설의 리얼리티에 대해서도 같은 것을 말할 수 있다.

1 번역가 시메이

대상면에 대해서는 말할 필요도 없다. 간단히 말하자면 주제가 흔한 인간과 풍경으로 이행했다. 하지만 이런 변화(shift)에는 커다란 심리적 전도가 숨어 있다. 그것에 대해서는 일찍이 『일본근대문학의 기원』에서 구니키다 돗포의 「잊을 수 없는 사람들」을 예로 제시했다. '잊을 수 없는' 것은 '잊어서는 안 되는' 중요한 것이 아니라 하잘것없는 것인데도 잊히지 않는 풍경인 것이다.[8]

다른 한편으로 형식적인 측면에서 보자면 리얼리즘을 가져오는 것은 화자가 있음에도 마치 그것이 없는 것처럼 보이게 하는 화법의 고안에 있다. 그것의 완성된 형태가 '3인칭 객관묘사'다. 여기서는 고정된 한 시점으로부터의 투시가 '현전성'과 '깊이'를 부여한다. 이 화법은 프랑스에서는 19세기 중반에 성립했다. 러시아에서는 투르게네프에 의해 확립되었다고 해도 좋다. 그것을 후타바테이가 일본어로 번역한 것이다.

하지만 같은 시기 러시아에서는 오히려 그런 리얼리즘을 거부한 작가가 있었다. 고골과 그의 "「외투」에서 나왔다"고 칭송한 도스토옙스키다. 그들의 작품은 말하자면 르네상스적인 소설이고 바흐친이 강조한 것처럼 그곳에는 '카니발적인 세계감각'이 유지되고 있다. 영국으로 말하자면 그것은 18세기 스위프트나 로렌스 스턴이다. 바흐친은 영국의 전前낭만파 스턴에게서 '카니발적 세계감각'이 주

---

[8] 이 부분(「풍경의 발견」)은 『하루키의 풍경』(비고)에도 수록되어 있다.

1부 근대문학의 종언

관적인 형태로 회복되고 있다고 말한다. 소세키가 디포를 싫어하고 스위프트나 스턴을 상찬한 사실을 상기하자. 이렇게 고골에게 친근성을 느끼는 후타바테이 시메이와 로렌스 스턴에게 친근성을 느끼는 나쓰메 소세키가 은밀하게 공명共鳴한다고 해도 이상하지 않다. 이런 '카니발적인 세계감각'은 에도 게사쿠戱作[9]라기보다 좀 더 근본적으로 '하이카이俳諧'[10]라는 일본전통에 뿌리를 두고 있었다.

하지만 서양인이 기하학적 원근법을 의심하기 시작하고 그로부터 탈출할 수 있는 열쇠를 일본의 우키요에에서 발견했을 때, 일본인은 반대로 유화에서 리얼리즘 회화를 실현하려고 한 것과 같은 아이러니가 근대문학에서도 발견된다. 그러므로 후타바테이가 번역한 투르게네프 번역만이 영향력을 가졌고 그가 번역한 고골은 무시되었다. 동시에 그가 쓴 『뜬구름』도 무시되었다. 나중에 그것이 최초의 근대소설이라는 평가를 받았을 때에도 그것은 '르네상스적'으로 간주되지 않고 여전히 에도소설의 진부함을 이어받은 과도기적 작품으로 여겨졌다.

후타바테이 시메이 자신은 평생 그러한 태도(stance)를 바꾸지 않았다. 예를 들어 소세키의 부탁을 받아 만년에 『아사히신문』에 연재한 『평범平凡』은 다음과 같이 쓰여있다.

---

[9] 에도시대의 통속적인 오락소설.
[10] 하이카이렌가俳諧連歌의 준말. 에도시대의 정형시.

1 번역가 시메이

그럼 제목인데, 제목은 무엇으로 할까? 예전부터 이것을 지으려다 지쳤지 아마…… 라고 생각한 끝에 퍼뜩 무릎을 치고 평범! 평범이 그만이다. 평범한 자가 평범한 붓으로 평범한 반생을 표현하는 데에 평범이라는 제목만큼 잘 어울리는 것은 없다. 제목이 결정되었다.

다음은 쓰는 방법인데, 이것은 머리를 짜낼 일이 아니다. 최근 자연주의라고 해서 작가가 경험한 어리석은 일을 기교를 전혀 가하지 않고 있는 그대로 소의 침처럼 길게 쓰는 것이 유행인 것 같다. 좋은 것이 유행하고 있다. 나도 역시 그런 식으로 하련다.

그럼, 제목은 『평범』, 쓰는 방식은 소의 침.[11]

3인칭 객관에서 화자이면서 등장인물과 일체가 되어버리는 것은 1인칭 소설에서 먼저 시작되었다. 1인칭 소설에서 화자와 등장인물은 융합되기 때문이다. 그런데 약 20년 만에 쓴 소설에서 후타바테이는 대상화된 나와 다른 화자(작가)를 유지했다. 그리고 마지막에는 이 자전적 소설을 게사쿠로 바꾸어버렸다. "후타바테이가 말씀드리겠습니다. 이 초고 필사본은 야시夜市에서 흥정하여 손에 넣은 것으로 뒤는 갈기갈기 찢겨져 없습니다. 이야기 중에 전화가 끊긴 것 같습니다만 어쩔 수가 없습니다."[12] 후타

---

11 二葉亭四迷,『平凡』,『二葉亭四迷: 明治の文学 第5券』, 筑摩書房, 226頁.
12 二葉亭四迷,『平凡』, 위의 책, 374頁.

1부 근대문학의 종언

바테이는 그가 번역한 투르게네프 선상에서 발전한 일본 근대문학의 주류, 즉 자연주의 소설을 '소의 침'이라고 불렀다. 즉 그 자신은 『뜬구름』이나 고골 선상에 계속 있었던 것이다.

⊙ 추기追記 - 본고는 2004년 3월 26, 27일에 컬럼비아대학교에서 행한 Translation Matters: East Asian Literature in Transnational Perspective라는 학회에서 발표된 논문, "Translation as the origin of Modern Japanese Literature"에 기초하고 있다.

2 문학의 쇠퇴

소세키의 『문학론』

1부 근대문학의 종언

내가 『일본근대문학의 기원』을 구상한 것은 1975년 예일대학교에서 메이지문학을 가르치고 있을 때였다. 통상적인 메이지문학사는 서양에서 성립된 근대문학이 일본에서 어떻게 받아들여졌는가, 또는 받아들여지지 않았는가라는 관점에서만 논해졌다. 그 경우 근대문학은 자연적이고 자명한 것으로 간주되었다. 그리고 그것을 의심한 사람은 서양은 물론 일본에도 거의 없었다. 아메리카인 학생을 상대로 메이지문학을 가르치고 있을 때, 나는 나쓰메 소세키가 근대문학의 자명성을 의심한 예외적인 한 사람이 아니었을까? 『문학론』이야말로 그와 같은 작업이 아니었을까? 하는 생각에 도달했다. 그때 나는 34살이었는데 어느 날 문득 나쓰메 소세키가 런던에서 문학론에 몰두하던 때가 34살이었다는 사실을 깨달았다. 그때 느낀 조용한 흥분을 잊을 수가 없다. 『일본근대문학의 기원』의 서두에서 소세키와 그의 『문학론』에 대해 언급한 것은 그 때문이다.

하지만 당시 일본에서 이론가로서의 소세키는 경시되었다. 소설가 소세키의 전주前奏에 지나지 않다고 생각되었다. 하물며 아메리카에서 소세키의 『문학론』에 주목한 사람이 있을 리 없었다. 그런 시기를 떠올리면 오늘날 아메리카에서 소세키의 『문학론』에 관한 학회가 열린다는

2 문학의 쇠퇴

사실에 놀라지 않을 수 없다. 그것은 정말 기쁜 일이 아닐 수 없다. 그러나 유감스럽게도 나는 그것에서 그다지 큰 기쁨을 찾을 수 없었다. 그에 대해서는 뒤에서 서술하겠지만, 한마디로 말하자면 최근 30년 사이에 문학의 위치가 근본적으로 바뀌어버린 것이다.

나는 『일본근대문학의 기원』에서 소세키의 작업은 서양뿐만 아니라 일본에서도 고립되어 있었다고 서술했다. 하지만 일단 그것을 정정하지 않으면 안 된다. 소세키의 이론적 야심은 그가 런던에 있을 때 결핵으로 죽은 친구인 하이진俳人 마사오카 시키正岡子規(1867~1902)의 그것과 같은 것이었다. 동시에 그것은 그들 자신의 창작과 분리할 수 없는 것이었다. 바꿔 말해 그들은 하이쿠와 하이쿠에서 생겨난 산문(사생문寫生文)을 이론적으로 정립하려는 의도를 공유하고 있었다. 사생문이라고 하면 리얼리즘으로 이해되기 쉬우나 오히려 근대적 리얼리즘에 대한 비판이다. 사생문에는 줄거리가 없다는 특징 외에 하이카이俳諧 고유의 풍자적인 성질을 가지고 있다. 그런 의미에서 예를 들어 소세키의 『나는 고양이로소이다』와 같은 문장이야말로 전형적으로 사생문이다. 사실 이것은 시키가 시작한 하이쿠 잡지 『호토토기스ホトトギス』에 발표되었다.

마사오카 시키는 『하이카이대요俳諧大要』(메이지 28년)에서 하이쿠를 이론적으로 정립하려고 했다. 그는 하이쿠가 하이카이렌가俳諧連歌의 오랜 전통에서 나왔다는 역사

1부 근대문학의 종언

적 사실에서 출발하는 것이 아니라 그것의 형식에 대한 고찰에서부터 시작했다. 시키는 다음과 같이 말한다. "하이쿠는 문학의 일부이다. 문학은 예술의 일부이다. 고로 미의 표준은 문학의 표준이다. 문학의 표준은 하이쿠의 표준이다. 즉 회화도 조각도 음악도 연극도 시詩 가歌 소설도 모두 동일한 표준을 가지고 논할 수 있어야 한다"[1]

그가 말하는 것은 전통적인 하이쿠가 아무리 정묘하고 설명하기 힘들다 하더라도, 예술(미)의 일부로서 보편적으로 고찰되어야 한다는 것이었다. 그때 하이쿠가 극도로 짧은 시라는 것은 시키의 시학에 어떤 보편성을 부여했다. 예를 들어 포Poe는 『시의 원리』에서 짧다는 것을 시의 특질로 서술했는데 그것은 시가 시인 이유를 내용이 아닌 형식에서 찾아야 한다는 것을 의미했다. 마찬가지로 가장 짧은 하이쿠에 초점을 두었던 시키는 시가 시인 까닭을 언어의 차원에서, 그리고 내용이 아닌 형식에서 사고해야 했다.

소세키는 그에 대해 쓰지는 않았지만 그의 안에 항상 한 사람의 사자死者가 살고 있었음을 잊어서는 안 된다. 소세키가 취한 행동, 예를 들어 도쿄제국대학을 사임하고 아사히朝日신문사에 입사한 사건은 세간의 이목을 집중시켰지만 일찍이 시키가 니혼日本신문사에서 활동한 것을

---

[1] 正岡子規,「俳諧大要」(1895), 中村草田男編,『俳句の出発』, みすず書房, 2002, 122-123頁.

2 문학의 쇠퇴

생각하면 그리 놀랄 만한 일은 아니다. 소세키의 『문학론』은 많은 점에서 죽은 친구의 의지를 이어받아 그것을 좀 더 대대적으로 발전시킨 것이라고 해도 좋다. 『문학론』에서 소세키는 문학이란 무언가를 일반적이고 전체적으로 따지는 것이라고 했는데, 그때 그는 시키와 함께 생각한 특정한 문학―하이쿠와 사생문―의 기초를 보편적으로 다지려는 의도를 숨기고 있었다.

소세키는 에세이에서 사생문의 특징 중 하나를 어떤 '정신태도精神態度'에서 찾고 있다. "사생문 작가가 인간사에 대해 취하는 태도는 귀한 사람이 천한 사람을 보는 태도도 아니다. (중략) 남자가 여자를 보고 여자가 남자를 보는 태도도 아니다. 즉 어른이 아이를 보는 태도다. 부모가 아이를 대하는 태도다."[2] 그러나 이것은 하이카이만의 고유하고 특수한 태도가 아니다. 왜냐하면 이것은 프로이트가 '유머'에 대해서 지적한 '정신태도'와 완전히 같은 것이기 때문이다. 프로이트에 의하면 유머는 괴로워하는 자아(아이)에 대해 초자아(부모)가 그런 것은 아무것도 아니라며 위로하고 격려하는 것이다.

소세키는 사생문이 하이쿠에서 온 것이라고 해도 일본에 국한된 것은 아니라고 말하고 있다. "이와 같은 (사생문 작가의) 태도는 하이쿠에서 완전히 벗어난 것이다. 서

---

[2] 夏目漱石, 「寫生文」, 『漱石全集』(20), 1957, 17頁(소세키, 「사생문」, 황지헌 옮김, 『나쓰메 소세키 문학예술론』, 소명출판, 2004, 62쪽).

1부 근대문학의 종언

양의 조류에 휩쓸리다 요코하마에 도착한 수입품이 아니다. 천박한 내가 아는 한은 서양의 걸작으로 세상의 칭찬을 받는 것 중에 이런 태도로 쓰인 것은 볼 수 없다."[3] 하지만 그에 더하여 곧바로 이렇게 말한다. 디킨스의 『피크위크 페이퍼스』, 필딩의 『톰 존스』, 세르반테스의 『돈 키호테』 등에서 '다소 이런 태도를 가진 작품'이 발견된다. 무슨 이유에서인지 여기서는 언급하고 있지는 않지만 당연히 로렌스 스턴의 『트리스트럼 샌디』나 『감상적 여행』에서도 사생문에 가장 가까운 '태도'를 찾아볼 수 있다.

소세키가 일찍부터 스턴에게서 사생문과 닮은 '태도'를 발견했다는 점에 주목해야 한다. 스턴의 작품은 19세기 후반에 확립된 문학의 규범에서 일탈하는 것이었다. 그것은 이후 모더니즘에 의해 재평가를 받게 되지만 소세키가 런던에 있던 시점에는 그렇지 않았다. 그리고 소세키가 하이쿠에서 온 사생문과 18세기 중반에 막 성립된 소설을 일찌감치 파괴해버린 스턴의 소설을 동일선상에서 본 것은 그저 즉흥적인 생각이 아니었다.

이 점에서 바흐친의 스턴에 대한 서술은 주목할 만하다. 바흐친은 라블레를 논하면서 거기서 '그로테스크 리얼리즘'을 찾아낸다. 이것의 중요한 특징은 격하, 하락인데 고위高位의 것, 정신적, 이상적, 추상적인 것을 전부 물질적·육체적 차원으로 이행시키는 것을 말한다. 그리고 그것을

---

[3] 夏目漱石, 「寫生文」, 위의 책, 22頁(소세키, 「사생문」, 위의 책, 68~69쪽)

2 문학의 쇠퇴

성립시키고 있는 것은 민중의 웃음이다. 그가 생각하기에 라블레와 같은 르네상스문학에 있던 '민중적·카니발적 세계감각'은 이후 쇠퇴했다. 하지만 그것은 주관적인 형태로 회복되었다. 바흐친은 그것이 스턴의 『트리스트럼 섄디』라고 말한다.

서유럽 시장경제의 침투에 의해 농업공동체가 해체된 지역에서 '그로테스크 리얼리즘'을 회복하는 것은 어렵다. 바흐친은 스턴에게서 '라블레적·세르반테스적 세계감각'이 회복되어 있지만 그것은 '새로운 시대의 주관적 언어로의 독특한 변환'이라는 형태로만 이루어졌다고 말한다. 그는 그곳에서 "웃음은 축소되고, 유머, 아이러니, 빈정거림의 형식을 취한다"고 말한다. 그 결과 일반적으로 스턴의 문학은 '개인적 세계감각의 표현형식'이나 과민한 자의식의 표현으로 간주된다. 그럼에도 불구하고 바흐친은 비록 주관화된 것이지만 거기에 '라블레적·세르반테스적 세계감각'이 회복되어 있다는 점을 인정했다.[4]

하지만 그와 같은 문학은 19세기 영국이나 프랑스에서 문학의 방계로서 부정되었다. 한편 그것을 부활시킨 것은 19세기 전반 러시아의 고골이다. 도스토옙스키는 그 자신의 표현에 의하면 바로 고골의 「외투」에서 나왔다. 바흐친에 따르면 도스토옙스키 소설이 주관적·심리적인 근

---

[4] バフチーン,『フランソワ・ラブレーの作品と中世・ルネサンスの民衆文化』, 川端香男里訳, セリか書房, 1980, 38頁(바흐친,『프랑수아 라블레의 작품과 중세 및 르네상스의 민중문화』, 이덕형·최건영 옮김, 아카넷, 2001, 72~73쪽).

1부 근대문학의 종언

대소설과 근본적으로 이질적인 것은 거기에 '카니발적인 세계감각'이 유지되고 있기 때문이다.

고골의 작품은 종종 초현실주의(surrealism)와 동일시되곤 한다. 그러나 초현실주의는 모더니즘의 산물에 지나지 않는다. 고골에게서 발견되는 저 그로테스크 리얼리즘은 19세기에서도 공동체가 농후하게 존속하고 있던 러시아 사회의 후진성에서 온 것이다. 같은 것을 소세키에 대해서도, 그리고 중국의 루쉰이나 마르케스와 같은 라틴 아메리카 작가에 대해서도 말할 수 있다. 이들은 말하자면 각국의 '불균등발전'을 보여주는 것이다. 다만 서양의 모더니즘 이후에 나온 루쉰이나 마르케스와 비교했을 때 소세키가 만난 곤란이란 그것을 이론적으로 스스로 정당화해야 했다는 점에 있다.

그런데 소세키는 사생문이 '하이쿠에서 벗어난 것'이라고 말한다. 이것은 단순히 하이진俳人 시키가 시작했다는 사실을 가리키는 것이 아니다. 사생문의 원천에는 근세의 하이쿠만이 아니라 더 거슬러 올라가서 하이카이렌가俳諧連歌[5]가 있다. 즉 사생문이 가진 '세계감각'은 '하이카이적인 것'에서 유래한 것이다. 그리고 그것은 바로 바흐친이 말하는 '카니발적 세계감각'이다.

렌가의 역사는 이하와 같다. 그것은 고대부터 있었지만 상층귀족의 문화인들에 의해 와카和歌 정취를 좋아하는

---

[5] 해학적이고 익살스러운 내용을 읊은 렌가連歌.

2 문학의 쇠퇴

우신렌가有心連歌[6]로서 점점 세련되어 갔다. 그러나 한편으로 렌가가 발생시기부터 가지고 있던 하이카이성俳諧性이 저류화底流化되어 계속 살아있었다. 그것은 15세기 말에는 『지쿠바쿄긴슈竹馬狂吟集』[7]라는 하이카이렌가를 낳고 무로마치室町시대 말기에는 야마자키 소칸山崎宗鑑(?~1540)의 『이누쓰쿠바슈犬筑波集』와 같은 작품을 낳게 했다. 봉건제가 해체되는 무로마치시대 후기에서 전국시대에 걸쳐 렌가의 하이카이성이 첨예화되었다. 바흐친에 따르면 중세적인 것, 봉건적인 것이 전도된 르네상스기에 '민중의 웃음문화'는 '자유롭고 비판적인 역사의식을 위한 형식'이 될 수 있었던 것이다.

또 바흐친은 "16세기는 웃음 역사의 정상이고 이 정상의 피크가 라블레 소설이다. 그 뒤 플레야드파[8]부터 매우 급한 내리막길이 시작된다. 웃음이 세계관적 전망과 본질적인 관련을 잃고 부정, 그것도 도그마적 부정과 결합하여 사적이거나 사적인 관례의 영역으로 국한되어 역사적 뉘앙스를 잃어버리게 되었다."[9]고 말한다. 같은 것을 16세기 일본의 하이카이에 대해서도 말할 수 있다.

17세기에 렌가는 도쿠가와德川체제하에서 틀에 맞춘 것이 되어버렸다. 그것을 혁신하려고 한 사람이 바쇼[松尾]

---

[6] 와카의 전통을 계승한 우아한 풍정을 담은 렌가.
[7] 편자 미상인 일본 최초의 하이카이 선집.
[8] 16세기 피에르 드 롱사르를 중심으로 한 혁신적인 프랑스 시인 그룹.
[9] バフチーン, 위의 책, 91頁(바흐친, 위의 책, 164~165쪽).

1부 근대문학의 종언

芭蕉(1644~1694)다. 바쇼는 하이쿠를 독립시키려고 했다. 그것은 렌가의 길드적 공동체를 부정함으로써 '하이카이적인 것'을 회복하려는 것이었다. 그런데 그 또한 쇼풍蕉風[바쇼와 그의 제자들의 작품]으로 불리는 하나의 양식으로 바뀌고 길드화가 되었다. 메이지 20년대에 시키는 바쇼를 부정하고 렌쿠連句[10]를 배척했지만 매우 흥미롭게도 그것은 오히려 바쇼가 렌가를 부정하고 하이쿠를 창시했을 때와 닮아있다. 시키 앞에 있었던 쇼풍은 종장宗匠을 우러러보는 폐쇄적 집단이나 '예정조화'적 정신에 지나지 않았다. 시키가 그 같은 집단을 부정한 것은 물론이다. 그가 추구한 것은 '하이카이적인 것'으로서의 사생이었지 '리얼리즘'으로서의 사생이 아니었다. 그런데 시키 사후에는 바쇼 사후에 일어났던 것과 같은 일이 일어났다. 시키 사후 다카하마 교시 高浜虛子(1874~1959)가 종장(이에모토家元) 시스템을 확립한 것이다.

그런 의미에서 '하이카이적인 것'이 진정으로 살아남은 것은 시키의 맹우盟友인 소세키의 사생문에서였다. 게다가 소세키는 그것을 보편화하려고 했다. 즉 하이카이렌가나 사생문이 가진 '카니발적 세계감각'을 18세기 영문학에서 찾아낸 것이다. 소세키의 『문학론』은 당시 근대문학에서 완전히 비주류에 있던 것에서 가치를 발견하려는 의도로 쓴 것이었다.

---

[10] 낭송된 첫 구에 대해 그 정경을 바탕으로 다음 구를 이어가는 것.

2 문학의 쇠퇴

그러나 이 같이 말하면서 나는 한 가지 사실을 고백해야 한다. 어떤 사물의 기원이 보이기 시작하는 것은 그것이 끝날 때다. 30년 전 『일본근대문학의 기원』을 썼을 때 나는 일본근대문학의 종언을 느끼고 있었다. 하지만 그것은 문학의 종언은 아니었다. 그것은 다른 문학의 가능성을 품은 것이었다. 실제 근대문학의 지배적 형태에서 배제된 것처럼 보이는 형식의 소설이 많이 쓰였다. 이름을 들자면 나카가미 겐지中上健之, 쓰시마 유코津島佑子, 무라카미 류, 무라카미 하루키, 다카하시 겐이치로高橋健一郞 등이 등장한 것이었다. 그들은 포스트모던이라고 불렸다. 그런데 내게 그것들은 어떤 의미에서 소세키가 근거를 부여하려고 한 유형의 문학적 재생(르네상스)으로 보였다. 그것은 문자 그대로 르네상스적 문학을 회복하는 것이었다. 그와 같은 동시대문학의 동향을 보면서 나는 『일본근대문학의 기원』을 쓴 것이다.

그러나 1990년대에 그와 같은 문학은 급격히 쇠퇴하고 사회적 지적 임팩트를 잃어버리기 시작했다. 어떤 의미에서 나카가미 겐지의 죽음(1992년)은 총체로서 근대문학의 죽음을 상징하는 것이었다. 그것은 이제 다른 가능성이 있는 것이 아니다. 그저 끝이었다. 물론 문학은 계속될 것이지만 내가 관심을 가지는 문학은 아니었다. 실제 나는 문학과 연을 끊어버렸다.

그러나 이와나미서점에서 전5권의 저작집을 내자는 기

1부 근대문학의 종언

획이 있기 때문에 2년 전부터 내 책 『일본근대문학의 기원』과 어쩔 수 없이 마주했다. 이것을 고쳐 쓰는 것은 지루한 작업이 아니었다. 오히려 나는 열중했다고 해도 좋은데 이전에 그것을 썼을 때 느꼈던 것과 같은 흥분은 없었다. 그것은 뭐랄까 유서를 쓰고 있는 것 같은 느낌이었다. 그때 소세키의 『문학론』 서문을 다시 읽고 일찍이 인용을 했음에도 불구하고 깨닫지 못했던 말을 새삼 깨닫게 되었다. 소세키는 이렇게 쓰고 있다.

> 나는 여기서 근본적으로 문학이란 어떤 것인가 하는 문제를 해석하기로 결심했다. (……)
> 나는 하숙집에 틀어박혔다. 모든 문학서를 고리짝에 집어넣었다. 문학서를 읽고 문학이 어떤 것인지를 알려고 하는 것은 피를 씻는 수단으로 피를 믿는 것이었다. 나는 심리적으로 문학은 어떤 필요에 의해 이 세상에 태어나 발전하고 쇠퇴하는지에 대해 탐구하기로 굳게 결심했다. 나는 사회적으로 문학이 어떤 필요가 있어서 존재하고, 융성하고 쇠멸하는지를 탐구하기로 결심했다.[11]

이번에 나의 눈길을 끈 것은 '쇠퇴', '쇠멸'과 같은 단어였다. 그리고 이것은 소세키의 시도에 대한 나의 견해를

---

[11] 夏目漱石, 『文學論』, 『漱石全集』(16), 岩波書店, 1957, 10頁(소세키, 「『문학론』 서」, 『나쓰메 소세키 문학예술론』, 소명출판, 2004, 36~37쪽).

2 문학의 쇠퇴

바꾸었다. 어쩌면 소세키는 문학의 종언을 염두에 두고 있었던 것은 아닐까? 하는 생각이 들었다.

이 같은 소세키의 서술은 하이쿠나 단카短歌가 멸망한다는 마사오카 시키의 설을 상기시킨다. 생각해 보면 새로운 하이쿠 운동을 일으킨 시키가 동시에 하이쿠가 필연적으로 멸망할 것이라고 주장했다는 것은 기묘하다. 그때 시키는 하이쿠나 단카의 멸망을 단시형短詩形이기 때문에 음성의 순열조합으로 볼 때 유한하다고 설명했다. 이 생각은 틀렸다. 순열조합의 수는 천문학적이고 인간의 역사에서는 사실상 무한하기 때문이다. 그런데 시키가 말하고 싶었던 것은 오히려 소세키가 말하는 것처럼 하이쿠나 단카가 '심리적'이거나 '사회적'인 요인에 의해 끝난다는 것이었다. 동시대나 이후의 문학자들과 달리 그들은 문학이 영원하다는 것을 믿지 않았다. 나는 문학과 연을 끊었다고 말했다. 그러나 소세키의 서문을 다시 읽었을 때 적어도 '근대문학의 종언'에 대해 사고할 의무가 있다고 다시 생각했다.

◉ 추기—이 평론은 2005년 3월 14일, UCLA에서 행해진 소세키의 문학론에 관한 워크숍(Workshop on rethinking Soseki's Bungakuron as Social Theory)에서 발표한 논문(영어)에 기초하고 있다.

3 근대문학의 종언

The End of Modern Literature

1부 근대문학의 종언

1

 오늘은 '근대문학의 종언'에 대해 이야기하겠습니다. 이것은 근대문학 이후에 예를 들어 포스트모던문학이 있다는 말도 아니고, 또 문학이 완전히 사라진다는 말도 아닙니다. 내가 말하고 싶은 것은 문학이 근대에 특별한 의미를 부여받았기 때문에 특별한 중요성, 특별한 가치가 있었다는 것, 그리고 이제 그것이 사라졌다는 말입니다. 이것은 내가 큰 소리로 말하고 다닐 사항이 아닙니다. 단적인 사실입니다. 문학이 중요하다고 생각하고 있는 사람은 이미 적습니다. 그러므로 내가 굳이 말하고 다닐 필요도 없습니다. 오히려 문학이 매우 큰 의미를 가졌던 시대가 과거에 있었다는 사실을 말하고 다닐 필요가 있을 정도입니다.

 나 자신은 문학에 깊이 관계(commit)해 왔습니다. 하지만 여러분에게 그렇게 하도록 말할 생각은 없으며 그럴 필요도 전혀 없습니다. 다만 문학이 영원하다고 생각한 시대가 있었던 것은 왜인지, 그리고 그것이 사라졌다는 것이 무엇을 의미하는지를 잘 생각해 볼 필요가 있습니다. 그것은 우리가 어떤 시대에 있는지를 생각하는 것이기 때문입니다.

[일러두기] 글의 본문에서 《 》로 표시된 부분은 문고본에서 삭제된 부분이고, 【 】로 표시된 부분은 문고본에서 추가된 부분이다. 문고본에서 수정된 부분은 각주로 그 내용(【 】)을 밝혔다. (옮긴이)

3 근대문학의 종언

근대문학이라고 하면 나는 소설을 떠올립니다. 물론 근대문학이 근대소설로 한정되는 것은 아니지만 소설이 중요한 지위를 차지한다는 것에 바로 근대문학의 특질이 있습니다. 근대 이전에도 '문학'은 있었습니다. 그것은 지배 계급이나 지식층 사이에서 중요하게 여겨졌습니다. 하지만 그 안에 소설은 들어가지 않았습니다. 유럽에서는 아리스토텔레스 이래로 '시학(Poetica)'이 있었지만 그 안에 소설은 포함되지 않았습니다. 일본에서도 마찬가지입니다. '문학'은 한문학이나 고전을 가리키기 때문에 소설·패사稗史류는 지식인의 시야에 들어있지 않았습니다.[1] 【원래 소설은 『논어』의 "소인을 기쁘게 하는 것은 쉽다"[2]에서 왔는데 novel의 번역어로서는 걸맞은 것으로, 애당초 대단한 것이 아니었습니다.】 소설은 메이지 20년대에 비로소 중요시되었습니다. 그러므로 근대문학이 중요시되었다는 것은 소설이 중요시되었다는 것, 또 그와 같은 소설이 쓰였다는 것을 의미합니다.

따라서 근대문학이 끝났다는 것은 소설이나 소설가가 중요했던 시대가 끝났다는 말입니다. 그런 의미에서 나는 한 명의 소설가에서 시작하고 싶습니다. 그는 사르트르입니다. 그런데 이론異論이 있을지 모릅니다. 사르트르는 철학자이자 극작가, 소설가, 예술 일반에 관한 비평가, 저널

---

[1] 【'문학'은 한문학이나 고전을 가리키기 때문에 모노가타리物語·패사稗史류는 포함되지 않습니다.】(문고본)
[2] 이 표현은 『논어』의 「자로편」에 나온다. '小人 難事而易說也'

1부 근대문학의 종언

리스트, 사회활동가였습니다. 하지만 내가 생각하기에 그는 근본적으로 소설가입니다.

얼마 전 우연히 들뢰즈의 에세이와 인터뷰·대담을 모은 책(영역본)을 읽었는데, 그는 사르트르가 자신에게 유일한 교사였다고 말하고 있었습니다. 즉 들뢰즈는 '사적인 교사'와 '공적인 교수'를 나누고 그에게 '사적 교사'는 사르트르뿐이었다고 말합니다. 이는 사르트르가 그야말로 '소설가'였다는 것을 의미합니다. 그는 대학에서 강의를 하는 철학자가 아니었습니다. 그의 철학은 근본적으로 문학, 더 정확히 말해 소설에 가까운 것이었습니다.

들뢰즈는 사르트르의 다음과 같은 말을 인용하고 있습니다. "문학이란 한마디로 말해 영구혁명 안에 있는 사회의 주체성(주관성)이다."[3] 이것은 혁명정치가 보수화되고 있을 때 문학이야말로 영구혁명을 담당한다는 것을 의미합니다. 그러나 사르트르가 '철학'이 아닌 '문학'을 들고 오는 것에 주의해야 합니다. 그는 소설만이 아니라 모든 것을 했습니다. 하지만 그것을 가능하게 한 것은 소설 또는 소설가의 시점입니다.

프랑스에서는 사르트르의 존재가 너무나 컸기 때문에 후대 사람들이 곤란했습니다. 따라서 독립적으로 존재하기 위해 일부러 사르트르를 비판하거나 비웃는 사람이 많았습니다. 하지만 들뢰즈가 솔직하게 인정하고 있는 것처

---

[3] 사르트르, 『문학이란 무엇인가』, 정명환 옮김, 민음사, 1998, 213쪽.

3 근대문학의 종언

럼 실은 모두 동경하고 있었습니다. 또 사르트르는 자신에 대한 비판으로 이루어진 것을 모두 선취하고 있었습니다. 예를 들어 데리다는 '현전성의 철학'을 비판했는데, 사르트르가 '상상력'에 대해 쓴 것이 바로 그것입니다. 또 앙티로망도 원래 사르트르에 의해 평가를 받아온 것이었으며 『구토』가 애초에 최초의 앙티로망이었습니다.

예를 들어 1960년대부터 에크리튀르라는 개념이 보급되었습니다. 그것은 소설(roman)도 철학도 아닌 저작을 의미합니다. 그런데 사실대로 말하자면 그들은 사르트르처럼 소설을 쓸 수 없기 때문에 오히려 그것을 부정하고 그 대신에 사르트르가 '문학'으로서 서술한 것을 에크리튀르라는 개념으로 치환한 것이라고 생각합니다. 에크리튀르라는 개념은 이미 근대문학으로서의 소설(앙티로망을 포함)이 끝났다는 것을 의미하기 때문에 그로부터 무언가 새로운 문학의 가능성을 기대한다면 착각이라는 것입니다.

내가 일본에서 문학비평을 해온 경험으로 말하자면, 근대문학은 1980년대에 끝났다는 실감이 있습니다. 소위 버블, 소비사회, 포스트모던으로 불리던 시기입니다. 그 무렵 많은 젊은이들이 소설보다도 『현대사상現代思想』[4]을 읽었습니다. 바꿔 말해 문학이 이전처럼 첨단적인 의미를 가지지 않게 되었습니다. 그런 의미에서 사르트르가 말하는

---

[4] 1973년에 창간되어 뉴아카 붐을 주도했던 일본의 월간지.

1부 근대문학의 종언

'문학'은 비평적 에크리튀르로 이동했다고 말해도 좋습니다. 하지만 이것도 오래 지속되지 않았습니다. 지금 내가 '근대문학의 종언'이라고 말할 때에는 그것을 비판하는 형태로 나타난 에크리튀르나 탈구축적 비평이나 철학도 포함하고 있습니다. 그것이 분명해진 것이 1990년대입니다. 일본에서는 정확히 나카가미 겐지가 죽은 다음입니다.

2

문학의 지위, 문학의 영향력이 낮아졌다는 것은 무슨 말일까요? 그것에 대해서는 뒤에서 말하겠습니다. 먼저 이런 현상이 일본만은 아니라는 점을 말해두겠습니다. 방금 프랑스의 경우를 말했습니다만, 아메리카합중국에서는 좀 더 빨리 근대문학이 쇠퇴하고 있었습니다. 그것은 TV를 중심으로 한 대중문화가 좀 더 빨리 발전했기 때문입니다. 그것은 1950년대입니다. 물론 아메리카에는 많은 마이너리티가 있기 때문에 그 시기부터 마이너리티의 문학이 되어갔습니다. 1970년대 이후에는 흑인 여성작가, 그리고 아시아계 여성작가가 등장했습니다. 그들은 문학적 활력을 가지고 있었지만 더 이상 사회 전체에 영향력을 끼치지는 못했습니다. 일본에서 1980년대에 나카가미 겐지나 이양지, 쓰시마 유코 등이 활약한 것과 같은 상황입니다.

3 근대문학의 종언

아메리카에서는 그것이 좀 더 빨랐습니다. 그 증거로 최근 일본의 대학에 '창작학과'가 증가하고 작가들이 그곳의 교수가 되었는데 아메리카에서는 이런 현상이 1950년대부터 진행되고 있었습니다. 포크너는 작가가 되고 싶다면 매춘소를 경영해 보라고 말한 적이 있지만, 현실적으로 작가는 이제 그런 곳이 아니라 대학의 창작과정에서 나오게 되었습니다. 그런데 현재 아메리카에서 문학부는 전혀 인기가 없습니다. 영화를 함께 하지 않으면 꾸려갈 수 없을 정도입니다. 일본에서도 문학부는 사라져 가고 있습니다.

그런데 내가 근대문학의 종언을 정말 실감한 것은 한국에서 문학이 급격히 영향력을 잃었기 때문입니다. 그것은 쇼크였습니다. 1990년대에 나는 한일작가회의에 참가하거나 한국의 문학자와 사귈 기회가 많았습니다. 그래서 일본은 이렇게 될지라도 한국만은 그렇게 되지 않을 것이라는 느낌이 있었습니다. 예를 들어 2000년에도 나는 서울에서 가진 기자회견에서 일본에서 문학은 죽었다고 말한 적이 있습니다. 그것은 상품으로서는 무라카미 하루키처럼 글로벌하게 통용되는 작품을 생산하고 있지만, 과거 일본사회에서 문학이 가지고 있던 역할이나 의미는 끝났다는 말이었습니다. 나중에 들어보니 그것이 화제가 되었다고 하는데, 남의 일 같지가 않다는 느낌으로 받아들여졌다고 합니다. 그도 그럴 것이 이미 한국에서도 젊은 사람들이 무라카미 하루키를 읽게 되었기 때문입니다. 그 시

1부 근대문학의 종언

점에서 한국문학은 어떻게 될 것으로 생각하느냐는 질문을 받았을 때, 나는 한국에서는 문학의 역할이 계속 강하게 존재할 것이라고 말했습니다. 정치운동이 남게 되는 것처럼 문학도 남는다.

그러나 실제로는 그렇지 않았습니다. 확실히 학생운동은 쇠퇴했습니다만 노동운동은 매우 왕성했습니다. 2003년 가을 노동자집회에서는 화염병이 날아다녔습니다. 한국에서 학생운동이 활발했던 것은 그것이 노동운동이 불가능한 시대, 일반적으로 정치운동이 불가능한 시대의 대리적 표현이었기 때문입니다. 그러므로 보통 정치운동·노동운동이 가능해지면 학생운동은 쇠퇴하기 마련입니다. 문학도 그것과 닮아 있습니다. 실제 한국에서 문학은 학생운동과 같은 위치에 있었습니다. 현실적으로는 불가능하기 때문에 문학이 모든 것을 떠맡고 있었습니다.

그런데 1990년대 말 무렵부터 문학의 쇠퇴가 급속하게 전개되고 있었던 것 같습니다. 김종철이라는 고명한 문학비평가는 문학을 그만두고 생태운동을 시작하여 『녹색평론』이라는 잡지를 내고 있습니다. 사실 나는 2002년 가을에 그의 초대로 강연을 하러 간 적이 있습니다.[5] 그는 내가 문학을 떠나 NAM을 하고 있다는 것을 잘 알고 있었습니다. 그런데 오해를 피하기 위해 말하지만, 그는 최근에도 다니자키 준이치로谷崎潤一郞의 『세설細雪』을 읽었는데

---

[5] 『녹색평론』(68호)에 「NAM에 대하여」라는 제목으로 수록됨.

3 근대문학의 종언

이번이 네 번째라고 말하는 유형의 사람입니다. 나는 왜 문학을 그만두었는지를 물었습니다. 그는 자신이 문학을 한 것은 문학이 정치에서 개인의 문제까지 모든 것을 떠맡는다, 그리고 현실에서 해결할 수 없는 모순조차도 떠맡는다고 생각했기 때문인데, 언제부터인가 문학은 협소한 범위로 한정되어 버렸다, 그런 것이라면 내게 필요가 없다, 그래서 그만두었다는 것입니다. 나는 동감의 뜻을 표했습니다.

그 후 내가 1990년대에 알게 된 한국의 문예비평가 모두 문학에서 손을 뗐다는 사실을 알게 되었습니다. 한국의 비평가는 단순히 평론을 쓰는 것만이 아니라 잡지를 편집하고 출판사를 경영하는 사람이 많았습니다. 그들이 일제히 그만둔 것입니다. 그것은 나이를 먹어서 젊은 세대의 감수성을 따라갈 수 없게 되었기 때문이라고는 생각하지는 않습니다. 그들이 생각하고 있던 '문학'이 끝나버린 것입니다. 나는 한국에서 이렇게나 빨리 사태가 진행될 것이라고는 생각하지 못했습니다. 그래서 마침내 문학의 종언은 사실이라고 생각하게 된 것입니다.

3

여기서 근대문학=소설이 왜 특별한 의미를 가지고 있는지에 대해 생각해 보려고 합니다. 근대 이전에도 문학은 있었고 문학에 관한 이론도 있었습니다. 그것이 시학(poetics)입니다. 그러나 앞서 말한 것처럼 거기에는 소설이 포함되어 있지 않습니다. 소설은 이미 있었으며 대중적으로 인기가 있었지만 진지하게 다루어지지 않았습니다.

이와 관련하여 18세기에 '미학'이라는 개념이 등장한 것은 중요합니다. aesthetics라는 것은 본래 감성론이라는 의미로, 예를 들어 칸트는 『순수이성비판』에서 오로지 그런 의미로만 이 단어를 사용하고 있습니다. 요컨대 그것은 감성이나 감정에 대한 학문입니다. 그런데 여기에는 감성에 대한 새로운 태도가 존재합니다. 이제까지 감성·감정은 철학에서 인간적 능력으로서는 하위에 놓여왔습니다. 오히려 그로부터 벗어나 이성적인 것이 바람직했습니다. 그런데 감성·감정이 지적·도덕적 능력(오성이나 이성)과 밀접하게 연결되어 있다는 것, 그리고 그들을 매개하는 것이 상상력이라는 사고가 등장했습니다. 상상력은 이제까지 환상을 초래하는 것으로서 부정적으로 여겨졌는데, 이 시기부터는 오히려 창조적인 능력으로서 평가받게 되었습니다. 이것과 문학이 중요시된 것은 밀접하게 연결되어 있습니다.

'미학'은 영국에서 시작된 것인데, 얼마 지나지 않아 독일 낭만파의 칭송을 받았습니다. 흥미로운 점은 같은 시기 일본에도 그와 닮은 것이 있었다는 사실입니다. 18세기 후반 모토오리 노리나가本居宣長(1732~1801)는 주자학적 지知

3 근대문학의 종언

와 도덕에 대항하여 '모노노아와레 もののあはれ'[6]라는 공감이나 상상력의 우위를 강조했습니다. 그리고 비도덕적으로 보이는 『겐지이야기源氏物語』에야말로 오히려 진정한 도덕성이 있다고 말했습니다. 이것은 유럽과 무관하게 나온 사고입니다. 그러나 실은 공통성이 있습니다. 감성이나 감정을 긍정하는 태도는 상공업에 종사하는 시민계급의 우위에서 나온 것이기 때문입니다.

다른 관점에서 보자면 이것은 이제까지 감성적 오락을 위한 단순한 읽을거리였던 '소설'에서 철학이나 종교와는 다르지만 보다 인식적이며 진정한 도덕적인 가능성이 발견된다는 말이기도 합니다. 소설은 '공감'의 공동체, 즉 상상의 공동체인 네이션의 기반이 됩니다. 소설이 지식인과 대중, 또는 다양한 사회적 계층을 '공감'을 통해 동일적이게 만들어 네이션을 형성하는 것입니다.

그 결과, 그때까지만 해도 낮았던 소설의 지위가 상승합니다. 하지만 그에 대한 부하負荷도 큽니다. 왜냐하면 그것이 단지 '감성'적 쾌快에 지나지 않는다면 미학적이지 않게 되기 때문입니다. 문학이 지적·도덕적인 것을 넘어선다는 것은 역으로 그것이 끊임없이 지적·도덕적이어야 한다는 부하를 짊어지는 것이기도 합니다. 옛날에는 종교·도덕에 맞서 '시의 옹호'가 이루어졌습니다. 하지만

---

[6] 모토오리 노리나가가 『겐지이야기』의 본질을 규명하기 위해 사용한 용어로, 대상 객관과 감동 주관이 일치하는 곳에서 생기는 조화로운 정취의 세계나 정감을 말한다.

1부 근대문학의 종언

문학에서 지적·도덕적인 것이란, 현대로 말하자면 정치적이거나 마르크스주의적인 것입니다. '종교와 문학'이나 '정치와 문학'이라는 논의는 문학이 단순한 오락에서 승격했기 때문에 생겨난 것입니다.

일찍이 '종교와 문학'이라는 문제의식에서 '문학'을 옹호하는 논의는 언뜻 보면 반종교적으로 보이지만 (제도화된) 종교보다도 종교적이고 도덕적인 것을 보여준다는 것이었습니다. 또 문학은 허구이지만 진실이라고 불리는 것보다도 더 진실을 보여준다는 것이었습니다. 마찬가지로 '정치와 문학'이라는 논의에서도 문학의 옹호는 대개 문학은 무력하고 무위無爲며 반정치적으로도 보이지만 (제도화된) 혁명정치보다 혁명적인 것을 지시한다, 또 그것은 허구지만 통상의 인식을 넘어선 인식을 보여준다는 식이었습니다. 그것이 사르트르가 "문학은 영구혁명 안에 있는 사회의 주관성이다"라고 말했을 때 의미한 것입니다. 사르트르의 말은 칸트 이후 문학(예술)이 놓인 입장을 보여주고 있습니다.

그러나 오늘날에는 그런 문학에 대한 의미부여(옹호)가 이루어지지 않습니다. 그도 그럴 것이 누구도 문학을 비난하거나 하지 않기 때문입니다. 사회적으로는 적당히 떠받들고 있지만 실은 아이들 장난과 비슷하다고 생각합니다. 현재는 그런 논의가 전혀 이루어지지 않지만 30년 정도 전까지는 '정치와 문학'이라는 논의, 예를 들어 문학

3 근대문학의 종언

은 정치로부터 자립해야 한다는 식의 논의가 항상 이루어졌습니다. 구체적으로 말하자면 그것은 정치=공산당에 대하여 문학가는 어떻게 할 것인가? 라는 의미를 포함하고 있었습니다. 따라서 공산당의 권위가 사라지면 정치와 문학이라는 문제는 끝납니다. 작가는 무엇을 써도 상관없지 않은가? 정치 같은 케케묵고 촌스러운 것을 말하지 말라는 느낌이 됩니다.

하지만 문제는 그리 간단하지 않습니다. 문학의 지위가 높아지는 것과 문학이 도덕적 과제를 짊어지는 것은 같은 것이기 때문입니다. 그런 과제에서 해방되어 자유롭게 된다면 문학은 그저 오락이 됩니다. 그래도 좋다면 그것으로 좋을 것입니다. 자, 그렇게 하시기 바랍니다. 더구나 나는 애당초 윤리적인 것, 정치적인 것을 무리하게 문학에서 찾아서는 안 된다고 생각하고 있습니다. 분명히 말해 나는 문학보다 중요한 것이 있다고 생각합니다. 그와 동시에 근대문학을 만든 소설이라는 형식은 역사적인 것이며 이미 그 역할을 다했다고 생각합니다.

4

근대에 이르기까지 세계는 다수의 제국에 의해 뒤덮여 있었습니다. 그곳에서의 언어는 문자언어였습니다. 동아시아라면 한자, 서유럽이라면 라틴어, 이슬람권이라면 아

1부 근대문학의 종언

라비아어입니다. 그것들은 세계어였고 각 지역의 보통사람들은 읽고 쓸 수 없었습니다. 근대국가(네이션=스테이트)는 그 같은 제국에서 분절되는 형태로 나온 것인데, 이 경우 중요한 것은 이런 세계어에서 벗어나 각 민족의 속어(vernacular)로 국어를 만들어가는 것이었습니다.

그 경우 실제로는 속어를 글로 쓰기보다는 오히려 라틴어 등의 세계어를 속어로 번역하는 형태로 각자의 국어를 만들어 갔습니다. 루터는 『성서』를 속어로 번역했는데 그것이 근대독일어의 기초가 되었습니다. 단테의 소설에 대해서도 같은 것을 말할 수 있습니다. 그는 소설 『신생新生』[7]을 이탈리아 한 지방의 속어로 썼고 그것이 이제는 표준적인 이탈리아어가 되었습니다. 라틴어의 명인으로 알려진 단테가 라틴어로 쓰지 않은 것은 애석한 일이었지만, 그가 쓴 글이 나중에 규범적이 된 것은 사실 그것이 라틴어의 번역으로 쓰였기 때문이라고 생각합니다.

단테의 견해는 연애와 같은 감정은 라틴어로 쓸 수 없다는 것입니다. 일본에서 한문에 통달한 무라사키 시키부紫式部가 『겐지이야기』에서 한어漢語를 전혀 사용하지 않은 것도 그와 같습니다. 한문과 같은 지적 언어로는 감정의 느낌을 파악할 수 없기 때문입니다. 그러나 무라사키 시키부의 야마토大和[일본의 별칭]언어는 교토 주변의 속어가

---

[7] 여기서 '소설'이라는 표현은 문고본에서 '시문詩文'으로 수정되어 있다. 『신생』(국역본 제목은 『새로운 인생』)은 시와 시의 창작 배경에 대한 이야기로 이루어졌는데 마치 소설처럼 구성되어 있다.

3 근대문학의 종언

아니라 한어의 번역으로서 쓰인 것이기 때문에 그 후 고전적인 규범이 될 수 있었던 것입니다.

이처럼 근대국가에서는 어디서든 한문이나 라틴어와 같은 보편적인 지적 언어를 속어로 번역하면서 새로운 문어를 만들어냈습니다. 일본의 경우는 메이지시대에 다시 속어(구어)에 근거한 문어를 만들어내야 했습니다. '언문일치'라고 불리는 것이었는데, 그것은 역시 소설가에 의해 실현되었습니다. 앞서 '미학'과 관련하여 감성과 이성을 매개하는 것으로서 상상력이 중요해졌다고 했는데, 언어의 레벨에서도 같은 것을 말할 수 있습니다. 언문일치는 감성적·감정적·구체적인 것과 지적이면서 추상적인 개념을 연결하는 것입니다.

이 같은 과정은 근대의 네이션=스테이트가 형성되었을 때 모든 곳에서 일어났다고 말할 수 있습니다. 예를 들어 중국에서도 기존의 '한문'이 아니라 '언문일치'로 쓰게 되었습니다. 청일전쟁 후 일본에 유학을 온 많은 젊은 중국인들이 일본의 언문일치에서 배워 중국에서도 그것을 시작했다고 합니다. 이때도 소설이 중요했습니다.

그러나 오늘날에는 이미 네이션=스테이트가 확립되어 있습니다. 즉 세계 각지에서 네이션으로서의 동일성은 완전히 뿌리를 내렸습니다. 그러므로 옛날에는 문학이 불가결했지만 이제는 그와 같은 동일성을 상상적으로 만들어낼 필요가 없습니다. 사람들은 오히려 현실적이고 경제적

1부 근대문학의 종언

인 이해관계로 네이션을 생각하게 되었습니다.

현재 전 세계의 네이션=스테이트는 자본주의적인 세계화에 의해 '문화적으로' 침식되어 있는데, 그에 대한 반발이 있어도 이전처럼 노골적인 내셔널리즘은 나오지 않습니다. 경제적으로 불리한 것이 있다면 맹렬히 반발하겠지만 말입니다. 현재 세계화에 대하여 강한 반발의 기반이 되고 있는 것은 내셔널리즘이나 문학이 아니라 이슬람교나 그리스도교의 원리주의와 같은 것입니다. 그것은 오히려 문학에 적대적인 것입니다.

5

반복하자면 근대문학의 종언은 근대소설의 종언이라고 해도 좋습니다. 그도 그럴 것이 소설이 다른 장르를 제패한 점이 근대문학의 특징이기 때문입니다. 앞서 나는 근대소설이 그때까지 가지고 있지 않았던 지적·도덕적인 과제를 짊어진 점을 지적했습니다. 그럼 왜 소설일까요? 왜 다른 문학적 형식이 아닐까요? 이 문제는 좀 더 다른 관점에서 보아야 합니다. 애당초 소설이라는 표현형식은 인쇄기술과 같은 테크놀로지와 관계가 있습니다.

에도의 소설에서는 삽화가 들어가 있습니다. 예를 들어 교쿠테이 바킨曲亭馬琴(1767~1848)의 『핫켄덴八犬伝』(『난소사토미핫켄덴南總里見八犬伝』의 약칭)에는 가쓰시카 호쿠사이葛飾北斎(1760~1849)

3 근대문학의 종언

의 삽화가 삽입되어 있습니다. 문자만으로 읽을 수 있는 사람이 적었기 때문입니다.[8] 또 이것은 소리를 내어 읽혀졌습니다. 《마에다 아이前田愛가 「근대독자의 탄생」이라는 논문에서 지적한 것이지만,》 메이지 중반까지 소설은 신문소설도 그렇지만 한 사람이 소리를 내서 읽고 다른 사람들은 들었습니다. 그러므로 언문일치의 문장보다도 반대로 운율이 있는 의고문체 쪽이 좋았던 것입니다. 그런 의미에서 근대소설은 그림이나 음성을 없앴을 때 비로소 성립했다고 해도 좋을 것입니다. 근대소설은 묵독되는 것입니다. 근대소설을 읽으면 내면적이 되는 것은 당연합니다. 역으로 내면적인 소설을 소리를 내서 읽는 것은 어렵습니다.

그런데 이것과 관계가 있는 것인데 메이지 중반에 묘한 일이 일어났습니다. 예를 들어 후타바테이 시메이는 『뜬구름』을 언문일치로 썼습니다. 하지만 중도에 그것을 방기했으며 이 작품은 훗날 이야기되는 것만큼 영향을 끼치지 못했습니다. 그런데도 그가 번역한 투르게네프의 「밀회」 등이 일본근대문학에 큰 영향을 끼친 것입니다. 그렇다면 『뜬구름』은 왜 그렇게 되지 못했을까요?

나는 그것을 후타바테이가 에도의 곳케이본滑稽本 등의 영향을 받았고 그로부터 벗어날 수 없었기 때문이라고 생각했습니다. 『일본근대문학의 기원』에도 그렇게 썼습니

---

[8] 【문자만으로 읽을 수 있는 사람이 없었던 것입니다.】(문고본)

1부 근대문학의 종언

다. 하지만 그것이 사실이라고 하더라도 그가 배운 서양문학이 어떠했는가 하면 그것도 곳케이본과 꽤나 닮은 것이었습니다. 고골, 도스토옙스키라는 계보입니다. 그들은 투르게네프와 같은 근대리얼리즘 작가가 아닙니다. 예를 들어 도스토옙스키의 소설은 본인이 구술필기를 할 정도였고[9] 읽기보다는 오히려 들어야 하는 것이었습니다.

후타바테이는 러시아인 선생의 낭독을 듣고 도스토옙스키의 소설에 감동했습니다. 하지만 나중에 문장을 읽자 그다지 재미가 없었다고 말하고 있습니다. 그와 같은 관점에서 보았을 때 분명한 것은 『뜬구름』은 오히려 고골, 도스토옙스키의 계보와 이어지는 것으로 근대문학의 리얼리즘과는 다르다는 것입니다. 그것은 말하자면 '르네상스적'인 소설이었습니다. 소세키에 대해서도 같은 것을 말할 수 있다고 생각합니다. 소세키가 좋아한 로렌스 스턴도 '르네상스적'인 소설가입니다. 그것을 리얼리즘 이전으로 보느냐 리얼리즘을 넘어선 것으로 보느냐에 따라 의미가 달라집니다. 그런데 당시 영국은 물론 일본에서도 '근대 이전'으로 간주되었습니다.

예를 들어 소세키는 『나는 고양이로소이다』를 처음에는 낭독으로 발표했습니다. 그런 의미에서 『도련님』, 『풀베개』도 낭독을 듣는 편이 분명 재미있을 것입니다. 후타

---

[9] 특히 『죄와 벌』(1869) 직전 작품인 『도박사』(1867)의 경우 속기사 안나 스니트키나(이후 그녀는 도스토옙스키의 두 번째 아내가 된다)의 도움을 받아 27일 만에 구술로 완성했다.

바테이의 『뜬구름』도 읽는 것보다 오히려 들어야 재미있는 작품입니다. 그렇기 때문에 근대문학의 주류에서 제외되었습니다. 근대문학은 역시 묵독에 의해 성립하고 리얼리즘적이고 낭만적인 것입니다. 들뢰즈가 이야기한 것인데, 카프카가 『소송』을 낭독했을 때 모두가 포복절도했다는 일화는 그런 의미에서 중요합니다.

6

근대소설은 말하자면 음성이나 삽화가 없는 독립적인 것으로, 그것은 작가만이 아니라 독자에게도 큰 상상력을 요구하는 것이었습니다. 하지만 시청각적 미디어가 등장하자 그럴 필요가 없어집니다. 예를 들어 영화가 출현하기 전까지 소설가는 이를테면 영화처럼 소설을 쓰기 위해 다양한 노력을 기울였습니다. 하지만 일단 영화라는 기술이 출현하자 그와 같은 노력은 무의미해졌습니다.

어떤 의미에서 그것은 사진이 나왔을 때 회화에서 일어난 일과 닮았습니다. 19세 중반 프랑스에서 사진이 출현했을 때 그때까지 초상화로 먹고 살던 화가들이 더이상 그럴 수 없게 되었습니다. 그때까지의 회화는 사실 사진과 같은 원리(카메라 옵스큐라)에 의한 것이었습니다. 기하학적 원근법은 그것에 근거하고 있었습니다. 그러나 사진이 생기자 이제 의미가 없었습니다. 그래서 인상파 화가들은 사진으로는 불가능한 것을 하려고 했습니다. 그로부터 현대회화가 시작했다고 해도 좋습니다. 그때 그들은 일본의 우키요에와 만났습니다. 그런데 아이러니하게도 그로부터 얼마 있지 않아 메이지의 일본인들은 인상파 이전의 서양회화를 규범으로서 받아들였습니다.

소설에 대해서도 같은 것을 말할 수 있습니다. 근대소설의 특징은 무엇보다도 리얼리즘에 있습니다. 즉 이야기(허구)지만 그것을 리얼하게 보이게 하기 위해서는 어떻게 하면 좋을까? 하는 것이 근대소설이 몰두한 문제였습니다. 파노프스키는 회화의 리얼리즘을 가져온 것을 대상과 그것을 파악하는 형식이라는 두 가지 관점에서 보았습니다. 대상 측면으로 말하자면 그것은 종교적이고 역사적인 주제에서 벗어나 평범한 인간이나 풍경을 주제로 삼게 됩니다. 형식(상징형식)으로 말하자면 그것은 기하학적인 원근법의 채용입니다. 이것은 고정된 한 점에서 투시하는 도법에 의해 2차원 공간에 깊이 있는 형태를 부여하는 장치입니다. 사실 소설의 리얼리즘에 대해서도 같은 것을 말할 수 있습니다.

대상에 대해서는 굳이 말할 필요도 없을 것입니다. 간단히 말하자면 흔한 풍경과 인간이 주제가 됩니다. 하지만 이것이 커다란 전도를 품고 있다는 것은 일찍이 구니키다 돗포의 「잊을 수 없는 사람들」을 예로 제시했습니다. '잊을 수 없는' 것은 아무래도 좋은 풍경인 것입니다. 한편 형식

측면에서 말하자면 리얼리즘을 가져온 것은 '3인칭 객관묘사'라는 형태입니다. 이것은 화자가 있음에도 마치 없는 것처럼 보이게 하는 기술입니다. 화자가 있으면 고정된 한 점이 없이 현전성이랄까 '깊이' 같은 것이 사라집니다. 하지만 앞서 후타바테이 시메이에 대해 말한 것처럼 서양문학이 3인칭 객관의 리얼리즘을 의심하기 시작했을 때에 일본에서는 그것을 옹호하기 위해 고심하고 있었습니다. 이것도 회화에서 볼 수 있는 문제입니다.

일본 작가가 '사소설'에 집착한 것은 3인칭 객관묘사라는 '상징형식'에 익숙하지 않았기 때문일 것입니다. 상당히 많은 사소설에서 3인칭이 사용되고 있지만 주인공의 시점과 같은 것이었습니다. 주인공에게 보이지 않는 것은 보이지 않게 되어 있습니다. 그에 반해 '3인칭 객관'이라는 것은 기하학적 원근법과 마찬가지로 허구로서 존재하는 것입니다. 그러므로 사소설가에게 3인칭 객관 소설은 통속소설로 보입니다. 3인칭=기하학적 원근법은 허위가 아니냐고 묻는다면, 맞습니다.

당시도 지금도 사소설은 근대소설에서 일탈한 뒤떨어지고 왜곡된 소설이라는 비판이 있습니다. 그러나 사소설에는 나름의 근거가 있습니다. 사소설은 '리얼리즘'에 철저하고자 했다고 생각합니다. 그렇다면 3인칭 객관이라는 허구를 용납할 수 없었습니다. 그래서 아쿠타가와는 역으로 후기인상파에 대응하는 사소설의 선구성을 인정하고

1부 근대문학의 종언

높이 평가했습니다. 또 아쿠타가와는 「덤불 속」(이것을 영화화한 구로사와 아키라의 〈라쇼몽〉[1950]이 국제적으로 유명하지만)에서 '3인칭 객관'이 허구에 불과하다는 점을 세 가지 퍼스펙티브를 사용하여 교묘하게 보여주었습니다. 좀 더 나중에 프랑스에서 사르트르가 처음으로 3인칭 객관의 시점을 의심하였고 그후 앙티로망으로 이어졌습니다. 이후 '3인칭 객관'은 방기되었다고 생각합니다. 《실제 오늘날의 작가인 오에 겐자부로도 무라카미 하루키도 1인칭으로 말합니다. 나카가미 겐지는 1인칭으로 쓰지 않았지만 결코 '그는'이나 '그녀는'은 쓰지 않았습니다. 그 대신에 인물의 이름을 연호連呼하고 있지요.》 그러나 '3인칭 객관'이 부여하는 리얼리즘의 가치를 제거하면 근대소설이 가진 획기적인 의의도 사라집니다. 《그저 이야기로 되돌아갑니다.》

    사진이 출현했을 때 회화는 사진이 할 수 없는 것, 회화만이 할 수 있는 것을 하려고 했습니다. 그와 똑같은 것을 근대소설은 영화가 등장했을 때 했다고 생각합니다. 그 점에서 20세기 모더니즘 소설은 영화에 대항하여 이루어진 소설의 소설성의 실현이라는 의미가 있다고 생각합니다. 소설만이 할 수 있는 것을 한다는 말입니다. 제임스 조이스가 대표적입니다. 프랑스의 앙티로망도 그렇습니다. 영화를 매우 의식하고 있었습니다. 뿐만 아니라 그들은 영화에 깊이 관계했습니다. 뒤라스는 10년 정도 영화감독을

3 근대문학의 종언

했으며 알랭 레네의 〈히로시마, 내 사랑〉의 시나리오를 썼습니다.

여담이지만 뒤라스는 바칼로레아(대학입학자격공통시험)를 베트남어로 치른 사람으로, 그녀에게 프랑스어는 외국어였습니다. 다른 앙티로망 작가들에게는 그저 지적인 세련만 느껴지지만, 그녀는 뭐랄까 나카가미 겐지 같은 느낌이 드는 '소설가'입니다. 그녀는 나카가미가 죽고 4년 후에 죽었습니다.

그러나 소설의 상대는 영화만이 아닙니다. 영화 그 자체를 궁지로 몰아넣는 것이 나왔습니다. 그것이 TV이고 비디오이고, 컴퓨터에 의한 영상이나 음성의 디지털화입니다. 이런 시대에 활판인쇄의 획기성이 부여한 활자문화나 소설의 우위가 사라지는 것은 당연하다고 하면 당연합니다. 예를 들어 일본의 경우 만화가 널리 읽히는 것은 도쿠가와시대의 소설로 회귀하는 것이라고 말할 수 있습니다. 에도소설은 그림이 삽입되어 있으며 대부분 대화만으로 이루어져 있습니다.

앞서 서술한 것처럼 근대소설이 근대적 네이션 형성의 기반이었다는 점은 부정할 수 없는 사실입니다. 그런데 20세기 후반이 되면 문학이 내셔널리즘의 기반이 된 예는 오히려 적습니다. 그리고 앞으로 점점 더 그와 같은 일은 일어나지 않는다고 생각합니다. 현재로는 개발도상국에서 소설이 쓰이거나 그것을 읽는 독자가 증가하는 일은 기

1부 근대문학의 종언

대할 수 없습니다. 설령 독자가 있어도 그들은 『해리 포터』를 읽을 것입니다.

예를 들어 아이슬란드인에 대해 이런 이야기를 들었습니다. 그들은 섬나라이기 때문일지는 모르지만 순수한 아이슬란드인인 것을 자랑스럽게 생각했다. 사실 언어 등도 '아이슬란드 사가(saga)' 이후 변하지 않았다, 춤도 노래도 젊은이의 오락에도 민족적인 것이 매우 강했다. 때문에 한 아이슬란드인 저널리스트는 이런 상태가 영원히 계속될 것이라고 생각했다. 그런데 스웨덴 회사가 아이슬란드에 케이블TV를 들여오자 하룻밤만에 모두 아메리카화가 된 것 같았다는 것입니다.

이와 같은 사태는 그로 인해 내셔널리즘이 소멸한다는 말이 아닙니다. 단지 문학이 내셔널리즘의 기반이 되는 일은 이제 어려울 것이라는 말입니다. 정치적인 목적이 있다면 소설을 쓰는 것보다 영화를 만드는 쪽이 빠를 것입니다. 또는 만화 쪽이 좋을 것입니다. 요컨대 활자문화가 아니라 시청각으로 하는 쪽이 좋습니다. 그쪽이 대중에게는 접근하기가 쉽기 때문입니다. 때문에 어딘든 근대문학이나 소설이라는 과정이 불가결·불가피하다고 말할 수 없습니다. 물론 그것을 '건너뛰어' 버리는 것에는 많은 문제가 있지만요. 건너뛴 것에 대한 대가는 언제 어딘가에서 지불하게 될 것입니다.

3 근대문학의 종언

7

 인도인 작가로 아룬다티 로이(1961~)라는 사람이 있습니다. 그녀는 1997년 영국의 부커상을 받았는데 그 작품이 베스트셀러가 되어 매우 유명해졌습니다. 하지만 그녀는 첫 소설로 상을 받은 후 소설은 쓰지 않고 인도에서 댐건설 반대운동, 반전운동 등으로 분주합니다. 발표하는 저작도 그런 종류의 에세이뿐입니다. 서구에서 인기를 얻은 인도작가는 아메리카나 영국으로 이주하여 화려한 문단생활을 보내는 것이 보통입니다. 왜 소설을 쓰지 않느냐는 질문을 받으면, 로이는 다음과 같은 식으로 답합니다. 자신은 소설가이기 때문에 소설을 쓰지는 않는다, 써야 할 것이 있을 때만 쓰며, 이런 위기의 시대에 무사태평하게 소설 같은 것을 쓸 수는 없다.

 로이의 언동은 문학이 담당하던 사회적 역할이 끝났다는 것을 시사하고 있는 것은 아닐까요? 문학으로 사회를 움직일 수 있는 것처럼 보이던 시대가 끝났다면, 이제 진정한 의미에서 소설을 쓴다는 것도 소설가라는 것도 불가능합니다. 그렇다면 소설가는 그저 직업적 직함에 지나지 않는 것이 됩니다. 로이는 문학을 버리고 사회활동을 선택한 것이 아니라 오히려 '문학'을 정통적으로 계승했다고 말할 수 있습니다.

1부 근대문학의 종언

　말이 나온 김에 이야기하자면 최근 부커상은 살만 루시디나 가즈오 이시구로를 포함하여 대부분 마이너리티나 외국인이 받고 있습니다. 그것은 앞서 아메리카와 일본에 대해 말한 것과 같은 현상입니다. 안 봐도 알 수 있는 것입니다. 일본과 비교하여 훨씬 다민족적이고 다문화적이기 때문에 좀 더 지속될 것으로 생각하지만 '문학'이 윤리적·지적인 과제를 짊어지기 때문에 영향력을 가지던 시대는 기본적으로 끝났습니다. 그 잔영이 있을 뿐입니다.

　아니다, 지금도 문학은 있다고 말하는 사람이 있습니다. 고립을 각오하고 있는 소수의 작가가 하는 말이라면 좋습니다. 실제 나는 그런 사람들을 격려하기 위해 여러 가지를 써왔으며 앞으로도 그럴지 모릅니다. 그러나 오늘날 문학은 건재하다고 말하는 사람들은 그런 사람들이 아닙니다. 그와 반대로 존재 자체가 문학이 죽었다는 명백한 증거에 불과한 무리들입니다. 일본에는 아직 문예잡지가 있으며 매월 신문에 커다란 광고를 싣고 있습니다. 실제로는 전혀 팔리고 있지 않습니다. 참담할 정도의 판매부수입니다. 그리고 소설이 팔릴 때는 '문학'과는 무관한 화제에 의한 것인데, 이러쿵저러쿵 문학은 아직 번영하고 있다는 등의 허위의 현실을 만들고 있습니다.

　나는 작가에게 '문학'을 회복하라고 말하지 않습니다. 또 작가가 오락작품을 쓰는 것을 비난하지 않습니다. 근대소설이 끝났다고 하면 일본의 역사적 문맥으로 보았을

3 근대문학의 종언

때 '요미혼讀本'[10]이나 '닌조본人情本'[11]이 되는 것이 당연합니다. 그것이 문제가 되지는 않지요. 가능한 한 잘 써서 세계적인 상품을 만들어 주시기 바랍니다. 만화가 그런 것처럼. 실제 그것이 가능한 작가는 미스터리계 등에 꽤 있습니다. 하지만 순수문학이라면서 일본에서만 읽히는 통속적인 작품을 쓰는 작가가 거들먹거려서는 안 됩니다.

8

이상 근대문학의 종언에 대해 간단히 이야기했습니다. 하지만 이 문제는 문학이나 소설만 생각해서는 잘 알 수 없으며 의미도 없습니다. 원래 근대라는 개념만 해도 매우 불명료한 개념입니다. 그렇기에 근대비판이나 포스트모던을 말하면 더욱 불명료해질 뿐입니다. 내가 생각하기에 이런 문제는 세계자본주의의 전개에서 사고해야 한다고 생각합니다. 그것을 간단한 시대구분으로 제시하고 싶습니다. (72~73쪽 도표 참조)

이 도표는 언뜻 보면 생산력의 발전과 함께 생겨난 변화를 보여주고 있습니다. 그것은 예를 들어 세계상품이나 주요예술(미디어) 항목을 보면 분명합니다. 그것은 테크놀로지의 발전을 명료하게 보여주고 있습니다. 하지만 다른

---

[10] 에도 후기에 유행한 전기傳奇적 소설로 중국 백화소설의 영향을 받았다. 주로 일본의 실록, 전설, 사전史傳 등을 소설화했다.
[11] 에도 후기에 서민의 인정이나 애정을 묘사한 풍속소설.

1부 근대문학의 종언

	1750~1810	1810~1870
세계자본주의	중상주의	자유주의
헤게모니국가	(제국주의적)	영국 (자유주의적)
자본	상인자본	산업자본
세계상품	모직물	섬유공업
국가	절대주의	네이션 =스테이트
에토스	소비적	금욕적
사회심리	전통지향	내부지향
주요예술	이야기	소설

세계자본주의의 단계들

한편으로 이 도표에는 순환적(반복적)인 변화도 보입니다. 세계자본주의 항목을 보면, 그것이 명확해집니다.

예를 들어 이 도표에서 세계자본주의의 여러 단계가 중상주의, 자유주의 또는 제국주의……일 경우, 그것은 전 세계가 그렇게 되어 있다는 것을 의미하지는 않습니다. 예를 들어 자유주의란 당시 압도적인 우위에 있던 영국이라는 국가가 취한 경제정책이었기 때문에 다른 국가는 자유주의적이기는커녕 보호주의로 영국에 대항했습니다. 요컨대 일본은 이 시기 에도시대였습니다. 또 제국주의란 《매우 소수의》 유럽열강이 취한 정책—메이지 일본도 급속히 발전하여 거기에 참여했지만—이어서 대다수의 국가는

3 근대문학의 종언

1870~1930	1930~1990	1990
제국주의	후기자본주의	신자유주의
(제국주의적)	아메리카 (자유주의적)	(제국주의적)
금융자본	국가독점자본	다국적자본
중공업	내구소비재	정보
사회주의/ 파시즘	복지국가	지역주의
	소비사회	
	타인지향	
영화	텔레비전	멀티미디어

그것에 의해 지배당하고 식민지화되었습니다.

그럼에도 불구하고 예를 들어 1810년~1870년이라는 시기를 '자유주의' 단계라고 부를 수 있는 것은, 다른 국가들이 어떤 정책을 취하든 그 안에서 영국경제가 헤게모니를 가진 세계자본주의 아래에 공시적으로 속해 있다고 간주할 수 있기 때문입니다. 세계자본주의 아래서는 다양한 단계의 국가들이 국제분업을 형성해가면서 공존하고 있습니다. 각국 경제가 놓인 이런 세계적인 공시적 구조가 중요한 것입니다.

한편 중상주의(1750~1810년)나 제국주의(1870~1930년) 단계는 그때까지의 경제적 헤게모니를 가진 국가가

1부 근대문학의 종언

쇠퇴하고 그것을 대신할 신흥국가 간의 항쟁이 이어지는 단계라고 말할 수 있습니다. 제국주의적인 단계와 자유주의적인 단계는 대략 60년 주기로 교체되고 있습니다.

그런 의미에서 1930년~1990년 단계는 보통 후기자본주의로 불리고 냉전시대로도 불리지만, 다른 관점에서 보면 아메리카의 헤게모니에 근거하는 '자유주의' 단계였다고 생각합니다. 그 시기에 선진자본주의국가들은 소련권을 공통의 적으로 삼음으로써 서로 협력하고 국내에서는 노동자 보호나 사회복지 정책을 취했습니다. 외견상으로는 적대적이고 위기적으로 보이지만 국제적으로는 소련권이, 국내적으로는 사회주의 정당이 세계자본주의를 위협하기는커녕 그것을 안정화시키는 것으로 기능했습니다. 오히려 1990년대 이후 쪽이 아메리카가 경제적으로 쇠퇴하고 《진정한》 헤게모니국가가 존재하지 않게 되었다는 의미에서 '신제국주의' 단계로 간주해야 합니다.[12]

이처럼 한편으로 자본주의의 발전에 수반되는 변화와 함께 다른 한편으로 반복적인 순환이 있습니다. 그런 점은 '자본'의 항목을 보면 분명합니다. 유통의 차액에서 이윤을 얻는 상인자본주의는 생산에서 이윤을 얻는 산업주의로 대체되었지만, 그 뒤 우위에 선 금융자본이나 투기적 자본은 어떤 의미에서 상인자본주의적인 것의 회귀라고 말할 수 있습니다. 베버는 산업자본주의를 초래한 것은

---

[12] 【단계라고 말해야 합니다.】(문고본)

3 근대문학의 종언

상인자본주의에 있는 소비에 대한 욕망이 아니라 오히려 그것을 억제하는 금욕적 태도라는 점을 강조했습니다. 그러나 대량생산·대량소비에 근거하는 후기자본주의나 '소비사회'에서는 그와 같은 태도가 오히려 부정됩니다. '에토스'라는 항목에서 보이는 것은 그와 같은 변화입니다. «그것에 대해서는 뒤에서 언급하겠습니다.»

9

우선 '사회심리'라는 레벨에서 생각해 봅시다. 앞서 나는 1950년대의 아메리카합중국에 대해 약간 서술했습니다만, 이 무렵 아메리카에서 일어난 일은 이후 포스트모더니즘으로 이야기되는 사항을 거의 모두 맹아적으로 품고 있습니다. 따라서 당시 그것에 몰두한 북미의 사회학자나 비평가의 작업은 예견적이었습니다. 예를 들어 부어스틴은 사건이 의사擬似사건[13](pseudo-event)으로 바뀐 점을 지적했습니다. 이것은 이후 보드리야르가 시뮬라크르라고 부른 것입니다. 더욱이 캐나다의 문예비평가 맥루한은 TV라는 새로운 미디어가 획기적인 변화를 가져올 것을 예견적으로 고찰했습니다.

여기서 문제삼고 싶은 것은 리스먼의 『고독한 군중』입니다. 리스먼은 그러한 변화가 '주체'라는 문제로서 나타

---

[13] 【의사이벤트】(문고본) 이하 동일.

난 것에 주목했습니다. 그는 사회를 전통지향형, 내부지향형, 타인지향형으로 분류하고 아메리카 사회가 근대의 내부지향형에서 타인지향형으로 이행했다고 말했습니다. 내부지향형은 자율적인 '자기'를 가지며 쉽게 전통이나 타인에 의해 휘둘리지 않습니다. 계층적으로 말하자면 그것은 중서부의 독립자영농민으로 대표됩니다. 그런데 그들이 급속히 타인지향형이 되었다고 리스먼은 말합니다.

타인지향형은 전통지향형과 달리 일정한 객관적 규범을 가지지 않습니다. 타인지향이란 헤겔이 말한 것처럼 타인의 욕망, 즉 타인의 인정을 받고 싶다는 욕망에 의해 움직이는 것입니다. 그들이 지향하는 '타인'이란 각자가 서로를 의식해서 만들어내는 상상물입니다. 의사사건이나 새로운 미디어에서 보이는 것은 이처럼 전통적 규범에서 벗어나 주체적인 것처럼 보이지만 실은 주체성을 전혀 가지지 않은 부동浮動하는 사람들(대중)입니다.

이것은 특별히 아메리카만의 고유한 현상이 아닙니다. 산업자본주의가 제1차·제2차 산업에서 제3차 산업으로, 다르게 표현하자면 물건의 제조에서 정보의 생산으로 전환되기 시작한 시기에 모든 곳에서 나타나는 현상입니다. 그런데 아메리카합중국에서 그것이 가장 빨리 현저하게 나타난 것은 이 나라에는 본래 전통지향형이 존재하지 않을 뿐만 아니라, 사실 내부지향형도 희박했기 때문입니다. 리스먼이 전형적으로 간주하는 중서부의 농민은 본래

3 근대문학의 종언

전통지향을 거부한 이민자로 이루어져 있는데, 그들이 형성하는 공동체는 전통적인 규범을 가지고 있지 않기 때문에 역으로 극도로 타인지향적이 됩니다.

내부지향은 전통지향이 강한 곳에서 그것에 대항하여 등장하는 내적 자율성입니다. 그러나 전통지향이 없는 아메리카에서는 각자가 마음대로 자신의 원리로 행동하는가 하면 그렇지는 않습니다. 서로 타인이 어떻게 하는지를 보고 그것을 기준으로 삼게 됩니다. 그것이 전통지향을 대신하는 것입니다. 일찍이 아메리카에서는 소련과 같은 국가적 강제는 없지만 다른 형태의 강한 획일주의(conform-ism)가 있었다고 이야기되는 것은 그 때문입니다. 때문에 아메리카에서는 대중사회, 소비사회가 매우 빨리 저항도 없이 실현되었다고 해도 좋습니다.

그런데 헤겔은 욕구와 욕망을 구분했습니다. 욕망이란 타인의 욕망, 즉 타인에게 인정받고 싶다는 욕망입니다. 헤겔은 그와 같은 욕망과 그것을 둘러싼 상호투쟁이 세계사를 만들었다고 생각했습니다. 그런데 그것이 실현되면 어떻게 될까요? 역사는 끝납니다. 그래서 헤겔주의자 알렉산드르 코제브는 역사가 끝난 후의 인간에 대해서 사고했습니다. 그는 '역사의 종언'을 미래의 코뮤니즘으로 보고 있었던 것입니다. 다만 그것은 미래에 실현될 뿐만 아니라 지금 여기서도 볼 수 있다고 말하고, 그 예로 '아메리카적 생활양식'을 들었습니다. 그것은 1950년대 아메리카

1부 근대문학의 종언

에서 가장 빨리 출현한 대량생산·대량소비에 의한 대중소비사회의 모습입니다.

코제브에 따르면 그것은 이제 투쟁이 없고 계급이 없는 사회이기에 '세계나 자기를 이해한다'는 사변적인 필요성이 없는 '동물적'인 사회입니다. 그런데 그가 말하는 '아메리카적 생활양식'이란 리스먼의 언어로 말하자면 전통지향도 내부지향도 아닌 타인지향형의 세계입니다. 즉 코제브가 '동물적'이라고 부르고 있는 것은 동물의 모습과는 반대입니다. 그것은 오히려 타인의 욕망밖에 없는 인간의 모습을 가리킵니다.

코제브는 세계는 앞으로 '아메리카화'할 것이라고 생각했습니다. 그런데 1956년에 일본을 방문한 후 '근본적으로 의견을 변경'했습니다. 그는 일본에서 세키가하라關ヶ原전투(1600년) 이후 전쟁이 없는, 포스트히스토리컬한 세계를 보았습니다. 예를 들어 일본인은 '인간적'인 내용이 없음에도 불구하고 순수한 스노비즘으로 완전히 '무상無償한' 자살(할복)을 행할 수 있다는 것입니다. 그리고 코제브는 이렇게 결론을 내립니다. "최근 개시된 일본과 서양세계의 상호교류가 최종적으로 도착할 곳은 (러시아인을 포함한) 서양인의 '일본화'다."[14]

---

14 コジェヴ,『ヘーゲル讀解入門』, 上妻精·今野雅方訳, 國文社, 1987, 247頁. 【최근 일본과 서양사회 사이에서 시작된 상호교류는 결국 일본인을 다시 야만적으로 만드는 것이 아니라 (러시아인을 포함한) 서양인을 '일본화'하는 것으로 귀결될 것이다.】 (문고본)

3 근대문학의 종언

하지만 코제브가 '아메리카'나 '일본'이라고 말하고 있는 것은 애당초 실제 대상이라기보다 헤겔이 그랬던 것처럼 철학적으로 반성된 형태입니다. 그런 의미에서 일본적 스노비즘은 역사적 이념도 지적·도덕적인 내용도 없이 공허한 형식적 게임에 목숨을 거는 생활양식을 의미합니다. 그것은 전통지향도 내부지향도 아니며 타인지향의 극단적인 형태입니다. 그곳에는 타자의 인정을 받고 싶다는 욕망밖에 없습니다. 예를 들어 타인이 어떻게 생각하는지만 생각하고 있음에도 불구하고 타인을 조금도 생각한 적이 없는, 강한 자의식은 있지만 내면성이 전혀 없는 유형의 사람이 많습니다. 《최근 젊은 비평가들은 그런 사람뿐입니다.》

코제브는 역사의 종언을 에도시대의 '일본적 생활양식'에서 발견했는데 그것은 예견적이었습니다. 왜냐하면 그가 그렇게 말하고 20년 후 포스트모던이라고 불린 일본의 경제적 번영(버블경제)에서 현저해진 것은, 에도시대 300년의 평화에서 독특한 세렴됨을 얻게 된 독특한 스노비즘의 재현이었기 때문입니다.

본래 일본에는 내부지향형 같은 것이 없습니다. 그것은 메이지 이후의 근대문학이나 사상에서 나온 것입니다. 그들은 자율적인 '주체'를 확립하기 위해 노력했다고 말할 수 있습니다. 그런데 1980년대에 현저해진 것은 역으로 그런 '주체'나 '의미'를 비웃고 형식적인 언어적인 유희를

1부 근대문학의 종언

탐닉하는 것이었습니다. 근대소설을 대신하여 만화나 아니메[일본 애니메이션], 컴퓨터게임, 디자인이나 그것과 연동하는 문학이나 미술이 지배적이 되었습니다. 그것은 아메리카에서 시작된 대중문화를 한층 공허하게, 그렇지만 한층 미적으로 세련되게 하는 것이었습니다.

일본의 버블경제는 곧 붕괴되었지만 오히려 그 이후에 이와 같은 대중문화가 글로벌하게 보급되기 시작했습니다. 그런 의미에서 세계는 그야말로 '일본화'하기 시작한 것처럼 보입니다. 하지만 그것은 글로벌한 자본주의경제가 기존의 전통지향과 내부지향을 송두리째 일소하고 글로벌하게 '타인지향'을 불러오고 있다는 것을 의미할 뿐입니다. 근대와 근대문학은 이처럼 끝난 것입니다.

10

앞서 말한 것처럼 베버는 산업자본주의를 추진시킨 것이 이익이나 욕망이 아니라 '내세적 금욕(innerweltliche Askese)'에 있음을 강조했습니다. 그것이 근대(산업)자본주의를 가져온 근면한 노동윤리를 준비했다고 생각했습니다. 그리고 그것을 초래한 것은 프로테스탄티즘(그리스도교)이라고 말했습니다. 그렇다면 일본의 경우는 어떨까요? 반드시 프로테스탄티즘이어야만 하는 것은 아닙니다. '내세적 금욕'이란 욕망실현의 지연입니다. 요컨대 그것이 중요한 것입니다.

3 근대문학의 종언

물론 메이지 일본에서도 그리스도교(프로테스탄트)의 영향은 적지 않았습니다. 실제로 기타무라 도코쿠北村透谷(1868~1894), 구니키다 돗포를 시작으로 많은 작가가 그리스도교를 경유하고 있습니다. 하지만 그 이전에 일본인 전반을 움직이고 근면하고 금욕적인 생활을 하게 만든 것이 있습니다. ≪이것에서부터 생각하지 않으면 안 됩니다.≫ 그것은 입신출세주의입니다. 이것은 학제개혁과 징병제라는 메이지 초기 정책의 근저에 있던 이념입니다. 이른바 5개조 서약문[15]에도 명시되어 있는 것입니다. 그리고 그것에 호응하듯이 후쿠자와 유키치福澤諭吉의 『학문을 권함』이나 S. 스마일즈(나카무라 마사나오中村正直(1832~1891) 옮김)의 『서국입지편西國立志編』이 출판되어 베스트셀러가 되었습니다.

입신출세주의는 근대일본인의 정신적 원동력입니다. 봉건시대의 신분제를 부정하는 사상은 다양하게 있습니다. 그러나 인간은 평등하다고 해도 입에 발린 말뿐이었습니다. 현실적인 평등에서 상당히 멀었고 메이지 시대에 무언가가 변했다면, 메이지 이후 학력에 의해 새롭게 위계가 정해지는 시스템이 일본에 확립되었다는 것입니다. 도쿠가와시대에서도 신분을 넘어서는 이동성(mobility)이 의외로 있었지만, 메이지 이후 그것이 전면화되었습니다. 때문에 많은 일본인이 부모 아이 할 것 없이 입신출세에 필사적이 되어 근면하게 일하게 되었습니다. 이것이 수험경

---

15 1868년 왕정복고 후 메이지 천황이 발표한 선언문.

1부 근대문학의 종언

쟁으로서 최근까지 쭉 이어져 왔습니다. 이것을 무시하면 일본의 근대를 이해할 수 없습니다.

그렇다고 입신출세주의가 곧바로 근대문학이 되는 것은 아닙니다. 근대문학은 역으로 입신출세가 잘 되지 않고 허무하다는 데서 나옵니다. 그것은 대체로 메이지 20년 정도에 등장했습니다. 모리 오가이의 「무희舞姬」나 후타바테이의 『뜬구름』 등도 그런 인물을 다루고 있습니다.

메이지 일본의 근대적 자기나 내면성은 자유민권운동의 좌절에서 나왔다고 이야기됩니다. 기타무라 도코쿠가 대표적입니다. 그런데 자유민권운동은 다양하게 전개되었습니다. 그리고 그곳에서는 이미 입신출세주의와의 갈등이 있었습니다. 예를 들어 학교제도의 중앙집권화에 대항하다 퇴학당한 스즈키 다이세쓰鈴木大拙(1870~1966)나 니시다 기타로西田幾多郎(1870~1945)와 같은 인물이 있습니다. 그 후 이들은 종교에 몰두했습니다. 후타바테이 시메이도 넓은 의미에서 자유민권운동이라는 흐름하에서 출세코스로서의 학교를 그만두었습니다. 『뜬구름』에는 그러한 배경이 있습니다. 그에 반해 나쓰메 소세키는 언뜻 보면 엘리트 코스를 밟으면서 항상 그것을 부정하고 싶다, 파괴하고 싶다는 충동에 사로잡혔습니다. 소세키가 문학에 참여하는 것은 꽤 나중이지만, 그도 도코쿠나 후타바테이, 니시다 기타로 등과 동세대 인간이었습니다. 그러므로 나는 『마음』에 그려진 K, 그리고 선생이 메이지 10년대의 도코쿠

3 근대문학의 종언

나 니시다 기타로의 모습과 겹쳐보이는 것입니다.

한편 메이지 일본에서 근대적 내면성을 가져온 것은, 그리고 연애나 문학을 가져온 것은 그리스도교입니다. 그러나 단순히 영향이라고 말하는 것만으로는 왜 이 시기 그리스도교인지 알 수 없습니다. 이 점에 대해서는 『일본근대문학의 기원』에도 썼습니다만, 그리스도교로 간 사람도 구舊막부의 신하들이 많았습니다. 그들은 출세가 쉽지 않았습니다. 또 이제까지 충성의 대상이었던 '주군[主]'도 없었습니다. 이런 상태에서 그리스도(주主)로 나아간 것입니다. 그렇다면 이것도 입신출세주의라는 시대적 배경 없이는 이해할 수 없습니다. 그들의 내면성이 입신출세라는 강제력에서 나왔다는 것은 명백합니다. 그들은 입신출세를 강요하는 사회에 대항하여 자립하려고 했습니다. 그때 그리스도교(프로테스탄티즘)와 만났습니다.

나는 메이지 이후 일본인에게 근면이나 금욕이라는 에토스를 가져온 것은 입신출세주의라고 생각합니다. 리스먼의 말로 이야기하면 입신출세는 전통지향이 아닙니다. 그것은 부모의 뒤를 이으라는 신분제를 부정하는 것입니다. 하지만 그것은 내부지향이 아니라 타인지향입니다. 타인의 인정을 받고 싶다는 욕망에 사로잡혀 있기 때문입니다. 근대적 자기라는 것은 전통이나 타인을 넘어서 자율적인 무언가를 추구하는 것입니다. 하지만 현실적으로 그것은 어렵습니다. 따라서 그것을 그리스도교보다는 궁극적

1부 근대문학의 종언

으로 '문학'에서 찾은 것입니다.

하지만 지금은 어떨까요? 예를 들어 학력주의랄까 도쿄대학을 정점으로 어느 대학에 들어가는지에 의해 '신분'이 결정되는 체제가 계속 있었습니다. 아무리 부정해도 있었습니다. 그런데 1990년대 이후의 세계화 속에서 급속히 해체되고 있는 것처럼 보입니다. 학생 쪽도 그렇습니다. 오랜 경쟁을 통해 마침내 좋은 회사에 들어갔음에도 미련 없이 그만두는 사람이 많습니다. 그리고 '프리터'[16]가 됩니다. 그들이 소설을 쓸지도 모릅니다. 하지만 거기에는 입신출세코스에서 탈락하거나 배제된 것에서 생겨나는 근대문학의 내면성, 르상티망 같은 것은 없습니다. 그리고 사실 나는 그것이 나쁘지 않은 경향이라고 생각합니다. 나아가 그런 사람들은 문학 따위는 하지 않아도 좋습니다. 좀 더 다른 삶의 방식을 현실에서 만들어주기를 바랍니다.

11

내세적 금욕이라는 것이 단적으로 나타나는 것은 노동이 아니라 역시 성애입니다. 에도시대에서도 상인은 금욕적이었습니다. 그런데 오랜 세월 돈을 모으면 무엇을 할까? 오입질女道楽밖에 없다. 오자키 고요尾崎紅葉(1867~1903)가

---

[16] free + Arbeiter, 일본식 외래어. 아르바이트로만 생계를 꾸리는 사람.

3 근대문학의 종언

소설에 그런 것을 쓰고 있습니다. 그런 고요의 『침향베개伽羅枕』라는 작품을 통렬히 비판한 이가 기타무라 도코쿠입니다. 그는 오자키 고요가 그린 세계를 '이키粹'라고 부르며 비판했습니다. 그것은 봉건사회의 유곽에서 태어난 평민적 니힐리즘이라고 말입니다. 그는 그것에 대항하여 연애를 들고 왔습니다. 「염세시인厭世詩家과 여성」에서 "연애란 상상세계와 현실세계의 싸움이 아니라 상상세계의 패장敗將이 자신을 방어하는 보루로 작동한다"는 식으로, 또는 "연애는 자신을 희생하면서 자신의 '자아'를 비추는 명경明鏡이다"[17]는 식으로 연애가 획기적인 의의를 가지고 있다고 생각했습니다.

도코쿠는 플라토닉한 연애에 대해 설명을 했는데, 시마자키 도손島崎藤村(1872~1943)이나 다야마 가타이田山花袋(1872~1930)처럼 처음부터 그렇게 생각한 후배들과는 달리 젊은 시절 이미 고요가 쓴 것과 같은 방탕한 세계를 경험했습니다. 어쨌든 소학생 무렵부터 자유민권운동에 참가했었기 때문입니다. 그리고 그는 연애가 가진 곤란함에 대해서도 리얼한 인식을 가지고 있었습니다. 예를 들어 이런 것을 말하고 있습니다. "괴이하다, 연애가 염세시인을 현혹시키기 용이한 것처럼 혼인은 염세가를 실망시키기에 매우 용이하다. ─ 처음엔 과도한 희망으로 시작하는 혼인이 이후 상대적인 실망을 가져오고 비참하게 부부가 대립

---

[17] 北村透谷, 「厭世詩家と女性」, 『北村透谷選集』, 岩波文庫, 83·87頁.

1부 근대문학의 종언

하는 일이 일어난다."[18] 실제 도코쿠 자신이 이시자카 미나石坂ミナ와 이혼했습니다. 그리고 25살에 자살했습니다.

그런데 도코쿠에게 비판을 받은 고요는 어떻게 되었을까요? 고요는 이하라 사이카쿠井原西鶴(1642~1693) 전집을 편집했을 정도로 사이카쿠에 경도되어 그것을 모방했습니다. 나는 도코쿠가 사이카쿠에 대해 도쿠가와시대의 평민적 허무사상이라고 한 비판은 타당하지 않다고 생각합니다. 오히려 겐로쿠元祿시대[1688-1704]의 오사카에 있었던 사이카쿠나 지카마쓰近松[門左衛門](1653~1724)는 무사를 압도하는 상인계급의 상승적 힘을 포착하고 있었습니다. 도코쿠가 말하는 '이키'는 바로 분카분세이文化文政[19] 이후 에도에 들어맞는 것입니다(나중에 구키 슈조九鬼周造(1888~1941)가 그와 같은 유곽에서 발생한 평민적 허무사상을 '이키의 구조'로 의미부여를 했고 하이데거가 묘하게 그것에 감탄했다는 점을 부가하겠습니다[20]).

그런데 에도문학의 연속인 고요는 사이카쿠 전집까지 편집하면서도 사이카쿠를 알지 못했습니다. 아니 그렇다기보다 그는 자신이 살고 있는 시대를 잘 알지 못했다고

---

[18] 北村透谷,「厭世詩家と女性」, 위의 책, 88頁.
[19] 도쿠가와 제11대 쇼군 이에나리家済 치하의 분카文化(1804~1817)—분세이文政(1818~1829) 연간이 중심이 된 시대로, 조닌町人예술이 발달하고 소설이나 우키요에, 극작 등에서 뛰어난 작가들을 많이 배출했다.
[20] 【예를 들어 철학자 구키 슈조가 그와 같은 유곽에서 발생한 평민적 허무사상을 '이키의 구조'로 의미부여를 했지만, 그 '이키'는 분카분세이 이후의 것입니다】(문고본)

3 근대문학의 종언

생각합니다. 고요가 사이카쿠로부터 얻은 것은 모든 것이 상품경제에 의해 지배되고 있다는 인식이었습니다. 그러나 이런 인식은 18세기 초 무사가 지배하는 봉건사회에서 이야기될 때와 메이지 20년대에 이야기될 때는 의미가 다릅니다. 메이지 20년대에는 일찍이 사이카쿠가 발견한 상인자본주의는 산업자본주의로 바뀌어 있었습니다. 상인자본주의 시대에 강했던 것이 이 시기에는 그저 상업자본(상점)이 되거나 고리대금업이 되었습니다. 그런데 산업자본주의 시기에는 은행이 있습니다.[21] 이것은 이전부터 있어왔던 고리대금업과는 이질적인 것입니다.

고요 본인은 그 후 연애에 관한 견해를 크게 바꾸었다고 생각하고 있었습니다. 하지만 근본적으로는 변하지 않았습니다. 그것은 만년의 작품인 『금색야차』를 보면 명확합니다. 이 작품은 메이지 36년[1903년]에 쓰였습니다.[22] 러일전쟁 직전입니다. 즉 일본의 경제가 중공업으로 향하고 정치적으로는 제국주의적인 단계로 나아가던 때입니다. 그런데 고요가 여기에 쓴 것은 여자女(오미야お宮)가 자신을 버리고 부富(도미야마富山)로 달려갔다고 생각하고, 고리대금업자가 되어 복수를 하려고 하는 인물(간이치貫一)입니다. 이러한 설정 자체가 시대착오(anachronism)라고

---

[21] 【그런데 산업자본주의 시기에 그것은 은행으로 대체됩니다】(문고본)
[22] 『금색야차』는 1897부터 1902년까지 〈요미우리신문〉에 연재되었는데, 작가의 죽음으로 완성되지는 못했다. 단행본은 연재 중에 발간되기 시작했는데 마지막 권이 나온 것은 사후인 1903년이다.

1부 근대문학의 종언

생각합니다. 동시대의 현실과 너무나 동떨어져 있다고 말할 수밖에 없습니다. 그런 점에서 보면 도코쿠가 말한 연애는 결코 그와 같은 의도로 말해진 것이 아니지만, 실은 산업자본주의에 불가결한 에토스와 합치된 것입니다. 즉 내세적 금욕입니다. 바로 욕구를 채우는 것이 아니라 지연시킵니다. 또는 욕구를 채울 권리를 축적합니다. 그것이 산업자본주의의 '정신'입니다.

그러나 《지금 생각하면》 메이지 36년이나 그 이후에 『금색야차』가 기록적인 베스트셀러가 된 것은 당시 사람들의 사고방식이 아직 도쿠가와시대와 그다지 다르지 않았기 때문은 아닐까 생각합니다. 예를 들어 아타미熱海 해안[23]에서 대학생 간이치가 자신을 배신한 오미야를 나막신으로 걷어차는 장면이 있습니다. 《지금도 오미야의 소나무라고 불리는 소나무가 있을 정도입니다. 옛날엔 관광명소였습니다.》【이때】간이치는 다음해, 그 다음해, 몇십 년 후 "이번 달 오늘 밤의 달을 내 눈물로 흐리게 해줄게"[24]라는 식으로 말합니다. 그때 간이치는 "부부나 마찬가지였는데도"라고 말하고 오미야의 배신을 힐책하는데, 예전에 나는 그것이 좀 과장된 것은 아닐까 하고 생각했습니다. 그러나 원작을 잘 읽어보면 그들은 5년 정도 사실상 동거하고 있었습니다.【오미야의】부모도 알고 있었습

---

[23] 시즈오카靜岡현 이즈伊豆반도의 북동부에 있는 해안.
[24] 尾崎紅葉, 『金色夜叉』, 『尾崎紅葉集:日本近代文学大系 5』, 角川書店, 1971, 109頁(오자키 고요, 『금색야차』, 서석연 옮김, 범우사, 1992, 60쪽).

3 근대문학의 종언

니다. 그런데 도미야마는 그것을 잘 알고 있었음에도 불구하고 끈질기게 구혼했습니다. 그리고 오미야도 "자신을 좀 더 비싸게 팔 수 있다"고 판단했습니다. 소설에는 정확히 그렇게 쓰여있습니다.

오늘날의 독자는 그것을 읽고 놀랄 것입니다. 그런데 당시의 독자는 놀라지 않았습니다. 그러기는커녕 엄청나게 인기가 있었습니다. 그런데 쇼와昭和 이후 신파극이 되면 『금색야차』는 원작으로부터 상당히 멀어집니다. 내가 『금색야차』를 안 것은 중학교에 들어가기 직전이었는데, 야마모토 후지코山本富士子가 주연한 영화[25]를 보았기 때문입니다. 《어쩌면 어느 정도 알고 있었기 때문에 영화를 본 것인지도 모릅니다. 아니면 당시 진기한 천연색영화라는 것이 화제가 되었기 때문일지도 모릅니다. 여하튼》 그 영화에서 오미야는 가련한 처녀로 가까이 있던 간이치와 순애관계에 있었는데, 갑자기 접근해 온 도미야마의 청혼을 받은 후, 간이치의 장래를 생각해 울면서 승낙한다는 식으로 되어 있었습니다.

그러나 고요가 메이지 30년대에 썼을 때는 그렇지 않았습니다. 애당초 처녀성이나 플라토닉한 연애가 이야기되기 시작한 것은 메이지 20년대부터로, 그것을 적극적으로 주창한 사람 중 한 명이 도코쿠입니다. 그러나 대중의 레벨에서는 그렇지 않았습니다. 농촌지역에서는 말할 것

---

[25] 1954년 일본에서 개봉한 영화로 야마모토의 첫 컬러영화였다.

1부 근대문학의 종언

도 없습니다. 요바이夜這い[26]라는 관습은 전후戰後까지 상당히 남아있었습니다. 도시에서도 마찬가지였습니다. 처녀성 따위는 문제가 되지 않았습니다. 다만 도시지역이 농촌지역과 다른 점은 섹스를 금전적으로 보는 관점이 있었습니다. 즉 자신을 상품으로서 보는 의식이 있었다는 것입니다. 노골적으로 말하자면 "무료로 하게 하는 것은 아깝다"는 것입니다. 당연하지만 그들은 유곽에서 일하는 것도 그리 신경을 쓰지 않았습니다. 무사의 가정은 예외입니다. 그곳에는 유교도덕이 침투해 있었기 때문입니다. 메이지 이후는 그와 같은 도덕이 근대적 도덕의식과 혼합되어 모든 계층에 서서히 침투하고 있었습니다.

그러나 『금색야차』를 읽으면 메이지 30년대가 되어도 대중의 레벨에서는 그다지 바뀌지 않았다는 것을 알 수 있습니다. 오미야는 메이지의 여학교를 나왔다고 되어 있지만, 그 내실은 게이샤와 그렇게 다르지 않습니다. 메이지 중반까지 정치가나 학자 중 게이샤와 결혼한 사람이 적지 않았습니다. 요컨대 로쿠메이칸鹿鳴館[27]의 파티 등은 원래 게이샤가 맡았던 것입니다. 보통의 여자는 사교적으로 춤을 출 수 없었습니다. 그러면 곤란하기 때문에 여학교가 생긴 것입니다. 때문에 오미야가 여학교를 나왔다고

---

[26] 남자가 여자의 침소에 몰래 들어가서 정을 통하는 일본의 옛 풍습. 주로 서일본에서 보이며 간토関東 이북지방에서는 보이지 않는다.
[27] 메이지 정부가 건축한 2층 규모의 서양식 국제사교장으로, 서구문화의 유입 통로가 되었다.

3 근대문학의 종언

해도 고요에게는 게이샤와 같은 것이었습니다. 오미야는 자신의 미모라면 간이치 정도로는 아깝다, 좀 더 값어치가 있는 것은 아닐까 하고 생각한 것입니다. 단 이것을 보고 일본이 뒤떨어져 있다거나 비서양적이다라는 식으로 말할 수는 없습니다. 예를 들어 프랑스의 궁정을 무대로 한 심리소설에서 활약하는 공작부인이나 백작부인 중에는 고급창부 출신이 적지 않습니다. 하지만 그것으로 특별히 비난을 받지는 않았습니다. 【나폴레옹 3세의 시대에 파리의 여자 중 1/3 정도는 창부였다고 이야기됩니다.】 프로테스탄티즘적 문화에서는 이런 것이 《겉으로는》 엄격히 부정됩니다. 도코쿠는 청교도의 퀘이커교도였기 때문에 유곽에서 나온 문화 같은 것은 용납할 수 없었습니다. 하지만 그것을 【일반적으로】 비서양적이라고는 말할 수 없습니다. 예를 들어 구키는 '이키'를 프랑스의 '쉬크chic'[28]와 대응시켰습니다.[29] 하이데거와 같은 독일인이 '이키'의 의미를 알았다고는 도저히 생각할 수 없지만요.[30]

한편 도미야마는 서양에 유학하고 돌아온 것으로 되어 있지만, 그의 태도는 도쿠가와시대에 유곽에서 놀던 조닌町人 나리들과 다르지 않습니다. 때문에 그녀가 간이치와

---

[28] (작품, 사람의) 멋, 세련미 또는 (특히 그림의) 솜씨, 기교.

[29] 【따라서 앞서 서술한 구키 슈조는 '이키'를 프랑스의 '쉬크'와 비교하고 있습니다.】(문고본)

[30] 【덧붙여 하이데거는 구키가 말하는 '이키'를 높이 평가했습니다. 그와 같은 독일 농민형 철학자가 유곽에서 생겨난 '이키'의 경지를 알았다고는 도저히 생각할 수 없지만요.】(문고본)

1부 근대문학의 종언

동거하고 있다는 사실을 알고 있었음에도, 말하자면 게이샤를 '미우케身請け'[빚을 대신 갚아 주고 기적妓籍에서 빼내는 짓]하듯이 청혼했으며, 또 그렇게 할 수 있었습니다. 그리고 흔히 있는 일이지만 그렇게 여자를 미우케한 뒤에는 곧바로 흥미를 잃고 상대하지 않게 됩니다. 그래서 오미야는 간이치를 떠올리며 후회합니다―, 요컨대 그런 이야기입니다.

앞서 오늘날의 독자가 『금색야차』를 읽으면 놀랄 것이라고 말했습니다. 그러나 실은 오늘날의 젊은이가 읽어도 전혀 놀라지 않는 것은 아닐까? 반대로 기타무라 도코쿠를 읽는다면 오히려 어이없어 하는 것은 아닐까? 하는 생각이 듭니다. 왜냐하면 오미야처럼 자신의 상품가치를 생각하여 좀 더 비싸게 팔기 위한 계산을 하는 여성은 오늘날에 널려 있으며 남녀 모두 처녀성에 신경을 쓰지도 않습니다. 수년 전에 '원조교제'라고 불리는 10대 소녀의 매춘형태에 혁명적인 의미를 부여하려고 한 사회학자가 있었습니다.[31] 하지만 그것은 자본주의가 보다 깊숙이 침투했다는 것을 의미할 뿐입니다. 만약 그것이 혁명적이라면 사이카쿠의 『호색일대녀好色一代女』가 훨씬 혁명적입니다.

또 젊은이들 중에는 간이치처럼 한 번에 돈을 벌기 위해 투기를 하는 사람이 적지 않습니다. 그것이 말하는 것

---

[31] 【혁명적인 의의를 보려고 한 사회학자가 있었습니다】(문고본) 여기서 언급되는 사회학자는 미야다이 신지宮台真司로 보인다. 그는 원조교제를 청소년들의 단순한 도덕적 타락보다는 자본주의적 교환원리를 통한 전통적 억압구조에 대한 사회적 저항으로 해석했다.

3 근대문학의 종언

은 무엇일까요? 이것은 자본주의 단계로 말하자면 산업자본주의 이후의 단계에서는 어떤 의미에서 상인자본주의적이 된다는 것을 의미합니다. 생산이 아니라 유통에서의 교환차액으로 잉여가치를 얻으려고 합니다. 전체가 그런 것은 아니지만 오늘날에는 그런 자본의 본성이 전면에 등장해 있습니다.[32] 그러므로 과거의 것이 오히려 현재와 딱 맞는 것처럼 보이는 것입니다. 이것이 '역사에서의 반복'이라는 것의 현실적 근거입니다.

마지막으로 말하지만[33] 오늘날의 상황에서 문학(소설)이 일찍이 가졌던 것과 같은 역할을 수행하는 일은 불가능하다고 생각합니다. 다만 근대문학이 끝났다고 해도 우리를 움직이고 있는 자본주의와 국가의 운동은 끝나지 않습니다. 그것은 모든 인간적[34] 환경을 파괴해서라도 계속될 것입니다. 우리는 그 안에서 대항해 갈 필요가 있습니다. 하지만 그 점에 관하여 나는 문학에 더 이상 아무것도 기대하지 않습니다.

> ⊙ 추기 - 이것은 2003년 10월, 긴키대학 국제인문과학연구소 부속 오사카 칼리지에서 행한 연속강연의 기록에 기초하고 있다.

---

[32]【생산보다도 유통에서의 차액에서 잉여가치를 얻으려고 합니다. 그런 상인자본의 본성이 전면에 등장합니다. 그것이 신자유주의 단계입니다.】(문고본)
[33]【반복하지만】(문고본)
[34]【인간적·자연적】(문고본)

2부 국가와 역사

1 역사의 반복에 대하여

듣는 사람
오카모토 아쓰시

2부 국가와 역사

반복적인 구조를 파악한다

——— 2005년은 패전 60년이 되는 해입니다. (2004년) 11월에는 부시 대통령이 재선되었습니다만, 대통령선거와 동시에 행해진 상하의원 선거의 추세를 보면, 아메리카는 앞으로 상당히 오랜 기간 보수, 그것도 종교적 원리주의적 보수정치가 계속되는 것은 아닐까 하는 우려를 낳고 있습니다. 오늘날의 아메리카는 우리가 이제까지 생각해온 자유나 민주주의, 진보나 법의 지배와 같은 아메리카와는 다른 세계에 접어들기 시작하고 있는 것은 아닐까? 그리고 패전 후 일본이 아메리카에게서 배워 사회기반으로 삼으려고 한 자유나 민주주의, 개인의 존엄이나 인권, 남녀평등이나 국제협력주의와 같은 것도 아메리카의 변질로 인해 위협당하고 있습니다.

올해(2004년) 9월에는 코피 아난 유엔 사무총장이 "세계에서 법의 지배가 후퇴하고 있다"고 경고했는데, 그것은 아마 현재 진행되고 있는 어떤 사태에 대한 위기의식이라고 생각합니다. 법의 지배가 후퇴한다면 노골적인 폭력이나 노골적인 국익주의로 세계를 지배하려고 할 것입니다. 또 노골적인 자본주의라고 할까, 민영화와 규제완화를 통해 폭력적일 정도로 심하게 수탈해 가는 경향이 현저해지고 있습니다. 가라타니 씨는 지금의 상황을 어떻게 보고 계시나요?

새로운 미지의 상황에 대해 우리는 과거의 경험을 참조하여 사고합니다. 나는 그것이 꼭 새로운 사건을 낡은

1 역사의 반복에 대하여

언어로 은폐하는 것이라고는 생각하지 않습니다. 오히려 반대로 그것을 통해 새로운 겉모습에 의해 숨겨진 반복적인 구조를 파악할 수 있다고 생각합니다. 국가나 자본제 경제라는 것은 기본적으로 반복적인 구조를 가지고 있습니다. 방금 패전 후 60년이라고 이야기하셨습니다. 이 경우 나는 '60년'이 중요한 매듭이라는 생각이 듭니다. 동양에는 역易이라는 사고가 있고 그것은 바로 60년으로 순환하게 되어 있습니다. 이것은 고대의 자연학이며 자연현상의 관찰에 기초하고 있습니다. 여기에도 일정한 근거가 있다고 생각합니다. 오늘날로 말하자면 보다 '과학적' 이론으로 콘드라티예프의 장기파동론이 있습니다. 여기서 장기적 경기순환은 대체로 50~60년 주기라고 이야기되지만 사람에 따라 다르게 파악합니다. 나는 일본근대사의 경험으로 볼 때 60년이라는 주기성으로 생각하면 어떨까 하는 생각을 해왔습니다.

예를 들어 나는 「역사와 반복」이라는 글[『역사와 반복』 제1부]을 썼는데, 그 글에서는 쇼와시대[1926~1989]에 메이지시대[1868~1912]가 반복되고 있음을 논했습니다. 하지만 거기에 어떤 신비한 이유가 있는 것은 아닙니다. 우연히 메이지와 다이쇼大正를 합한 기간이 대략 60년이었기에 쇼와시대에 메이지시대가 반복되고 있는 것처럼 보이는 것입니다. 예를 들어 쇼와 전기에는 그야말로 메이지유신을 반복하는 '쇼와유신'이 있습니다. 일본파시즘은 그와 같은 반복의 표상으로 생겨난 것입니다. 또 헌법공포는 메이지라면 22년(1889년) 쇼와라면 21년(1946년)이고, 청일전쟁(메이지 27년, 1894년)에는 강화회의와 미일안보조약(쇼와 26년, 1951년)이 대응되고, 러일전쟁(메이지 37년, 1904년)에는 안보투쟁(쇼와 35년, 1960년)이, 조약개정(메이지 44년, 1911년)에는 오키나와 반환(쇼와 47년, 1972년)이 대응됩니다. 더욱이 메이지 45년(1912년)의 노기乃木[希典](1849~1912)장군의 자결과 쇼와 45년(1970년)의 미시마 유키오의 자결도 그렇습니다. 그 이후, 즉 1970년 이후는 말하자면 다이쇼시대[1912~1926]가 되는 것입니다. 쇼와천황은 그 이후 말하자면 다이쇼천황처럼 조용히 존재했습니다. 그런데 1980년 후반부터 천황의 존재가 갑자기 내외적으로 노출되기 시작했습니다. 내가 이런 평행성을 생각한 것은 쇼와천황이 아프다는 소식이 전해진 때입니다.

   그 시기 나는 1990년 이후, 말하자면 다시 한 번 쇼와 초기 즉 1930년대로 되돌아가는 것은 아닌가 하는 생각을 했습니다. 그리고 그런 예상에 근거하여 여러 가지를 생각했습니다. 어느 정도 그것은 맞았다고 생각합니다. 실제 쇼와천황이 죽은 1989년 시점에 동구의 시민혁명, 그리고 소련권의 붕괴라는 사건이 일어났습니다. 그것은 곧바로 1991년의 걸프전쟁으로 이어졌습니다. 이것은 냉전체제가 끝난 후 어떤 세계가 초래될 것인지를 맹아적으로 보여준 사건입니다. 더욱이 일본의 버블경제가 붕괴되었

1 역사의 반복에 대하여

습니다. 이런 상황은 일본의 문맥으로 말하면 '다이쇼'가 끝나고 다시 '쇼와'에 들어가는 것을 의미합니다. 바꿔 말해 그것은 1930년대의 경제불황과 파시즘시대와 유사한 상태를 반복하는 것입니다. 따라서 이후의 상황은 1930년대를 닮아가지 않을까 하고 생각한 것입니다.

하지만 이런 예상, 즉 60년의 주기성으로 보는 사고는 뭐랄까 잘 들어맞지가 않습니다. 예를 들어 이 도식대로라면 2005년은 어떻게 될까요? 그것은 바로 1945년에 해당됩니다. 태평양전쟁이 끝나고 일본이 재출발을 한 해입니다. 하지만 그런 일은 없었습니다. 이라크전쟁에서도 결정적인 일은 일어나지 않았습니다. 세계적으로도 결정적인 변화가 있을 것 같지 않습니다. 오히려 앞으로 일본은 지금과 같은 경향을 점점 강화해갈 것 같은 느낌이 듭니다. 그럼에도 그것을 전전戰前으로의 회귀, 1930년으로의 회귀로 생각하는 것은 잘못이라고 생각합니다.

그럼 60년 주기설은 버려야 할까요? 내 생각에 그럴 필요는 없습니다. 단지 그 배倍인 120년 주기로 생각하면 됩니다. 간단히 말하자면 2005년은 1945년이 아니라 그보다 60년 전인 1885년(메이지 17년)에 해당됩니다. 왜 60년의 배일까요?

일반적으로 근대의 세계경제시스템은 72~73쪽의 도표처럼 60년마다 새로운 단계로 나아갑니다. 그것은 생산력의 발전을 수반한 것입니다. 그러나 생산력과 무관하게

2부 국가와 역사

그저 순환적인 주기성이 있습니다. 예를 들어 월러스틴은 자유주의를 세계적인 헤게모니를 가진 나라의 경제정책으로 생각했습니다(『근대세계시스템 1600~1750』). 사실상 근대세계경제에서 헤게몬hegemon(헤게모니 국가)은 셋밖에 없습니다. 네덜란드, 영국, 그리고 아메리카(합중국).

예를 들어 네덜란드는 영국이 아직 '중상주의' 단계에 있던 시기에 자유주의적이었습니다. 정치적으로도 절대왕정이 아니라 공화제였습니다. 실제 암스테르담은 데카르트나 로크가 망명하고 스피노자가 안주할 수 있었던 예외적인 도시였습니다. 영국이 제조업을 완전히 따라잡은 18세기 후반에도 네덜란드는 여전히 유통이나 금융 영역에서 헤게모니를 가지고 있었습니다. 영국이 완전히 우월해지는 것은 거의 19세기가 되고서인데, 그것이 도표에서 보이는 자유주의 단계입니다. 그러나 영국의 헤게모니가 몰락한 1870년대 이후 소위 제국주의 시대가 시작되었고, 60년 후인 1930년대에는 아메리카가 헤게몬이 되었다고 말할 수 있습니다.

레닌은 1880년대에 현저해진 제국주의를 자본주의의 최종적인 단계로 규정했습니다. 하지만 여기서 내가 말하는 '제국주의'는 그런 것이 아닙니다. 그것은 헤게몬이 몰락하고 있지만 신흥국가가 그것을 대신할 정도로 아직 확립되지 않아서 상호 간의 항쟁이 이어지는 단계입니다. 여기에 발전은 없습니다. 단지 교체, 반복이 있을 뿐입니다.

1 역사의 반복에 대하여

헤게몬이 확정된 자유주의적 시기가 60년 이어집니다. 그리고 그것이 몰락하면, 다음 헤게모니를 향한 항쟁이 60년 이어집니다. 그와 같은 반복이 있습니다. 때문에 역사적으로는 사태는 60년 전보다도 120년 전과 닮아있는 것입니다.

그로부터 오늘날을 보면 어떨까요? 일반적으로 1990년대는 '신자유주의'로 여겨지고 있습니다. 즉 아메리카가 과거 대영제국과 같이 압도적인 헤게모니를 잡은 시대며 그 정책이 '자유주의'의 재현이라고 이야기됩니다. 그러나 아메리카가 헤게모니국가였던 것은 오히려 1990년 이전이었고, 달러의 금태환제 정지가 보여주는 것처럼 경제적으로는 1970년부터 몰락하고 있었습니다. 아메리카에 의한 '자유주의'의 단계는 오히려 냉전시대라고 불리던 시기(1930~1990)에서 찾아야 할 것입니다. 그때 선진자본주의 국가들은 소련권을 공통의 적으로 삼음으로써 서로 협력하고 국내에서는 노동자를 보호하거나 사회복지정책을 취하거나 했습니다. 소련권(국제적인 면에서)과 사회주의 정당(국내적인 면에서)은 적대적인 겉모습과는 반대로 세계자본주의를 위협하기는커녕 그것을 보안하는 것으로서 기능했습니다. 따라서 냉전시대는 헤게모니 국가 아메리카에 의한 '자유주의'적인 단계였다고 해도 좋습니다. 그런데 1990년대 이후의 아메리카는 금융이나 군사에서는 패권을 유지하고 있지만, 이미 냉전시대와 같은 압도적인

2부 국가와 역사

경제력을 가지고 있지 않습니다. 오히려 1990년 이후에는 아메리카와 그에 대항하는 유럽, 중국, 그밖의 신세력과의 투쟁이 시작되었습니다. 그런 의미에서 1990년 이후는 제국주의적인 시대입니다. 그것은 이미 걸프전쟁으로 시작되었고 2004년의 이라크전쟁에서 표면화되었습니다.

그렇다면 120년 전에는 어떤 일이 일어났을까요? 한나 아렌트는 제국주의가 시작된 것이 1883~1884년 즈음이라고 말합니다. 영국이 이집트를 점령한 시기입니다. 일본으로 말하자면 그것은 메이지 17년 즈음입니다. 이해 이씨조선의 궁정에서 친일파 김옥균 등이 일으킨 쿠데타(갑신정변)가 실패했습니다. 그 결과 드디어 조선에 대한 청나라의 종주권이 강화되었고, 다른 한편으로 김옥균 등과 친했던 후쿠자와 유키치는 이에 실망하여 「탈아론脫亞論」을 썼습니다. 이 시기 일본인은 한국을 식민지로 지배할 생각이 없었습니다. 그러나 이 시기부터 10년 후인 청일전쟁(1894년)에 이르기까지 일본은 제국주의 국가로 변질되어 갔습니다.

현재 일본은 전전戰前으로 돌아가고 있다, 그러므로 위험하다는 견해가 있습니다. 하지만 나는 그와 같은 견해가 현재 상황에서는 유효하지 않다고 생각합니다. 일본은 1930년대처럼 '대동아공영권'을 목표로 하고 있지 않습니다. 오히려 그것에 등을 돌리고 있습니다. 즉 '탈아'를 선택한 것입니다. 그런 의미에서 1930년대를 반복하는 일

1 역사의 반복에 대하여

은 없습니다. 하지만 대신에 현재는 1880년대를 되풀이하고 있습니다. 즉 현재는 청일전쟁이 눈앞에 다가온 시기와 닮아있습니다. 현재 중국은 1930년대처럼 식민지적 지배와 내전으로 분열된 힘없는 나라가 아닙니다. 청나라처럼 남아시아 일대로 세력을 넓히고 있는 '제국'입니다. 한편 북한은 이씨조선과 유사합니다. 즉 동아시아에는 청일전쟁의 산물인 대만을 포함하여 청일전쟁(1894) 전후에 형성된 지정학적 판도가 그대로 살아있습니다.

물론 이런 주기적인 반복은 형식에 관한 것이며 그 내용은 다릅니다. 바꿔 말해 같은 사건이 일어날 리는 없습니다. 그럼에도 불구하고 거기에는 형식적인 유사성이 있습니다. 반복을 생산해내는 것은 자본주의가 가진 반복적 구조와 세계적인 국가의 관계구조입니다. 이런 반복성을 생각하는 것은 사건을 예지하기 위한 것이 아닙니다. 예지하는 것은 불가능합니다. 그러나 반복적 구조를 생각하는 것은 그것을 알지 못하기 때문에, 또는 그저 피상적인 것밖에 알지 못하기 때문에 범할지도 모르는 잘못을 피하기 위해 필요합니다.

예를 들어 현재가 120년 전과 유사하다고 볼 경우 다음과 같이 말할 수 있습니다. 중국의 공산당 정권도 청淸왕조와 마찬가지로 북한 정권도 이씨 왕조와 마찬가지로 조만간 붕괴된다고 말입니다. 그러므로 중국이나 북한이라는 '위협'으로 위기를 부추기는 것은 잘못입니다. 위기를 부추기는 것은 그것을 통해 일본의 군사화를 진행시키기 위해서입니다. 그것을 통해 120년 전을 반복하게 됩니다. 그러므로 주의했으면 합니다.

소비자에게 조국은 없다

─── 단 그런 반복에서도 예를 들어 전쟁의 불법화라든지 인권의 옹호라든지, 말하자면 국가나 자본주의의 폭력을 억제하고 컨트롤해 가려는 사고도 나온 것은 아닐까요? 유엔에는 191개국이 가입했고 어쨌든 유엔헌장을 승인했습니다. 그것이 붕괴할 위기에 처해 있습니다.

그것이 60년 전보다도 120년 전으로 돌아가는 것이 아닐까 라고 말했을 때 내가 말하고자 한 것입니다. 19세기 후반의 제국주의는 세계전쟁으로 귀결되었지만, 그 결과 제1차 대전으로 국제연맹이 만들어졌고, 그것이 제대로 기능하지 않아서 다시 제2차 대전에 이르렀다는 반성 위에 국제연합(UN)이 만들어졌습니다. 현재 진행되고 있는 것은 그것을 무시하는 제국주의의 논리입니다. 아메리카의 '자유주의'라는 것은 19세기 영국의 '자유주의'와 마찬가지로 소위 자유주의적 제국주의입니다. 자유로운 경제활동을 방해하는 것이 있으면 군사적으로 과감히 해치웁니다. 그러므로 자유주의와 제국주의는 모순되지 않습니

1 역사의 반복에 대하여

다. 이 자유주의는 당시 사상으로 말하자면 스펜서의 사회적 다원주의입니다. 알기 쉽게 말하자면 '약육강식'입니다. 메이지 일본에는 예를 들어 가토 히로유키加藤弘之(1836~1916)라는 사상가가 있습니다만, 그는 본래 민권론 사상가였음에도 불구하고 스펜서를 읽은 후 사회적 다원주의로 전향했습니다. 그 무렵 민권사상가들이 하나둘 제국주의로 전향했습니다. 그것은 지금도 마찬가지입니다. 승자냐 패자냐[1]를 말합니다. 이것이 바로 사회적 다원주의입니다.

단 그것을 비판하는 것만으로는 안 된다고 생각합니다. 그것에 대항하는 이론이 필요합니다. 예를 들어 자본주의에 대항하는 사상인 사회주의는 어떨까요? 1990년에 소련, 동구권이 붕괴된 후 좌익의 결론은 시장경제를 인정하면서 그로부터 생겨난 모순이나 폐해를 의회를 통해 국가정책으로 하나하나 해결해 가자는 것이었습니다. 즉 사회민주주의입니다. 이런 사고방식은 사실 19세기 말 베른슈타인이 제안한 것으로 흔히 개량주의·수정주의로 불립니다. 베른슈타인은 망명자로서 엥겔스와 함께 영국에 남아 있었기 때문에 마지막에 엥겔스의 저작권을 상속한 사람으로, 어떤 의미에서 엥겔스의 진짜 목소리를 알고 있었다고 생각합니다. 1895년에 엥겔스는 과거 마르크스와 함께 『공산당선언』(1848년)에 쓴 것은 낡았다, 시가전市

---

[1] 일본의 고도성장기에 '일억총중류시대一億總中流時代'라는 말이 유행했지만, 불경기가 되자 사회경제적으로 성공한 사람과 그렇지 못한 사람을 가리키는 '승자(勝ち組)', '패자(負け組)'라는 표현이 유행했다.

2부 국가와 역사

街戰과 같은 혁명은 시대에 뒤떨어졌다, 오늘날의 독일에서는 의회를 통한 합법적인 혁명이 가능하다고 말합니다. 베른슈타인은 이런 엥겔스의 생각을 좀 더 노골적으로 말한 것뿐입니다. 카우츠키는 베른슈타인을 수정주의라고 비난했지만 결국 같은 것입니다.

이런 개량주의, 의회주의를 부정한 것이 트로츠키와 레닌으로, 그들은 1917년 2월에 시작된 러시아혁명 과정에서 10월에 쿠데타를 강행했습니다. 그리고 '프롤레타리아 독재'에 들어갔습니다. 이것이 실제로는 공산당 독재였고, 이후에는 스탈린 독재에 지나지 않았음은 물론입니다. 하여튼 러시아의 10월 혁명이 20세기를 '혁명과 전쟁의 세기'로 만들었다고 해도 좋습니다. 파시즘은 러시아혁명에 대한 대항혁명이었기 때문입니다. 물론 이와 같은 사회주의는 붕괴되었습니다. 하지만 그것이 도달했던 곳은 말하자면 베른슈타인입니다. 그것은 베른슈타인이 정확히 앞을 내다보았다는 것을 의미할까요? 그렇지 않다고 생각합니다.

마르크스가 『자본론』을 쓰던 시기에 영국의 노동자계급은 이미 보수적이 되어 있었습니다. 노동조합도 있었고 선거권도 있었기 때문입니다. 그리고 페이비언 협회[2]와 같은 개량주의적 사회주의가 지배적이었습니다. 19세기 말

---

[2] 영국의 지식인이 주도한 점진적 사회주의 단체. 자유무역에 반대하고 토지의 국유화를 주장했다. 오늘날 영국 노동당의 기초가 되었다. 참여자로는 조지 버나드 쇼, H.G. 웰즈, 버트런드 러셀, 존 케인즈 등이 있다.

1 역사의 반복에 대하여

에 베른슈타인은 독일도 이제 그와 같이 되어가고 있다고 생각한 것입니다. 한편 로자 룩셈부르크는 선진국의 자본은 후진국으로부터의 착취에 의해 축적된다, 선진국의 노동자가 보수화하는 것은 자본이 후진국에서 착취한 잉여가치에 대한 배당을 받고 있었기 때문이라고 생각했습니다. 그러므로 선진국에서의 혁명이 막다른 골목에 도달한 상태에서 후진국에서의 혁명으로 전환되는 길이 열렸습니다. 후진국에서의 혁명이 선진국의 자본주의를 추궁한다는 의미를 가지게 되었습니다. 이것은 19세기까지의 사고방식과 완전히 다릅니다.

마르크스는 사회주의란 영국과 같은 선진적인 자본주의국가에서만 가능하다고 생각하고 '단계의 도약'을 부정했습니다. 예를 들어 1848년의 『공산당선언』에서 독일의 혁명은 부르주아혁명에서 프롤레타리아혁명으로 바로 전환된다고 말하면서도 1850년 가을에는 그것을 부정했습니다. 독일과 같은 후진국에서 그런 것은 불가능하다. 또 사회주의자는 국가권력을 취하는 것에 조급해서는 안 된다. 그렇게 하면 부르주아가 해야 할 일(자본의 원시적 축적과 같은 과정)을 사회주의자가 하지 않으면 안 되게 된다는 것입니다. 실제 20세기 사회주의혁명은 모두 후진국에서 일어났는데, 실제로 부르주아가 해야 하는 일(예를 들어 민족독립)을 사회주의자가 했습니다. 그 때문에 그것은 민족독립운동으로서는 성공했으나 사회주의로서는

2부 국가와 역사

실패했습니다.

하여튼 러시아혁명 이후 후진국에서 사회주의자가 권력을 획득하여 사회주의화를 강행한다는 전략이 보급되었습니다. 그리고 그것이 전부 파산했습니다. 그 결과 선진국의 좌익은 사회민주주의에 도달했고, 사회주의적 전망조차 가질 수 없었던 주변자본주의 국가는 종교나 테러리즘에 호소할 수밖에 없게 되었습니다. 그러나 이 문제는 19세기 말로 돌아가 다시 생각해 볼 필요가 있습니다. 내가 생각하기에 베른슈타인만이 아니라 그것을 비판한 로자나 트로츠키도 결국 선진국의 발달된 자본주의 안에서 혁명이 가능한지, 가능하다면 어떤 것일 수 있는지를 생각하지 않았다고 생각합니다. 나는 그것에 대해서 사고했습니다. 『트랜스크리틱』에 쓴 것이 그것입니다.

그것을 간단히 요약하자면 이런 것이 될 것입니다. 일반적으로 자본제경제의 잉여가치는 봉건적 경제의 잉여노동 착취가 변형된 것으로 생각됩니다. 자본제경제에서는 그와 같은 착취가 자유로운 계약에 기초한다는 명목하에 기만적으로 행해지고 있다고 말입니다. 그러나 이것은 마르크스의 사고라기보다는 리카도 좌파의 사고방식입니다. 그들은 '임금노예'라는 말을 만들었습니다. 이것은 임금노동자가 농노의 변형이라는 의미입니다. 그리고 19세기 전반에는 리카도 좌파에 기초한 노동운동이 매우 활발했습니다. 그러나 마르크스가 영국에서 『자본론』을

1 역사의 반복에 대하여

쓴 시기는 그러한 투쟁의 결과로서 노동자계급이 여러 권리를 획득하고 풍요로워져서 보수화된 시기였습니다.

마르크스라고 하면 노동가치설이 이야기되지만, 마르크스가 고전파와 대립하며 중요시한 것은 오히려 상품의 사용가치였습니다. 상품이 팔리는 것은 타인에게 사용가치가 있기 때문이고, 또 팔리지 않으면 가치(노동가치)가 실현될 수 없습니다. 스미스나 리카도와 같은 고전파 경제학자는 상인자본이 싸게 사서 비싸게 파는 것에서 이윤을 얻는다는 점을 비난하고, 산업자본이 공정한 등가교환을 통해 이윤을 얻는다는 점을 강조했습니다. 하지만 나는 자본주의를 봉건적 착취의 변형이 아니라 상인자본의 변형이라고 생각합니다. 일반적으로 그것은 가치체계의 차이에서 차액, 즉 잉여가치를 얻는 것입니다. 산업자본은 끝없는 기술혁신을 통해 가치체계를 바꿈으로써 시간적으로 차액을 만들어냅니다. 그런데 산업자본은 공간적으로도 잉여가치를 얻으려고 합니다. 즉 원료나 노동력이 싼 곳으로 향합니다. 요컨대 자본은 어떤 가치체계의 차이도 놓치지 않으며, 차이가 없다면 어떻게 해서든지 그것을 만들어내려고 하는 운동입니다.

그러므로 마르크스는 자본제경제를 상인자본의 운동(화폐→상품→화폐라는 과정)에서 보았던 것인데, 그것은 단순히 산업자본주의의 비밀을 밝혀주는 것만이 아니라, 그것에 대항하는 운동의 비결도 보여주는 것이었습니다.

2부 국가와 역사

예를 들어 리카도파는 노동자가 생산지점에서 착취당한다고 말합니다. 노동자가 생산한 것을 자본가가 빼앗는다는 이야기입니다. 마르크스주의자도 아나르코생디칼리스트(anarcho-syndicalist)도 그렇게 생각했습니다. 그러므로 거기서 스트라이크를 한다면 자본주의에 결정적인 타격을 가할 수 있다고 말입니다. 그러나 잉여가치는 생산과정에서만이 아니라, 노동자가 자신들이 만든 것을 소비자로서 사는 과정에서 비로소 실현됩니다. 즉 총체로서의 노동자가 자신이 만든 것을 스스로 다시 살 때 그 차액이 총자본의 잉여가치가 됩니다.

그렇다면 노동자에게 착취당하고 있으니까 생산지점에서 싸우라고 말해도 설득력이 없습니다. 예를 들어 생산물이 팔리지 않으면 회사가 망합니다. 도산한다면 깡그리 없어집니다. 이런 점만으로도 생산지점의 노동자는 보편적인 관점을 취하기 어렵다고 생각합니다. 그들은 오히려 기업과 일체화가 되기 쉽습니다. 선진국만큼 풍요롭게 된 노동자는 보편적인 관점에 서지 않습니다. 그러나 소비자로서는 다르다고 생각합니다. 환경문제나 교육문제에 관해 매우 민감합니다. 예를 들어 미나마타병이 문제가 되었을 때, 미나마타의 질소공장 노동조합은 회사를 지지했습니다. 반대운동은 물고기를 먹는 소비자 측에서 나왔습니다.

그러나 소비자라고 해도 노동자와 다른 사람들이 아닙

1 역사의 반복에 대하여

니다. 생산과정에 놓이면 노동자고 유통과정에 놓이면 소비자가 될 뿐입니다. 따라서 노동자가 보편적이 되는 것은 오히려 생산지점에서 벗어났을 때입니다. 중요한 것은 소비의 장에서의 투쟁입니다. 이것은 소위 소비자운동과는 다릅니다. 그것은 노동자가 소비의 장에서 싸우는 것과 같은 운동입니다. 19세기 이래로 '의회냐? 총파업이냐?'가 항상 논의되었습니다. 하지만 그 즈음 보이콧 운동을 제기한 사람이 있습니다. 그가 바로 간디입니다.

그람시는 1848년 이후의 혁명은 시가전과 같은 기동전이 아니라 진지전이 되었다고 말했습니다. 그가 생각하기에 총파업은 기동전입니다. 그가 이런 것을 생각한 것은 총파업(공장점거)이 실패하고 파시스트에게 탄압을 당하여 옥중에 있었을 때입니다. 그런 의미에서 그람시는 선진국에서의 혁명문제를 처음 사고한 사람이라고 말해도 좋습니다. 그는 그곳에서 교육·미디어 등의 문화적 헤게모니 투쟁을 중요시하는 관점을 취했습니다. 하지만 그때 그람시가 간디의 보이콧 운동을 진지전의 예로 칭찬한 것에 주목한 사람은 내가 아는 한은 없습니다. 비폭력 대항운동의 본질은 보이콧에 있습니다. 자본도 국가도 이것에 대해서는 어찌해볼 도리가 없습니다. 일하는 것을 강제할 수 있는 권력은 있지만, 구입하는 것을 강제할 수 있는 권력은 없기 때문입니다. 만약 그것을 강제한다면 이미 시장경제가 아닙니다.

2부 국가와 역사

앞으로 자본과 국가가 터무니없는 방향으로 움직이기 시작할 때 어떻게 할까? 의회가 도움이 되지 않으면 어떻게 할까? 그 경우 나는 보이콧 중심의 싸움이 가능하다고 생각합니다. 이것은 보편적인 입장이기 때문에 트랜스내셔널한 연대가 가능합니다. 마르크스는 "프롤레타리아에게 조국은 없다"고 『공산당선언』에 썼습니다. 그러나 생산과정의 노동자에게는 조국이 있습니다. 그러므로 나는 "소비자에게 조국은 없다"고 말하는 것입니다.

주권의 방기로서의 헌법 9조

―― 만약 지금부터 120년 전과 같은 자유주의적 제국주의가 반복된다면, 예를 들어 동아시아를 생각했을 때, 일본도 그렇게 될지 모르지만, 눈부신 성장을 하고 있는 중국이 그러한 존재가 될 가능성이 있습니다.

그렇습니다.

―― 그럴 경우 일본은 어떻게 하면 좋을까요? 지금 일본은 부시 정권에 호응이라도 하듯이 헌법개정이나 남녀평등의 재고나 유엔은 별로 도움이 안 된다고 말하기 시작했습니다. 이런 상황을 어떻게 보고 계십니까? 그리고 헌법 특히 9조를 어떻게 생각해야 할까요?

1 역사의 반복에 대하여

중국에 대해 이야기하자면 일본이 헌법 9조를 유지하고 그것을 적극적으로 내세운다면 특별히 두려워할 필요는 없다고 생각합니다. 중국의 공산당 정권은 이제 오래 지속되지 않습니다. 그들이 지금 무언가를 하려고 한다면 미래를 생각해서 오히려 자중해야 합니다.

사실 내가 헌법 9조나 유엔 문제를 중요하게 생각하게 된 것은 그리 오래전 일이 아니라 1990년 걸프전쟁이 시작될 것처럼 보이던 시기였습니다. 그 시기에 내가 생각한 헌법 9조의 '전쟁 방기'가 가진 중요성은 단순히 평화주의 같은 것이 아니라 국가의 지양이라는 문제와 분리할 수 없다는 데 있었습니다. 레닌은 사회주의체계에서 계급사회가 없어지면 국가는 사멸한다고 생각했습니다. 물론 그와 같은 기미는 전혀 없었습니다. 하지만 그것은 트로츠키의 말처럼 강고한 관료체제가 생겨났기 때문이 아닙니다. 애당초 한 나라만으로 국가를 지양하는 것은 의미가 없습니다. 국가는 그 내부만으로 사고할 수 없습니다. 국가는 다른 국가에 대하여 존재하기 때문입니다. 러시아 혁명정권은 국가를 해소하기는커녕 혁명을 방위하기 위하여 국가를 강화해야 했습니다. 그 과정에서 강고한 관료체제가 형성되었습니다. 또 레닌은 국가를 넘어서는 '제3인터내셔널'을 만들었지만 그곳에서 '네이션'이라는 단위는 해소되지 않았습니다. 현실에서 그것은 소련의 내셔널한 이익을 밀어붙이는 기관이 되었습니다. 마르크스는 '세계동

2부 국가와 역사

시혁명'이라는 것을 생각했지만 그것은 몽상에 지나지 않습니다. 그렇다면 마르크스주의자는 국가의 지양을 말하면서도 그 코스에 대해서는 전혀 생각하지 않았다는 말이 됩니다. 그 점에서는 국가를 부정하는 아나키스트도 마찬가지입니다.

그럼 국가란 다른 국가에 대하여 국가라는 관점을 취하면, 국가를 지양한다는 것은 어떤 의미일까요? 어떻게 해야 실현이 가능할까요? 이 문제를 가장 먼저 생각한 사람은 칸트라고 생각합니다. 칸트는 '영원한 평화에 대해' 썼는데 그것은 단순한 평화론이 아닙니다. 세계혁명론입니다. 그가 말하는 '세계공화국'은 세계사가 도달해야 하는 이념입니다. 그곳에서는 단순히 국가만 지양되는 것이 아니라 당연히 자본주의도 지양됩니다.

세계공화국이란 각국이 주권을 방기하는 상태입니다. 그것이 궁극적인 달성인데, 칸트는 그 전단계로 유엔과 같은 조직을 제창하고 있습니다. 이것은 제1차 대전 이후 국제연맹으로서 실현되었고, 또 그것이 잘 기능하지 않은 것에 대한 반성으로서 제2차 대전 후에 국제연합이 만들어졌습니다. 이런 구상은 명확히 칸트에게서 왔습니다. 이런 칸트에 대한 최초의 비판자는 헤겔이었습니다. 헤겔은 칸트를 비웃고 설령 그런 세계연방을 만든다고 해도 구체적으로 실력을 행사하는 강력한 국가가 없으면 기능하지 않는다고 했습니다. 지금도 유엔에 관하여 같은 것이 이

1 역사의 반복에 대하여

야기되고 있습니다. 예를 들어 아메리카가 EU에 대해 말했지요. 너희는 낡아빠진 칸트적 이상주의자이자 낡아빠진 유럽이라고요(웃음). 그런데 그것이야말로 낡아빠진 헤겔의 대사에 지나지 않습니다.

칸트는 결코 비현실적인 이상주의자가 아닙니다. 그는 인간의 선의善意에 기대지 않았습니다. 오히려 그 반대입니다. 그는 인간의 본성(자연)으로서 '반사회적 사회성'이 있다고 말합니다. 이것은 프로이트가 말하는 죽음욕동, 또는 그것이 바깥으로 향한 경우의 공격성이라고 생각합니다. 칸트는 그런 공격성이 발동된 결과로서, 요컨대 세계전쟁의 결과로서 세계공화국이 실현될 것이라고 말한 것입니다. 인간의 자연인 악이 말하자면 결과적으로 선을 실현한다, 이것은 헤겔의 '이성의 간지'에 대응하여 '자연의 간지'로 불리는데, 실제 헤겔적 논리에 기초하여 이루어진 제1차 대전과 제2차 대전의 파국을 통해 국제연맹, 국제연합이라는 기관이 형성되었습니다. 그것은 결코 이상가들이 쓴 작문이 아닙니다. 폐허 위에 세워진 것입니다.

헌법 9조는 명확히 이런 국제기관의 존재를 전제하고 있습니다. 나는 일본의 헌법 9조는 일본인의 공격성이 반전反轉되어 탄생한 것으로 봐도 좋다고 생각합니다. 종종 헌법 9조는 아메리카 점령군에 의해 억지로 떠맡겨진 것으로 이야기됩니다. 하지만 설령 그렇다고 해도 아메리카 점령군 자체가 헌법 9조의 개정을 원했음에도 불구하고

2부 국가와 역사

일본인은 계속 그것을 거부해 왔으며, 지금까지 어떤 정권도 헌법 9조의 개정을 공공연히 주장하며 선거를 치른 적이 없습니다. 그렇게 하면 지는 것이 당연하기 때문입니다. 그렇다면 왜 그런 것일까요? 이 문제에 관해 나는 「칸트와 프로이트」(『네이션과 미학』)라는 논문에서 자세히 고찰했습니다. 간단히 말하자면 그것은 이런 것입니다.

프로이트는 제1차 대전 후 전쟁신경증 환자를 보면서 죽음욕동이나 공격성을 상정하게 되었습니다. 그 후 초자아라는 것을 말하기 시작합니다. 초자아라고 하면 흔히 부모나 사회 같은 외부의 권위가 내면화된 것으로 생각합니다. 전기 프로이트는 무의식의 '검열관'과 같은 것을 상정했지만, 초자아라는 개념은 가지고 있지 않았습니다. 만년의 프로이트가—제1차 대전 이후의 프로이트—초자아라고 부른 것은 바깥에서 오는 것이라기보다 안에서 오는 것입니다. 즉 프로이트는 자신 안에 있는 공격성이 안쪽으로 향했을 때에 초자아가 된다고 말하고 있습니다. 예를 들어 매우 관대한 부모에 의해 자라난 아이가 윤리적으로 엄격한 사람이 되는 경우가 있습니다. 동물애호가 중에는 어린시절에 동물을 학대한 사람이 적지 않습니다.

그런데 프로이트는 1920년대에 왜 이런 초자아의 문제를 논하기 시작한 것일까요? 그것은 꼭 정신의학만의 문제가 아니었다고 생각합니다. 그 역시도 전쟁과 깊은 관계가 있습니다. 원래 프로이트가 공격성과 그 내면화라

1 역사의 반복에 대하여

는 문제에 대해 생각하게 된 계기는 전쟁신경증 환자를 만난 것에 있습니다. 1920년대에 바이마르헌법이나 민주주의체제는 제1차 세계대전의 승리자 측에 의해 억지로 떠맡겨진 것이기에 거부하고 그로부터 독립해야 한다는 풍조가 강하게 있었습니다. 말할 것도 없이 그 결과가 나치의 승리였습니다. 이런 시기에 프로이트는 「문화 속의 불만」[3]이라는 논문을 썼습니다. 여기서 '문화'란 말하자면 바이마르체제입니다. 문화를 부정하고 자연으로 돌아가라, 생명으로 돌아가라는 시대 속에서 그는 아무리 마음이 불편하더라도 이 문화(초자아)를 폐기해서는 안 된다, 왜냐하면 그것은 바깥에서 온 것이 아니라 안에서 온 것이기 때문에, 라고 말하고 싶었던 것입니다. 바꿔 말해 그것은 독일인 자신의 전쟁체험이 만든 것이고, 그런 '문화'가 아무리 신경증적이라고 해도 우리는 그로부터 치유될 필요가 없다고 말입니다. 하지만 1930년대의 독일인은 그로부터 치유되어 '건강'해졌습니다. 즉 나치가 되었습니다.

일본국 헌법의 전쟁방기는 아메리카에 의해 강제된 것이기에 일본인 스스로가 바로잡아야 한다, '보통'(normal)이 되어야 한다고 수없이 이야기되었습니다. 그러나 지금까지 몇 번인가 바뀔 기회가 있었음에도 불구하고 일본인은 언제나 헌법 9조를 유지하려고 했습니다. 그로 인해 일

---

[3] Das Unbehagen in der Kultur, 이 글은 다음 세 가지 번역본이 존재한다. 『문명 속의 불만』(열린책들, 서울대학출판문화원)과 『문화 속의 불쾌』(세창출판사).

2부 국가와 역사

본인은 무지하다, 평화보케平和ボケ[4]다, 좀 더 이성적으로 생각하라는 이야기가 수없이 있었습니다. 하지만 그런 비판이나 설득으로는 절대 무리입니다. 현재 헌법 9조를 바꾸자는 사람들이 우세한 것처럼 보이지만 나는 그렇지 않다고 생각합니다. 헌법 9조는 전후 일본인의 공격성이 안으로 향함으로써 만들어진 '초자아'라고 생각합니다. 그것은 '무의식'입니다. 그러므로 논리만으로는 설득되지 않았던 것입니다. 호헌파護憲派 사람들은 헌법이 개정될 것이라며 겁을 먹고 있지만, 나는 만약 국민투표를 한다면 호헌파가 반드시 승리할 것이라고 생각합니다. 역으로 자민당 측은 그것을 알고 있기 때문에 조금씩밖에 말하지 않습니다. 헌법을 바꾸려는 측에서 보면 이것만큼 불합리하고 집요한 상대는 없습니다. 그도 그럴 것이 상대는 '초자아'이기 때문에 '의식'의 레벨에서 아무리 설득해도 소용없기 때문입니다.

지난 달(2004년 11월)의 아메리카 대통령선거에서는 이라크전쟁이 옳았는지 잘못되었는지가 쟁점이 되었습니다. 하지만 일본에서는 헌법개정의 여부를 둘러싸고 선거를 한 적이 한 번도 없습니다. 이번 여름 선거에서 호헌을 주창한 정당이 패했다고 이야기하지만, 그것은 헌법이 쟁점이 되지 않았기 때문입니다. 오히려 야당은 헌법개정을

---

[4] 국제정세나 안보에 무관심하고 그저 지금의 평화가 계속 유지될 것이라고 막연하게 생각하는 것을 비판적으로 가리키는 표현.

1 역사의 반복에 대하여

쟁점으로 삼아 선거를 하자고 요구해야 합니다. 설령 그 결과 여당이 국회 의석의 2/3 이상을 얻는다 해도 헌법 9조 개정안의 채결을 강행할 수 있을까요? 그 다음으로 국민투표가 있습니다. 그러므로 나는 "자, 해보세요" 하고 생각하는 것입니다. 그렇게 해보면 '무의식'이 어떤 것인지 잘 알 수 있을 것입니다.

─── 한번 해서 진다면 당분간은 꺼내지 못하기 때문이겠지요.

여하튼 '무의식'이기 때문입니다. 건방진 '의식' 같은 것이 무엇을 할 수 있을까요?(웃음) 그렇지만 정치가는 선거에 나가기 때문에 평론가나 학자만큼 거만하지 않습니다. 어떻게든 헌법 해석을 바꾸어 갈 것으로 생각됩니다. 나로서는 그쪽이 난처합니다. 보수파 사람들이 그토록 헌법 9조를 비판한다면 그것을 쟁점으로 삼아 선거를 하면 되지 않을까요? 왜 그렇게 하지 않을까요? 예를 들어 독일인은 오늘날의 독일헌법이 점령군에 의해 억지로 떠맡겨진 것이라고 결코 말하지 않습니다. 왜냐면 그런 논리는 1차 대전 후에 사용된 적이 있었는데, 그 결과 어떤 일이 일어났는지를 알고 있기 때문입니다. 이에 비하면 일본인은 첫 체험이기 때문에 어쩌면 한 번 더 실패해야 할지 모릅니다. 그러므로 제일 처음에 한 말로 되돌아가면 나는 걸프전쟁 이후 일본이 조만간 헌법 9조를 방기하고 전쟁에 참여할 것이라고 예상했습니다. 단 그것의 결과로 따끔한 맛을 보고 전후 60년이 되는 2005년에는 다시 전후 헌법 9조의 의의를 확인하지 않을까 하고 말입니다. 그런 '자연의 간지'를 생각하고 있었지만, 실제로는 그렇게 되지 않았습니다.

하지만 그것이 미루어지고 앞으로 비참한 일이 발생하더라도 결국 헌법 9조를 재확인하는 시기가 반드시 온다고 생각합니다. 그리고 나는 아메리카에도 베트남전쟁 후에 아메리카인이 가졌던 '초자아'가 되돌아올 것이라고 생각합니다. 그 시점에서 아메리카인은 세계 최초의 핵전쟁과 관련하여 자신들이 히로시마, 나가사키에서 행한 것도 반성할 것입니다. 그리고 바로 그때 국가의 주권방기가 일어날 것입니다. 그와 같은 역사 다시보기가 그리 멀지 않은 미래에 있을 것이라고 생각합니다.

─── 확실히 9조라는 것은 주권의 방기네요.

예, 그렇게 생각하면 됩니다. 그러므로 이 헌법은 매우 새로운 것이어서 이것을 기입한 사람은 말하자면 아메리카의 칸트적 이상주의자가 아닐까요? 그들에게는 "자신의 나라에서는 불가능하니까 이 나라에서 해보자"라는 생각이 있었다고 생각합니다.

1 역사의 반복에 대하여

―――― 헌법을 이상주의자가 작성했기 때문에 일본이 지금 이런 상태가 될 수 있었다는 말씀이군요.

농지개혁을 하고 노동조합을 만들게 한 것도 당시의 점령군입니다. 그 안에 민주당의 뉴 딜러(New Dealer)[뉴딜 정책의 지지자]가 있었기 때문이지요.

―――― 당연히 헌법도 유엔헌장의 이상과도 공명합니다. 그리고 제9조는 유엔헌장보다 선진적인 이념이지요.

나는 오랫동안 평화주의나 유엔에 대해 편견을 가지고 있었습니다. 그런데 국가와 자본의 지양이라는 세계사적 과제 안에서 보았을 때 비로소 그것이 중요하다는 점을 깨닫게 되었습니다. 물론 우리 눈앞에 있는 유엔에는 문제가 있으며 그것이 불만이지만, 기본적으로는 이런 기관을 통해서 세계공화국의 방향으로 나아갈 것이라고 생각합니다. 그것이 없으면 한 나라만의 변혁은 무리이며, 반대로 각 나라 안에서의 변혁이 없으면 유엔과 같은 기관으로부터 세계공화국에 이르는 것은 불가능합니다. 일본인이 헌법 9조를 적극적으로 내세운다면 그것은 자신도 모르게 세계사의 첨단에 서 있는 것이 됩니다.

2 교환, 폭력, 그리고 국가

듣는 사람
가야노 도시히토

2부 국가와 역사

기반으로서의 교환형태

───── 가라타니 씨는 지금까지 자본주의에 대한 고찰과 더불어 국가나 내셔널리즘에 대한 고찰을 전개해 왔습니다. 이번에는 『현대사상現代思想』에서 국가를 특집으로 다루게 되었기 때문에 가라타니 씨에게 국가에 대한 이론적인 이야기를 여쭈어보려고 합니다.

현재 다른 언어로 번역된 텍스트를 모은 『정본 가라타니 고진집』(이와나미서점)이 간행되고 있습니다. 그 제4권 『네이션과 미학』의 '후기'에서 가라타니 씨는 다음과 같이 쓰고 있습니다. "그러나 나는 1998년에 어떤 인식을 얻었기 때문에 『탐구Ⅲ』를 폐기하고 새로운 구상으로 그것을 다시 썼다. 그것이 『트랜스크리틱』이었다. 그것은 이제까지 쓴 내셔널리즘론에도 영향을 미칠 수밖에 없었다." 즉 『트랜스크리틱』 앞뒤로 어떤 이론적 전향이 있는 것으로 보입니다. 우선 이 이론적 전회가 어떤 것이었는지부터 여쭈어보고 싶습니다.

이전까지 나는 기본적으로 국가나 네이션 또는 종교라는 것을 상부구조로 보는 입장에서 작업을 하고 있었습니다. 예를 들어 네이션에 관하여 네이션을 표상으로서 형성하는 것을 고찰한다든지 나름대로 여러 가지를 생각하고 있었지만, 기본적으로는 역사적 유물론의 틀로 하고 있었다고 생각합니다. 베네딕트 앤더슨의 내셔널리즘론도 그중 하나지요.

2 교환, 폭력, 그리고 국가

그 후의 전회란 경제적 하부구조가 있고 정치적·이데올로기적 상부구조가 있다는 역사적 유물론의 관점을 폐기한 것입니다. 경제적 하부구조와 같은 표현으로는 자본주의 경제를 이해할 수 없습니다. 본래 역사적 유물론이란 산업자본주의가 성립한 후에 그 이전 사회를 경제적 구조의 관점에서 보게 되었을 때 성립한 것입니다. 그러므로 그런 관점으로는 자본주의를 이해할 수 없습니다. 애당초 마르크스는 『자본론』을 쓴 사람이기에 엥겔스처럼 역사적 유물론뿐인 사람과 다릅니다.

상부구조 대신에 여러 가지 표현이 있지요. '공동환상'이나 '상상의 공동체'나 '표상'이나. 일반적으로 상부구조를 중요하게 보는 이들은 과거의 경제적 결정론에 반발한 사람들입니다. 하지만 그런 관점은 '경제적 하부구조'를 뭐랄까 실체적인 것처럼 생각합니다. 그런데 자본주의적 경제는 화폐와 신용으로 이루어진 세계이기 때문에 그 자체가 종교적인 세계입니다. 그렇다면 자본주의 경제도 상부구조라고 말하지 않으면 안 됩니다.

일반적으로 상부구조의 자립성을 말하는 사람은 경제를 경시하고 싶어 하지만, 나는 오히려 경제적 하부구조를 중요하게 생각합니다. 단 그 경우 경제적 구조 안에 통상적으로 경제라고 생각되지 않는 것을 포함합니다. 일반적으로 경제라고 이야기되는 것은 상품교환 형태인데, 만약 교환이 경제라면 증여와 답례라는 교환형태도, 수탈과 재

2부 국가와 역사

분배라는 교환형태도 넓은 의미에서 '경제적'이라고 말해야 합니다. 그리고 상품의 교환이 자본주의 경제라는 종교적 세계에 기반이 있다면, 국가의 기반, 네이션의 기반에도 각기 상품교환과는 다른 형태의 교환이 있다고 말할 수 있습니다. 국가나 네이션은 그와 같은 교환에 뿌리를 두고 있습니다. 그렇다면 그것들을 표상이나 공동환상이라고 말한다고 해서 간단히 해소될 수 있는 문제가 아니라는 사실을 알 수 있습니다.

교환에 관한 나의 관점은 폴라니를 계승한 것인데 폴라니는 재분배라고 말하고 있을 뿐으로 수탈―재분배라는 교환을 보지 않습니다. 바꿔 말하면 그는 국가에 대해 생각하지 않았습니다. 당신도 썼지만(「전체주의적 축소」, 『현대사상』 2002년 12월 수록), 국가는 수탈에 의해 성립합니다. 그러나 수탈을 계속하기 위해서는 재분배를 하지 않으면 안 됩니다. 즉 수탈하는 상대를 보호하고 육성해야 합니다. 그렇기에 나는 국가의 기반에는 교환형태가 존재한다고 생각합니다. 또 하나의 교환형태는 증여와 답례라는 reciprocity(호수제互酬制)입니다. 이것은 가족이나 공동체에서 흔한 것입니다. 이런 교환은 등가교환이나 부등가교환으로 말할 수 없습니다. 등가교환이라는 것은 상품교환의 형태에서 생겨난 것입니다.

――― 다른 논리에 기초한 교환이라는 말씀이네요.

2 교환, 폭력, 그리고 국가

그렇습니다. 호수제는 상품교환에서 보면 말도 안 되는 부등가교환입니다. 예를 들어 부모가 아이를 기르는 것은 증여지만 그에 대한 아이의 답례는 딱히 없어도 좋습니다. 전화 한 통으로도 좋으며 어쨌든 살아만 있어주면 되는 것입니다(웃음).

―― 등가교환이 성립하기 때문에 기르는 것은 아니지요.

게다가 상품교환과 다르게 거기에는 상호의 동의가 없습니다. 아쿠타가와 류노스케의 소설 「갓파河童」의 세계에서는 부모가 뱃속의 아이에게 태어날 의지가 있는지 없는지 묻지만 유감스럽게도 인간은 그렇지 않습니다. 의식이 생기면 태어나 있습니다. 즉 일방적으로 증여되어 있습니다.

이러한 호수제는 현재 가족·공동체처럼 국부적으로만 있는 것으로 보이지만 실은 상품교환을 포함한 모든 교환의 기반에 있다고 생각합니다. 봉건적 영주의 경우 수탈=재분배도 마치 호수적인 것처럼 가장할 수 있습니다. 그러므로 농민은 "영주님 덕분에 오늘도 무사히 보냈습니다. 답례로 연공을 바칩니다"라고 생각합니다. 다른 관점에서 보면 호수제의 원리는 수탈이라는 폭력과 다르지만 권력과 무관하지 않습니다. 그것은 증여=성대한 연회를 통해 권력을 만듭니다. 미개사회만이 아니라 오늘날에도

2부 국가와 역사

돈을 낼 수 있는 사람, 자신의 돈이 아니어도 어딘가에서 돈을 가져올 수 있는 사람이 정치적으로 힘도 가집니다.

화폐경제 사회에서도 교환계약을 이행하지 않으면 안 된다, 돈을 갚지 않으면 안 된다는 분위기는 꼭 법률이나 권력의 힘이 강제하고 있기 때문만은 아닙니다. 그곳에도 호수제라는 원리가 꽤 작동하고 있습니다. 따라서 상품교환, 수탈-재분배, 호수제라는 세 가지 교환원리는 각기 다른 것이지만 따로따로 있는 것이 아닙니다. 예를 들어 상품교환은 사유私有 없이는 불가능합니다. 그 경우 사유권은 그것을 승인하는 국가 없이는 성립하지 않습니다. 게다가 국가가 없으면 교환(계약)이 이행될지 어떨지 알지 못합니다. 그리고 국가는 과세(수탈)의 대가로 그렇게 하는 것입니다. 이처럼 세 가지 교환형태는 연관되어 있으며 분리할 수 없습니다. 하지만 그것들을 연관적으로 보기 전에 우선 구별하는 것에서 시작해야 합니다.

어소시에이션이라는 X

—— 각각의 교환형태는 원리적으로 서로 다르기 때문에 그 차이를 철저히 밝힌 후에 그것들의 연관을 생각해야 한다는 말씀이네요. 요약하자면 가라타니 씨는 『트랜스크리틱』 이후 상부구조/하부구조라는 모델이 아니라 서로 다른 교환양식의 결합이라는 형태로 국가를 다시 파악하는 방향으로 전회를 했습

2 교환, 폭력, 그리고 국가

니다.

『트랜스크리틱』의 서문에는 그 전회가 상황의 변화와도 관계가 있다고 서술되어 있습니다. 즉 단순히 부정적이기만 한 비판 자체가 냉전구조나 마르크스주의의 헤게모니에 의존하고 있었던 것은 아닐까. 그리고 냉전 이후의 세계가 되자 넓은 의미에서의 포스트모던적 사고는 경제적 선진국의 지배적인 이데올로기가 되어버린 것은 아닐까 하고 말입니다.

실제로 일본에서는 1990년대 이후 국민국가 비판이 오랫동안 '유행'하고 있습니다. 그것은 한편으로 현실적인 비판력을 가질 수 있었고 구체적인 정치운동에서도 결실을 맺었지만, 다른 한편으로는 '단순히 부정적이기만 한' 비판으로서, 즉 정치적인 것에 대한 단순한 기계적인 뒤집기로서 시장주의 사회의 현상긍정의 이데올로기가 되어버린 면도 있을 것 같습니다. 사실 국민국가 비판 자체가 국가에 대항하는 현실운동에 대한 냉소적인 비판으로서 기능하고 있습니다. 그런 담론상황과의 관계도 포함하여 전회의 함의는 무엇이었습니까?

지금 말한 세 가지 교환 원리와 맞서는 네 번째 교환원리가 있다고 생각합니다. 그것을 일단 X라고 부르는데, 어떤 의미에서는 그것은 유토피아입니다. 실제 장소로서는 존재하지 않기 때문입니다. 유토피아란 어떤 종류의 교환형태에 뿌리를 두는 것으로 생각할 수 있습니다. 나는 『트랜스크리틱』에서 그것을 어소시에이션이라고 불렀습니다. 이후에 쓴 『네이션과 미학』의 서설에서는 이 X가 역사적으로 처음 출현한 것은 보편종교에서라고 말했습니다. 물

2부 국가와 역사

론 보편종교는 확대됨과 동시에 국가와 공동체로 회수되지만, 잠재적으로 제4의 교환형태 공간인 X를 회복시키는 힘을 가지고 있습니다.

하여튼 앞서의 경제적 하부구조와 상부구조라는 사고방식으로는 국가와 자본주의를 넘어서는 방법이 도출되지 않습니다. 눈앞에 있는 것을 비판하는 것은 좋지만, 그것을 넘어서 적극적으로 무언가를 실현하고자 하면 아무것도 없습니다. 1990년 이전에는 실제 아무것도 말하지 않아도 좋았습니다. 지금 생각하면 1968년 이후 1990년대까지 강조된 것은 계급투쟁이나 노동운동을 베이스로 한 마르크스주의에 대하여 그때까지 계급투쟁에서 누락되고 억압되었던 다양한 종류의 마이너리티 문제, 여성문제부터 동성애 문제나 외국인 노동자의 문제를 중요하게 보는 운동이나 이론입니다. 하지만 그것은 자본주의를 상대로 하는 것이 아니었습니다. 들뢰즈=가타리도 그렇지만, 오히려 자본주의의 탈구축적인 힘을 긍정하는 느낌이었습니다.

그런 운동은 나름 정착되어 아메리카에서도 아직 반대가 많지만 게이의 결혼도 인정되고 있습니다. 예전과 비교하면 엄청난 차이가 있습니다.

―――― 옛날이라고 해도 그렇게 옛날은 아니지요.

2 교환, 폭력, 그리고 국가

그렇습니다. 1970년대에는 그런 운동이 매우 혁명적으로 보였습니다. 그러나 게이의 결혼은 네덜란드나 벨기에 같은 곳에 이미 있었습니다. 그런 마이너리티 운동이나 반反시스템적 운동의 연합이라는 관점은 냉전시대에는 획기적인 의미가 있었다고 생각하지만, 1990년대 이후 소련 붕괴, 세계적 자본주의의 발전 속에서 이제 그것만으로는 안 됩니다. 자본주의·국가·네이션을 단순히 비판하는 것 외에 그것들을 지양시키는 것까지 생각하지 않으면 안 됩니다. 그렇다면 제4의 X라는 장소가 중요해집니다.

1990년대의 세계화란 시장경제(상품교환)의 원리로 모든 것을 좌지우지하는 것입니다. 그런 가운데 네이션이나 국가라는 차원은 희박해졌습니다. 이전까지는 국가나 네이션을 통해 대항했습니다. 1930년대에 그것은 스탈린주의와 파시즘이라는 모양을 취했습니다. 현재는 그것이 불가능합니다. 지금 세계자본주의에 대항하는 원리가 있다면 그것은 보편종교입니다. 그러므로 소위 원리주의가 등장한다고 생각합니다. 진정한 저항은 될 수 없지만 일단 그것밖에 없습니다. 내셔널리즘이 충분히 기능하지 않기 때문입니다. 일찍이 문학은 네이션 형성에서, 그리고 내셔널리즘의 핵심으로 중요한 역할을 했습니다. 그러나 문학은 오늘날의 세계화에 대해 더 이상 대항할 힘을 가지고 있지 않습니다. 그러므로 종교가 됩니다.

내가 보기에 네그리=하트의 『제국』에는 내가 말한 것

2부 국가와 역사

과 같은 서로 다른 교환의 연관구조라는 시점이 없습니다. 들뢰즈=가타리는 확실히 홈 파인 공간[条里空間]과 매끈한 공간[平滑空間]이라는 이원성을 생각하고 있었는데, 네그리는 그것을 응용하여 '제국'과 '다중(multitude)'이라는 이원성을 만들어냈습니다. 이것으로는 『공산당 선언』에 쓰여있는 양대계급의 결전과 같은 것이 됩니다. 내 기억으로 네그리=하트의 『제국』이라는 책은 9.11 직전까지 아메리카 국무성의 칭찬을 받았습니다. 하지만 그 사건이 일어난 후 위험하게 간주되기 시작했습니다. 왜냐하면 제국에 대항하는 '다중'에는 이슬람 원리주의도 들어가기 때문입니다. 그렇다면 알카에다가 거기에 들어갑니다. 『제국』에서 그들은 걸프전쟁에서 보인 아메리카의 태도에 근거하여 그것을 '제국'이라고 불렀다고 생각합니다. 아메리카의 행동은 유엔의 지지를 얻어 이루어진 것이었기에 제국주의와는 다르게 획기적이라고 평가했습니다. 하지만 이번 (이라크)전쟁은 그렇지 않다는 것을 보여주고 있습니다.

여하튼 나는 과거 『공산당 선언』에 있는 것과 같은 양대계급을 상정하여 프롤레타리아=다중에 기대하는 것은 공허하며 어떤 전망도 얻을 수 없다고 생각합니다. 앞으로 각자가 무엇을 해야 좋을지 모릅니다. 원리주의에 관해 말하자면 나는 푸코가 이란혁명을 지지했을 때의 일이 떠오르는데, 그도 착각을 했다고 생각합니다. 종교·원리주

2 교환, 폭력, 그리고 국가

의가 어떤 위상에서 등장할까? 또는 등장할 수밖에 없을까? 그런데 왜 그것으로는 안 되는 것일까? 이와 같은 것을 내다보는 구조적 파악이 없으면 어떻게 할 방법이 없습니다.

──── 네이션과 종교, 또는 자본과 국가라는 연접을 생각하지 않으면 종교적인 운동이 어떤 위상에서 일어나는지를 말할 수 없다는 말씀이네요.

그렇습니다. 물론 나 자신도 옛날부터 그런 것을 생각한 것은 아닙니다. 처음에 말한 것처럼 그것이 보이게 된 것은 1998년경입니다.

자본주의를 지양한다

우노 고조宇野弘藏(1897~1977)를 읽었기 때문에 무의식중에 영향을 받았을지도 모르지만, 나는 역사적 유물론을 수상쩍은 것으로 보는 경향이 있었습니다. 마르크스라면 『자본론』을 읽어야 하며 그 이외의 것에서 마르크스주의의 역사론이나 철학이나 미학을 찾을 필요는 없다고 생각했습니다. 그러므로 그런 종류의 것에 크게 감복한 적이 없습니다. 또 하나는 자본주의를 상인자본이나 유통과정에서 보는 경향입니다. 일반적으로 마르크스주의자는 그것

2부 국가와 역사

을 생산과정에서 봅니다. 그로부터 여러 가지 것을 이야기해 왔습니다. 전제가 잘못되었음에도 불구하고 그로부터 많은 논의를 쌓아올렸을 뿐입니다.

─── 그것은 앞서 이야기한 상부구조와 하부구조라는 모델을 그대로 가져가면서 이야기만 점점 복잡해지는 것과 관계가 있겠네요.

그렇습니다. 고전경제학은 노동에서 시작했지만 마르크스는 가치형태에서 시작하고 있습니다. 그것은 어떤 의미에서 언어적 형식(상징적 형식)을 중요시하는 것입니다. 노동이나 생산보다도 그것이 어떤 형식으로 이루어지는지를 해명한 것이 『자본론』입니다. 그런 의미에서 내가 『마르크스 그 가능성의 중심』즈음에 한 것은 경제라는 현상에 일종의 언어(상징형식)를 도입하는 것이었습니다. 그 점에서 지금도 자본주의는 유통과정에서 생각해야 한다는 관점은 같습니다. 그럼 1998년에 어떤 전회가 있었는가 하면 자본에 대한 대항을 생산과정이 아닌 유통과정에서 행하자는 생각을 가지게 되었습니다. 생산지점에서 노동자의 투쟁은 질 수밖에 없다는 점을 명확히 알았습니다. 예를 들어 총파업의 경우 기업의 사유재산을 점유하는 것이 됩니다.

─── 국가의 개입을 불러온다는 말씀이네요.

2 교환, 폭력, 그리고 국가

총파업은 조건투쟁으로서의 합법적인 경제투쟁와 달라서 자본의 사유재산을 침해하는 것입니다. 그와 같은 투쟁을 하기 위해서는 결사의 각오가 필요합니다. 그런데 노동자는 경제투쟁이라면 하지만 총파업이나 정치투쟁은 하지 않습니다. 노동자는 즉자적으로는 부르주아적인 의식밖에 가지고 있지 않습니다. 물상화된 의식밖에 가지고 있지 않습니다. 그러므로 그들을 계몽하는 지식인=전위당이 필요합니다. 루카치가 생각한 것이 그런 것입니다. 하지만 나는 아무리 계몽을 하더라도 생산과정에서 노동자가 들고일어서는 것은 불가능하다고 생각합니다. 그리고 노동자가 목숨을 걸고 들고일어나야 하는 심각한 상태가 오기를 바라는 사고방식은 좋지 않습니다. 나는 노동자가 자본에 대해 여유를 가지고 싸울 수 있는 장소가 있다고 생각하는 것입니다. 그것이 유통과정 또는 소비의 과정입니다.

보통 소비자운동은 노동운동과 구별됩니다. 이것은 마르크스주의의 문맥에서는 나오지 않으며 소비자운동을 하는 사람들도 마르크스주의와는 다른 운동으로서 생각하고 있습니다. 그러나 노동을 하지 않는 순수한 소비자는 없습니다. 노동자는 노동과정에서는 노동자이지만 유통과정에서는 소비자로서 나타납니다. 그러므로 소비자운동은 노동운동이며 그와 같은 것으로서 이루어져야 합니다. 자본의 축적과정은 M-C-M'입니다. M-C는 생산과정입니다. 여기서 잉여가치가 착취되었다고는 말할 수 없습니다. C-M'이라는 유통과정을 통과하지 않으면 잉여가치는 실현되지 않습니다. 마르크스도 그것을 강조하고 있습니다.

─── 잉여가치가 어디서 생기는가 하는 문제겠네요.

결국 노동자가 자신들이 만든 것을 자기가 사는 것에서 잉여가치가 생기는 것입니다.

─── 착취라는 것은 요컨대 노동자가 자신이 만든 것을 그보다 비싸게 살 수밖에 없기 때문에 그 차액이 잉여가치가 된다는 말씀이시네요.

그렇습니다. 물론 노동자가 자신이 만든 것을 그대로 사는 것은 아닙니다. 총체로서의 노동자가 자신들이 만든 것을 다시 산다는 의미입니다. 그러나 특별히 자본이 사기를 치는 것은 아닙니다. 예를 들어 상인이 어떤 것을 싼 곳에서 사서 비싼 곳에서 판다고 해도 그것은 사기가 아닙니다. 어쨌든 각각의 가치체계 안에서는 등가교환이기 때문입니다. 그것은 상인자본이지만 산업자본도 원리적으로는 그와 같습니다. 그것은 기술혁신을 통해 시간적으로 가치체계를 바꾸어버리고 그 사이에서 생긴 교환의 차액에서 잉여가치를 얻는 것입니다. 그러므로 자본주의는 기술

2 교환, 폭력, 그리고 국가

혁신에 의한 차이화라는 운명을 가지고 있습니다. 이것이 불가능하다면 자본은 끝입니다.

그러나 자본주의를 지양한다는 과제는 자본주의가 스스로 한계에 도달하는 것과 다르게 생각하지 않으면 안 됩니다. 그 점에서 우노 고조가 강조한 것 중에 중요한 사실은 '노동력의 상품화', 바꿔 말하면 '임금노동'이 존재하는 한 자본주의에서 벗어나지 못한다는 것입니다. 그것은 소련처럼 기업이 국유화되고 노동자가 국가공무원과 같은 형태가 되어도 마찬가지입니다. 자본주의를 지양하기 위해서는 노동력상품을 지양해야 합니다. 나는 이것이 어떤 것인지 오랫동안 잘 알지 못했습니다. 우노도 구체적으로는 아무것도 말하지 않습니다. 그런데 1998년 즈음 그것을 알게 되었습니다.

예를 들어 마르크스는 『프랑스 내란』에서 파리코뮌을 칭찬하고 어소시에이션의 어소시에이션이야말로 가능한 코뮤니즘이라고 말하고 있습니다. 어소시에이션은 생산협동조합을 말합니다. 그것은 프루동과 같은 생각입니다. 파리코뮌을 이끈 것은 프루동파입니다. 그 후 『고타강령 비판』을 읽어보아도 마르크스의 의견은 변하지 않았습니다. 그는 국가에 의해 협동조합을 보호하고 양성한다는 라살파의 강령을 비판하고 있습니다. 그것은 정반대로 생산협동조합의 어소시에이션이야말로 국가를 대신해야 한다는 것입니다. 그가 생각하기에 노동자나 자본가라는 것은 생

2부 국가와 역사

산—소비협동조합 안에서 소멸하는 것입니다. 임금노동(노동력상품)이 사라지는 것도 그곳에서입니다. 왜냐하면 협동조합에서는 노동자도 경영자이기 때문입니다.

    이런 이미지는 개개의 생산자(노동자)가 협동하고 생산하는 매뉴팩처에서 옵니다. 매뉴팩처에는 두 가지 길이 있습니다. 생산자가 연합하는 형태와 상인자본이 노동자를 고용하는 형태입니다. 후자가 지배적이 된 것이 산업자본주의인데, 그것에 대항하여 전자에서 생산협동조합이 생겼습니다. 그것이 초기 사회주의입니다. 이 당시의 노동자에게 프루동의 말은 이해하기 쉬웠을 것입니다. 그런데 그것을 프티부르주아적이라고 비난한 이가 엥겔스입니다. 물론 마르크스도 프루동을 비판하고 있지만 지금 말한 것처럼 프루동파의 주장을 거의 받아들이고 있습니다. 그런데 엥겔스는 프루동과 협동조합을 철저하게 싫어하고 경멸했습니다. 그는 19세기 후반 독일의 중공업화를 보고 오히려 거대한 독점자본에서 '생산의 사회화'를 본 것입니다. 그리고 그것을 국영화한다면 한방에 사회주의가 된다고 생각했습니다. 따라서 그는 오히려 대기업을 환영하고 생산협동조합 따위는 프티부르주아적 사상이라고 쉽게 정리했습니다.

    엥겔스가 그와 같이 말한 것은 산업자본주의가 중공업 단계에 들어갔기 때문입니다. 독일, 일본에서도 그랬지만 중공업은 국가적인 거대자본 없이는 무리였습니다. 그것

2 교환, 폭력, 그리고 국가

이 불가능했기 때문에 그때까지 압도적인 우위에 있었던 영국의 자본주의가 이후 뒤쳐지게 됩니다. 그런 국가적 독점자본에서 보면 프루동의 사회주의는 보잘것없는 것이 됩니다. 20세기에는 그런 관점이 지배적이었습니다. 그러나 1990년대가 되자 대기업도 세분화된 조직의 어소시에이션이라는 형태로 바뀌어 가고 있습니다. 본래 벤처라고 불리는 기업은 어소시에이션과 같은 것입니다. 빌 게이츠 등도 그랬습니다. 그는 대학생 때 세 명이서 어소시에이션으로서 기업을 시작했습니다. 하지만 그것은 정보산업이었기 때문에 가능했겠지요. 세 명으로 중공업을 시작할 수는 없으니까요(웃음).

―― 규모의 문제란 역시나 큰 문제지요.

1930년 이후는 중공업보다는 전기제품이나 자동차 등 내구소비재지요. 그로부터 1990년대가 되면 소위 정보산업이 주요산업이 되었습니다. 그로 인해 120년 전 단계가 오히려 리얼해졌다고 생각합니다. 120년간 쭉 무시되어 온 것이 의외로 가까운 곳에서 보이게 되었습니다. 그런 것도 내 전회의 배경에 있었는지 모릅니다. 오늘날의 마르크스주의자는 시장경제를 인정하고 불평등이나 폐해를 국가에 의한 재분배를 통해 해결하는 사회민주주의로 귀결되었습니다. 그러나 우노가 말한 것처럼 노동력상품의 지양이 없으면 자본주의의 지양은 불가능합니다. 그럼 어떻게 해야 하는가 하면 결국 협동조합밖에 없습니다. 그리고 그것을 마르크스가 여러 번 강조하고 있습니다. 그럼에도 진지하게 간주되지 않았던 것은 역시 중공업 중심의 시대였기 때문이 아닐까 합니다.

네이션의 구조

─── 앞서 상부구조/하부구조라는 모델로 국가나 네이션을 생각하고 있을 때는 아직 그것들이 무엇인지 잘 알지 못한 채 비판을 했다는 이야기가 나왔습니다. 몇 가지 교환모델을 제시함으로써 그것들이 어떻게 접속하고 있는가 하는 문제를 명확히 할 수 있게 되었다는 말씀이네요. 어떻게 보면 단순한 부정으로서의 국가 비판이 선진국의 이데올로기가 된 것은 거기에 국가의 개념을 규정하는 것이 결여되어 있기 때문이라고 생각합니다. 가라타니 씨는 그것을 보충하는 형식으로 국가를 원리적으로 생각하자는 방향으로 나아갔습니다. 간단히 부정하고 폐기해도 국가는 보다 강력하게 부활한다는 것을 『트랜스크리틱』에서 말하고 있습니다.

다만 나는 『트랜스크리틱』에서는 국가에 대해 그렇게 많이 논하지 않았습니다. 내가 말한 것은 국가론을 역사적 유물론과 같은 관점에서가 아니라 마르크스의 『루이 보나파르트의 브뤼메르 18일』로 생각하는 것이었습니다. 마르

2 교환, 폭력, 그리고 국가

크스는 이 책에서 『자본론』과 매우 닮은 방식으로 국가를 논하고 있습니다. 보나파르트는 한번 살해당한 절대군주의 재현으로서 황제가 되었습니다. 즉 현대국가를 생각할 때는 절대주의 국가부터 생각해야 합니다. 그것은 자본주의를 생각할 때 상인자본주의나 중상주의에서 생각해야 한다는 내 생각과 대응합니다. 오늘날의 국가를 아무리 정밀하게 분석해도 알 수가 없습니다. 그러기 위해서는 말하자면 '정신분석'적 소행遡行이 필요합니다. 국가도 자본주의도 각기 고유한 논리(logic)를 가지고 있는데 그것들을 철저히 규명하는 것은 앞서 말한 것처럼 교환의 원초적 형태로 소행하는 것이 됩니다.

—— 고유한 논리를 파악한다는 이론적 입장은 국가를 사고할 때 매우 중요하다고 생각합니다. 지금은 그런 것 없이 그저 국가를 부정하면 되는 것처럼 이야기하고 있습니다.
 이것은 네이션을 어떻게 생각할까 하는 문제와도 관련이 있습니다. 즉 교환의 다른 논리로 국가나 자본을 생각함으로써 네이션을 파악하는 방법도 바뀌어 왔다고 생각합니다. 이제까지는 오히려 표상이나 담론의 레벨에서 네이션을 파악해 온 것이 그 이후는 서로 다른 교환의 연접구조로서 네이션을 사고하는 형태가 되었습니다.

 『네이션과 미학』에 쓴 것입니다만 네이션이라는 것은 '상상의 공동체'라기보다도 오히려 상상력(구상력) 그 자체

2부 국가와 역사

입니다. 칸트에 의하면 상상력은 감성과 오성을 매개하는 능력인데, 네이션은 국가와 경제(시민사회)를 매개하는 상상력입니다. 나는 그것들의 결합으로서 자본=네이션=스테이트를 라캉식으로 보로메오의 매듭에 비유했습니다. 즉 그중 하나라도 빠지면 무너지게 됩니다. 그런데 이러한 네이션이 논해진 것은 상상력이 논해진 것과 같은 시기입니다. 18세기 후반, 칸트 이후의 낭만파부터입니다. 그러므로 네이션이 상상물이라는 논의는 너무나 단순합니다. 상상력 그 자체가 역사적인 개념입니다.

――― 그렇습니다. 각각의 고유한 논리를 확인하고 역사 속에서 그것들이 어떻게 연결되어 왔는지를 생각하는 것이 중요하다고 생각합니다. 고유의 힘, 고유의 논리라는 관점에 선다는 것은 역사를 생각한다는 것이기도 합니다. 국가에 대해 논할 때 많은 사람들은 아무런 근거도 없이 오늘날의 국가형태를 국가의 원형(prototype)으로 생각합니다. 그런 함정에 빠지지 않기 위해서도 국가에서 고유한 논리를 추출하여 그것의 전개로서 역사를 생각해 갑니다. 그러면 어느 시점에서 그것이 어떻게 다른 논리와 연접했는지를 알 수 있으며, 그것에 의해 비로소 현재의 형태가 생겨났다는 것을 파악할 수 있다고 생각합니다.

그렇습니다. 또 하나『트랜스크리틱』때에는 분명하게 말하지 않다가 나중에 바꾼 견해가 있습니다. 그곳에서는 공동체가 해체된 후 그것을 상상적으로 회복한 것이 네이션이라고 썼습니다. 그러나『네이션과 미학』의 서설에서

2 교환, 폭력, 그리고 국가

는 제4의 X가 중요해졌습니다. 네이션은 단순한 공동체의 재건 등으로는 생기지 않습니다. 예를 들어 프랑스혁명처럼 우애라는 보편적인 이념이 있었기 때문에 네이션이 생겨난 것입니다.

―――― 소위 공동체적 교환에서 불거진 요소를 네이션은 가지고 있다는 말씀이네요.

만약 공동체적인 연대라면 종족적이고 부족적인 집단이 될 것입니다. 일본으로 말하자면, "나는 조슈長州번이다, 아이즈會津번이다"라는 것과 같습니다. 그것들을 넘어선 것을 말하려고 할 때, 그것은 에스닉적(ethnic) 민족이 아니라 보편적인 이념을 가진 네이션이 됩니다.

그때 우애와 같은 관념이 선행하지 않으면 네이션은 성립하지 않습니다. 프랑스혁명의 경우 시민이라는 개념은 처음에는 프랑스어와도 민족성과도 관계가 없었습니다. 그것이 이윽고 네이션(민족)이 된 것입니다. 좀 더 거슬러 올라가 생각하면 그저 부족적이고 공동체적인 곳에는 우애가 없습니다. 시장사회에도 우애는 없습니다. 그것이 나오는 것은 제4의 장場, X이지요. 그것은 공동체를 거부한다는 의미에서는 시장사회의 긍정임과 동시에 공동체를 추구한다는 의미에서는 시장사회의 부정입니다. 보편종교는 그런 것으로서 나타났습니다. 이슬람교도 그렇습니다.

2부 국가와 역사

하지만 종교는 확대되면 반드시 국가나 제국에 흡수되어 버립니다. 그것이 본래 가지고 있었던 것을 잃어버립니다. 그럼에도 불구하고 그 '텍스트'에는 본래적인 것이 남아있기 때문에 X라는 장에서 재현될 가능성이 있습니다. 역으로 말하자면 X라는 장에서 일어난 운동은 오히려 종교적인 형태로 나타납니다. 예를 들어 영국의 1648년 혁명만 하더라도 결과적으로 부르주아혁명이지만, 원래는 종교적=사회적인 혁명이었습니다. 이란에서 일어난 혁명도 마찬가지입니다. 처음은 강렬한 반국가, 반자본주의였습니다. 또 시아파이기 때문에 내셔널리즘도 부정했습니다. 즉 국가, 네이션, 자본에 대항하여 움마(umma)라는 공동체(어소시에이션)가 존재한 것입니다. 하지만 결국 호메이니와 같은 성직자가 지배하는 교회국가가 되어버렸습니다.

───── 그 경우 부정되고 있는 네이션은 유럽적으로 세속화된 형태의 네이션이기 때문에 종교적인 유대로 그것을 넘어서자는 것이지요.

그런데 종교로 자본주의나 국가를 넘어설 수 있는 것처럼 보이지만, 역으로 그것이 진정한 넘어섬을 방해합니다. 마르크스는 종교를 폐기하기 위해서는 종교의 요구를 실현하지 않으면 안 된다고 말했습니다. 하지만 그 후 종교의 요구를 실현하기 위해서는 종교를 폐기해야 한다고 말

2 교환, 폭력, 그리고 국가

하고 있습니다. 그러므로 종교로 국가나 자본을 넘어서려는 것은 위험합니다. 예를 들어 이란혁명의 경우, 샤리아티Ali Shariati(1933~1977)와 같은 이론가는 마르크스주의로는 이슬람교도인 대중을 압도적으로 움직일 수 없다. 그러므로 코란을 마르크스주의화하자는 발상을 가지고 있었습니다. 그리고 그것으로 확실히 대중을 사로잡았지만, 종교에 의존한 대가를 치러야 했습니다. 그는 이란혁명 전에 죽었기 때문에 그것을 목격하지 않았지만요.

──── 네이션과 종교에 대한 이야기의 연장으로 여쭙습니다만, 가라타니 씨는 양자의 관계에 대해 네이션이 종교와 같은 구조를 가지고 있다고 종종 이야기하셨습니다. 네이션이 진정으로 형성되기 위해서는 네이션을 위해 죽는 것이 역으로 영원히 사는 것이 되는 감정이 형성되어야 한다고 말입니다. 요컨대 삶과 죽음의 의미를 부여하는 것입니다. 그것이 가능한 후에야 비로소 네이션도 영원한 동일성 안에 개인의 위치를 부여할 수 있습니다. 이런 네이션과 종교의 관계로 말하자면, 근대 이전 제국에서 보편적 유대로서의 종교가 근대국가에서는 네이션의 유대가 되었다고 생각할 수 있을까요?

그렇게 말해도 좋다고 생각합니다. 베네딕트 앤더슨의 생각에 대해서 한 가지 말해 두고 싶은 것이 있습니다. 그는 종교가 계몽주의에 의해 부정되고 그 대신 네이션이 등장했다는 식으로 생각하지만, 나는 그것으로 종교가 쇠퇴했다고는 생각하지 않습니다. 종교는 개인주의적인 것

2부 국가와 역사

이 되었을 뿐이고, 오히려 그런 의미에서는 심화되었다고 생각합니다. 쇠퇴한 것은 공동체에서 기능하던 종교입니다. 실제 그것은 공동체 종교 자체입니다. 예를 들어 중세 유럽의 사람들은 죽으면 천국에 간다고 생각했지만, 이 경우 그것은 일본의 마을 공동체에서 사람이 죽으면 뒷산에 간다는 것과 그렇게 다르지 않습니다(웃음). 마을 사람들은 죽어서 천국에 가면 거기에 마을 사람들이 있다고 생각한 것입니다. 그와 같은 공동체를 파괴한 것은 계몽주의가 아니라 프로테스탄티즘입니다. 그 단계에서는 이미 공동체의 연결이 끊어진 상태입니다. 계몽주의자가 활동한 것은 그 이후입니다. 이미 공동체를 가지고 있지 않은 고독한 사람들이 다시금 종교를 부정한다면 어떻게 될까요? 그들이 네이션으로 향했을 때 그것은 종교의 대리라기보다도 '공동체'의 대리를 구한 것입니다.

──── 종교 이후에 네이션이 왔다는 것은 앤더슨의 의견인데, 역시나 조금 단순하지 않은가 하는 생각이 듭니다. 어떤 점에서 그러한가 하면, 종교에서 정치적인 것이 자율화됨으로써 근대의 주권국가가 생겼지만, 그 자율화에 의해 국가와 종교는 라이벌 관계에 들어갔습니다. 개인의 입장에서 신을 위해 죽을까, 아니면 국가를 위해 죽을까 하는 선택의 문제가 생깁니다. 국가는 개인으로 하여금 신을 위해서가 아니라 국가를 위해서 죽도록 해야 했고, 그로 인해 역으로 종교적인 것을 받아들여야만 했습니다. 그런 경쟁(rivality)이 근대 이후에도 오랫동안 지

2 교환, 폭력, 그리고 국가

속되었기 때문에 단순히 종교 이후에 계몽주의가 오고 네이션이 왔다고는 말할 수 없습니다.

그러므로 역사적인 순서로 생각하는 것이 아니라 구조로서 생각해야 합니다. 지역에 따라서도 다릅니다. 같은 서유럽에서도 독일의 예를 취하는 것과 프랑스의 예를 취하는 것은 다릅니다. 절대주의 국가에 관해서도 프랑스의 경우는 매우 빠릅니다. 절대군주하의 신민(subject)이 부르주아 혁명에 의해 주체가 됩니다. 그런데 독일에서는 절대주권 국가가 성립하지 않았습니다. 그것은 일본의 도쿠가와 체제와 같은 느낌이었습니다. 그리고 독일이 프러시아에 의해 통일된 것은 일본의 메이지유신보다도 4년 뒤입니다. 그런 독일의 분열상태 속에서 민족됨(nationness)을 형성하는 역할을 한 것이 독일어, 독일문학이었습니다. 또는 낭만파였습니다. 도쿠가와 시대의 국학자 모토오리 노리나가本居宣長가 '모노노아와레'를 주창하면서 한자나 한의(漢意: 가라고코로)를 비판한 것은 그것과 닮았습니다. 일본의 경우를 생각할 때도 프랑스나 영국을 모델로 하기보다 독일을 모델로 하는 편이 좋습니다. 대부분의 후진국에도 해당되지요.

────── 네이션이 나온 구조를 보기 쉽다는 말씀이네요. 피히테 등은 민족이 영원한 존재라는 것을 어떻게 입증할 것인지에

온 정열을 쏟았습니다. 거기서 언어의 투명성이라는 말이 나옵니다.

독일에서는 피히테에서 하이데거에 이르기까지 라틴어와 라틴어적 사고에 의한 오염에서 독일인을 해방시키고 순화시키자는 주장이 있었습니다. 일본의 경우 노리나가가 똑같은 것을 한의漢意 비판으로 말했습니다.

국가와 폭력

─── 국가의 정의定義에 대해서인데요, 가라타니 씨는 국가의 고유한 기반을 수탈과 재분배라는 교환형태로 생각하고 계십니다. 국가의 존재가 본질적으로 강탈이나 수탈에 있다는 것은 말씀하신 대로라고 생각합니다만, 단 국가가 재분배를 하는 것이 국가의 정의에서 어디까지 본질적인가는 논의의 여지가 있다고 생각합니다. 그도 그럴 것이 모든 국가가 재분배를 하는 것이 아니기 때문입니다. 재분배가 가능한 상황인 경우에만 재분배를 합니다. 요컨대 재분배함으로써 보다 큰 부를 수탈할 수 있는 구조가 사회에 존재하고 나서야 비로소 국가는 재분배를 하게 된다고 생각되는데, 그 경우 재분배 쪽은 상황의존적이고 오히려 수탈을 가능하게 하는 폭력의 축적 쪽에 국가의 고유한 운동이 있다고 생각합니다.

2 교환, 폭력, 그리고 국가

그렇습니다. 나는 앞서 말한 것처럼 교환의 세 가지 형태의 구별과 관련하여 폴라니의 사고를 이어받음과 동시에 그것을 비판했습니다. 즉 폴라니가 말하는 재분배는 이차적인 것입니다. 수탈이 있기 때문에 재분배가 있습니다. 국가는 지속적으로 수탈하지 않으면 안 되기 때문에 재분배하는 것입니다.

―― 바로 그 부분입니다. 그것이 가장 큰 문제인데, 국가의 지배가 안정화되기 위해서는 계속 수탈만 해서는 안 되고, 또는 수탈을 할 때 폭력에 호소해서는 안 되며, 자동적으로 주민이 세금을 내는 상황을 만들지 않으면 안 됩니다.

그렇기 때문에 오히려 그것이 교환이랄까 호수제처럼 보여야 합니다.

―― 그것은 헤겔이 주인과 노예의 변증법으로 보여준 구조, 처음에는 생사를 건 폭력관계였던 것이 인정관계로 이동함으로써 안정된 지배관계가 되는 구조와 상동적입니다. 단순한 노골적 폭력만으로는 수탈은 성립해도 지속적인 국가는 성립하지 않습니다. 바꿔 말해 그곳에는 주민이 자발적으로 복종하는 폭력의 구조화가 필요합니다.

다른 이야기지만 일본 우익과 관련하여 그들의 폭력이 무섭다고 하는데 마구잡이로 폭력을 행사하지는 않지요.

2부 국가와 역사

─── 오히려 무섭다는 이미지를 주는 것이 중요하지요. 어떤 폭력집단에서도 상시 폭력을 행사하는 것은 경제적으로 효율이 떨어집니다.

신용은 국가를 기반으로 하지 않는다

─── 수탈한 부를 재분배하는 형태가 중요하게 된 것은 역시 자본주의에서라고 생각합니다. 왜냐하면 국가는 부를 재분배함으로써 시장에서 자본증식을 유도하기 쉬우며, 그것에 의해 수탈할 수 있는 부가 다시금 커지게 되기 때문입니다. 따라서 결국 자본주의와 국가의 관계에 대해 이야기할 수밖에 없습니다. 가라타니 씨는 원시적 축적과 근대국가의 관계에 대한 논의를 전개하고 계신데, 우선 그것에 대해 말씀해 주시겠습니까?

중상주의 시대에는 노골적으로 국가에 주도권(initiative)이 있었다고 생각합니다. 영국의 산업혁명도 그 안에서 이루어졌습니다. 그런 의미에서 독일이나 일본과 크게 다르지 않습니다.

─── 원시적 축적과 관련하여 가라타니 씨는 국가의 구성적인 역할을 강조하고 계시는데, 그것은 매우 중요한 포인트입니다.

게다가 나는 지금도 국가가 자본주의에서 중요한 역할을 하고 있다고 생각합니다. 아메리카의 기업은 확실히 다

2 교환, 폭력, 그리고 국가

국적입니다만, 아메리카라는 국가 없이 해나갈 수 있는가 하면, 그렇지 않다고 생각합니다.

─── 역시나 달러를 뒷받침하는 아메리카의 국가권력과 결부되지 않았다면, 다국적기업이 이 정도로까지 성장할 수는 없었을 것입니다. 이로부터 원시적 축적에서 국가의 역할을 이론적으로 정립할 수 있다고 생각합니다. 가라타니 씨는 『트랜스크리틱』에서 "교환가능성의 권리를 축적하려는 욕동은 본래적으로 교환에 내재하는 곤란함과 위태로움에서 온다"[1]고 말했습니다. 요컨대 원시적 축적=중상주의라는 것은 돈을 모으는 것인데, 무엇을 모으는가 하면 교환할 수 있는 권리를 모으는 것이지요. 그런 욕동이 왜 생기는가 하면 애당초 교환에 위험성이 있기 때문입니다. 이런 위험성이라는 관점으로부터 자본주의에서 국가의 역할을 몇 가지 도출할 수 있다고 생각합니다.

하나는 교환이 단순한 사기나 절도가 되지 않게 계약을 지키도록 하는 것입니다. 이로부터 폭력의 심급이 외부에서 강제하는 사태가 생깁니다. 경제적인 요청에서 폭력의 의한 제재(sanction)가 도출된다는 의미에서 '경제적 강제'라고 말해도 좋지만요.

상품교환은 마르크스의 말처럼 공동체 안에서가 아니라 공동체의 바깥에서, 즉 공동체와 공동체 사이에서 이루어지는데, 계약의 이행이 어떻게 보증될까요? 그것을 보증하는 것이 국가입니다. 또 국가 간의 교역에서 그것을 보증하는 것이 제국입니다. 그런 의미에서 제국은 일종의

---

[1] 가라타니 고진, 『트랜스크리틱』, 윤인로 옮김, 비고, 2024, 32쪽.

2부 국가와 역사

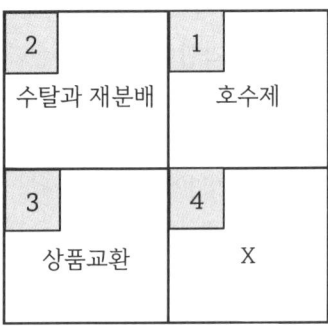

국제법적인 질서였다고 생각합니다. 그리고 그것을 뒷받침하는 것으로서 세계종교가 있었습니다.

―― 근대 이전에는 교회나 사원이 화폐를 발행했습니다. 국가가 독점적으로 화폐를 발행하게 된 것은 근대국가가 되고 나서입니다. 그러므로 가라타니 씨가 말하는 교환의 위험성을 국가가 전면적으로 담보하는 시스템을 만드는 것이 원시적 축적에서 국가의 역할이 아닐까 합니다만.

그렇습니다. 그리고 그 역할은 계속되고 있다고 생각합니다. 나는 자본·네이션·국가·어소시에이션이라는 네 가지 교환형태가 연접하는 구조를 간략히 그려보았습니다만(위의 그림), 사실 그 연관방식은 대단히 복잡합니다. 각각에 주체성이 있습니다. 자본은 자본으로 움직이고 있으며 국가는 국가로 움직이고 있습니다. 그럼에도 불구하고 상호의존적이고 상호규정적입니다. 자본·네이션·국

2 교환, 폭력, 그리고 국가

가에 대항하는 X, 즉 어소시에이션도 그것들과의 연관 속에서 나오는 것입니다.

─── 근대 이전에는 교환을 보증하는 것이 일원적으로 존재하지 않았던 데 반해, 근대국가는 폭력을 독점함과 동시에 그런 교환을 보증하는 강제력을 일원화했다고 말할 수 있을까요? 그런 강제력에 기초하여 국가는 예를 들어 화폐의 가치를 보증한다고 말입니다.

그건 그렇지만, 국가만으로는 불가능하지요. 예를 들어 마르크스는 『자본론』 제1권에서 통화가 통용되는 힘을 국가에 두는 부분이 있습니다. 그러나 국가적인 화폐는 일본군의 군표와 같은 것으로 결코 기능하지 않습니다. 폭력단이 와 물건을 들고서 "자, 돈"이라고 말하고 종잇조각을 건네는 것이지요(웃음). 소련처럼 국가권력이 강해도 1980년대에 루블은 국내에서조차 신용이 없어서 달러만이 아니라 말보루가 통화로서 유통되었다고 합니다.

마르크스는 『자본론』 제3권에서 통화를 통용시키는 힘을 은행신용, 더구나 상업신용으로 거슬러 올라가 생각합니다. 요컨대 은행권(banknote)이라는 것은 은행이 발행한 어음(note)이지요. 옛날에는 그와 같은 은행권을 발행한 은행이 다수 있었습니다. 영국에서 잉글랜드은행이 은행권 발행을 독점하게 된 것은 1840년대 필 조례[2]부터

---

[2] 수상 로버트 필(Rebert Peel)에 의해 1844년에 제정된 조례.

2부 국가와 역사

입니다. 예를 들어 하이에크가 말하는 통화발행의 민영화론은 엉뚱한 것이 아니라 그러한 과거의 경위에 뿌리를 두고 있습니다. 다만 은행권이 상업신용에서 시작되었다고 해도 상업신용 자체가 국가의 뒷받침이 없으면 성립되지 않는 이상, 그것이 국가와 따로 있다고는 말할 수 없습니다. 따라서 그와 같은 연접이 있다는 것은 명확하지만, 그 전에 국가에서 유래하는 것과 시장(상품교환)에서 유래하는 것을 구별할 필요가 있습니다.

───── 국가의 강제력과 신용력은 일치하지 않는다, 즉 가치나 신용의 원천을 국가에 의해 일원화하는 것은 불가능하다는 말씀이네요.

그렇습니다. 특히 국가 간의 교역에서 강제력은 기능하지 않습니다. 금이나 은이 세계화폐로서 통용되는 것은 국가와 관계가 없습니다. 각국은 그 통화가 통용되는 힘의 보증을 국가권력이 아니라 세계화폐의 보유에서 찾았습니다. 그것이 중금주의죠. 중금주의를 비웃는다고 해도 국제적인 교역과 결제에서는 금이 필요합니다. 현재는 금이 더 이상 필요가 없는 것처럼 보이지만 나는 그렇지 않다고 생각합니다. 1971년에 아메리카가 달러와 금의 태환제를 그만두었지만, 그것은 프랑스가 달러를 금으로 바꿈으로써 금이 유출되었기 때문입니다. 금이 어찌되든 상관없다면 금이 유출된다고 해도 상관이 없을 것입니다. 기축통화

2 교환, 폭력, 그리고 국가

를 위해서는 금이 필요하다는 것을 프랑스도 아메리카도 알고 있었기 때문에 금을 비축해 놓고 있었습니다. 그 점과 관련하여 일본이 금을 가지고 있지 않는 것은 엔을 기축통화로 할 생각이 없기 때문일 것입니다.

―― 그 경우 근대국가는 자신들이 독점한 폭력으로 신용을 뒷받침하려고 하지만, 그것에 한계가 있다는 말씀이네요.

그렇습니다. 그런 의미에서 상품교환에 의해 형성되는 신용이라는 레벨에는 독자적인 힘이 있다고 생각합니다. 국가만으로는 그것이 불가능하지요.

―― 자본주의에서 국가의 역할로서 사유제의 보호라는 것이 있다고 생각합니다. 왜냐하면 다른 사람의 것을 빼앗아서는 안 된다는 것은 여하튼 국가가 폭력을 통해 각 사람에게서 빼앗는 것 이외의 강탈로부터 그들을 보호하는 형태로만 성립하기 때문입니다. 그런 소유권의 보증이라는 점과 관련하여 폭력의 심급이 어떤 식으로든 불가피한 구도가 있다고 생각합니다.

그렇습니다.

―― 그런 소유권의 보증이라는 국가의 역할은 자본주의 그 자체가 성립하기 위한 조건을 갖추는 것과 관련이 있습니다. 요컨대 자본주의는 자신의 조건을 자신이 만들어 낼 수 없습니다. 시장의 외부나 한계라는 것이 자주 이야기되지만, 그곳을 정

2부 국가와 역사

비하는 것이 국가의 역할이 아닐까요? 그 점과 관련하여 가라타니 씨는 『트랜스크리틱』에서 "『자본론』은 자본이 세계를 조직하면서도 자신의 한계를 결코 넘어서지 못한다는 점을 명확히 밝힌다"[3]라고 썼습니다. 요컨대 시장의 한계가 어디에 있는지를 보여주는 것입니다. 이런 의미에서 『자본론』은 국가를 적극적으로 논하고 있지 않지만 국가가 기능하는 장소는 지시하고 있다고 말할 수 있을까요?

자본주의의 한계로서 원래 상품이 되지 않는 자연, 바꿔 말해 토지와 인간을 상품화하는 의제擬制로 성립하고 있다는 점이 이야기됩니다. 그 경우 자연이나 인간의 생산과 재생산을 담당하는 것이 국가라고 말할 수 있겠지요. 최근 문득 이런 것을 생각했습니다. 예를 들어 리카도의 주저로 『경제학 및 과세의 원리』라는 책이 있습니다만, 그는 처음부터 지대와 이윤과 노임을 논하고 있습니다. 이 세 가지가 세 가지 계급을 만듭니다. 지대는 토지 소유자, 이윤은 자본가, 노임은 임금노동자라는 말이기 때문이지요. 이들이 삼대 계급이 되는 것이죠. 마르크스도 『자본론』에서 이와 같은 리카도의 견해를 따르고 있습니다. 그런데 리카도는 그 후에 '과세'라는 것을 논하고 있습니다. 이것은 말할 것도 없이 국가와 관련이 있습니다. 아담 스미스도 『국부론』이라는 제목으로 책을 썼습니다. 그들의 폴리티컬 이코노미라는 것은 일본어로 '국민경제학'으로

---

[3] 가라타니 고진, 『트랜스크리틱』, 34쪽.

2 교환, 폭력, 그리고 국가

번역되고 있는데, 확실히 폴리스(네이션=스테이트)의 경제학입니다. 그런데 마르크스의 『자본론』에서는 세금이나 국가가 생략되어 있습니다. 왜 그랬을까요? 한마디로 말해 세계자본주의를 순수한 형태로 파악하려고 했기 때문입니다. 그러므로 그들은 경제적 카테고리로서 세 가지 계급을 발견했습니다. 하지만 그 결과 마르크스는 한 '계급'을 놓쳤던 것입니다. 그것은 세를 징수하고 재분배하는 계급, 즉 관료기구입니다. 실제 이것은 큰 인구를 점하고 있습니다. 그것을 줄이는 것은 곤란합니다. 그것은 그 자신을 위해 존속하려고 하기 때문입니다. 그것이 국가의 실체라고 생각합니다. 이와 같은 실체를 무시하고 추상적으로 이야기되는 논의는 의미가 없다고 생각합니다.

―――― 또 하나, 자본주의의 한계라고 하면 공황의 필연성이 있습니다. 그곳에서도 국가의 역할은 관찰이 가능합니다. 요컨대 공황이란 넓게 말해 기존 자본의 주기적 가치저하를 뜻합니다. 그것을 어떻게 넘어서는가 하면 국가의 개입입니다. 이 경우 국가는 자본이 유효하게 가치증식할 수 있는 회로를 설정하려고 하지요. 가라타니 씨는 『트랜스크리틱』에서 자본주의에 내재하는 공황의 필연성에 대해 반복해서 쓰셨습니다. 그렇다면 국가와 자본주의의 관계는 어떻게 생각할 수 있을까요?

공황(crisis)은 일본어로 생각하면 패닉이라는 측면이 강조됩니다. 하지만 이보다 먼저 생각해야 하는 것은 경기

2부 국가와 역사

순환으로서의 불황입니다. 1929년과 같은 공황만 피하면 된다고 생각하는 사람들이 많지만, 무서운 것은 오히려 그 후의 불황입니다. 그런 의미에서 현재의 불황상태는 공황이었던 때와 똑같습니다. 일본경제는 벌써 10년 이상 발버둥치고 있는데, 1929년의 공황에서 2차 대전까지도 그런 정도였습니다. 1930년대의 불황은 길었다는 인상이 있습니다만, 현재의 불황도 충분히 깁니다. 이와 같은 장기파동적인 불황에 대해 국가가 할 수 있는 일은 없다고 생각합니다. 도산에 의한 자본과 노동의 재편성을 기다릴 뿐입니다. 1930년대의 불황에서 아메리카의 경제가 다시 일어선 것은 태평양전쟁부터입니다. 즉 전쟁경제에 의해서입니다. 뉴딜정책 등은 실제로는 전혀 작동하지 않았습니다. 오히려 나치 쪽이 훌륭히 하고 있었습니다.

─── 그대로 전쟁경제 체제로 돌입했기 때문이지요. 즉 나치즘도 아메리카도 공황을 극복할 수 있었던 것은 전쟁경제 덕분이라는 말씀이네요.

독일은 1934, 35년 실업률이 거의 제로가 되었습니다. 그 때문에 누구도 히틀러를 경멸할 수 없게 되었습니다. 이전까지는 많은 사람들이 "뭐야, 이 바보는" 하고 생각했습니다. 부시가 등장했을 때처럼 말입니다(웃음). 그러나 누가 뭐라고 해도 경제정책은 성공했습니다. 그와 비교하여 뉴딜정책은 아무것도 한 게 없습니다. 나는 그것이 그

2 교환, 폭력, 그리고 국가

저 신화라고 생각합니다. 케인즈주의에 대해서도 그렇습니다. 케인즈의 이론에는 영국의 역사적 문맥이 있으며, 금리로 생활을 하는 계급과의 투쟁이라는 면도 있습니다. 하지만 국가에 의한 경제개입은 영국이나 아메리카의 자유주의적 전통 안에서는 획기적인 이론이었을지는 모르지만, 독일이나 일본에서는 처음부터 당연한 것이었습니다. 그러므로 그들은 자신들도 모르게 케인즈주의를 실행하고 있었다는 말이 됩니다.

마르크스가 고찰한 공황은 약 10년 주기의 단기적인 경기순환입니다. 그것은 지금도 있습니다. 그러나 장기적인 경기순환을 생각한 것이 콘드라티예프지요. 그는 스탈린에게 숙청당했는데 당연히 마르크스주의자입니다. 오늘날의 경제학자들은 그것을 숨기려고 하지만 말입니다. 이러쿵저러쿵 말해도 자본주의에 대해 제대로 사고하려고 하면 마르크스나 마르크스주의자에 의거할 수밖에 없지요(웃음). 장기파동의 원인은 자본주의의 단계를 바꾸는 근본적인 기술혁신에 있다고 생각합니다. 현재의 기술혁신은 통신이나 유통의 단축이라는 방향에서 이루어지고 있습니다. 기업이나 노동의 재편성이 이루어지는 데 시간이 걸리는 것은 당연합니다.

─── 기술혁신이라는 말이 나왔습니다만, 기술혁신도 자본주의가 자신의 내재적 위기, 즉 기존 자본의 주기적인 가치저하를 넘어서는 한 가지 방법이지요. 기술혁신이 일어나면 새로운

2부 국가와 역사

산업분야가 생기고, 그곳에서 이윤율이 높은 자본이 형성될 가능성이 나옵니다. 현대에도 새로운 산업분야를 육성하는 데에 국가가 적극적으로 개입하는 일이 일어나고 있습니다.

   그것은 명확하지요.

──── 어쨌든 지금은 새로운 테크놀로지에 대한 수요를 높이기 위해 보안(security)산업에 대한 원조가 국가에 의해 이루어지고 있습니다. 주민기본대장네트워크시스템 등도 국가가 주민관리를 일원화하려는 측면과 함께 새로운 테크놀로지에 기초하여 이윤율이 보다 높은 산업분야를 국가의 치안활동을 통해 확대해 가려는 측면도 있습니다.

국가의 민영화에 대하여

아메리카는 1980년대부터 이전까지 국가가 해온 것을 대폭 민영화하기 시작했습니다. 예를 들어 대학의 연구자가 특허를 취득할 수 있게 했습니다. 대학이 기업과 같이 되었습니다. 지식의 영역에서 사유화가 심하게 진행되고 있습니다. 그와 같은 현상을 생각하면 발명, 발견을 학회에서 공개하는 것은 완전히 코뮤니즘이지요(웃음). 나는 근대과학의 특성은 무엇보다도 지식의 공개성에 있다고 생각합니다. 주술은 지식을 감추기 때문이죠. 그런 의미에서 과학적인 정신이 사라지고 있다고 생각합니다. 일본도

2 교환, 폭력, 그리고 국가

최근 급격히 그렇게 되었습니다. 지식의 사유제는 한 국가 내부에서 해결될 수 없는 이야기이기 때문이지요.

────── 소위 주권국가를 대상으로 한 국제법이 아니라 다른 국제적 룰에 근거한 레짐(Regime)이 출현하고 있습니다.

그렇습니다. 상품교환의 논리가 침투한 것입니다. 이제까지 시장과 별개였던 국가가 자본주의화되고 있습니다. 물론 그것으로 국가가 사라질 리는 없지만요.

────── 국가는 새로운 역할을 담당하는 것만으로는 결코 사라지지 않습니다. 그것은 이제까지 논의한 것처럼 자본주의에서 국가의 역할이 없어지지 않는 것이기도 하고, 또 지적 소유권을 보호하는 국가의 역할이 새롭게 등장하는 것이기도 합니다.

국가의 민영화에 대해 말하자면 그런 흐름은 국가의 폭력에 관한 레벨에서도 진행되고 있습니다. 이라크전쟁을 예로 들자면, 군 활동의 아웃소싱이 특징적입니다. 예를 들어 아메리카군의 의식주 문제는 외부의 기업에 위탁합니다. 또는 이라크의 새로운 군대와 경찰에 대한 훈련을 민간회사에 위탁합니다. 그런 와중에 체니 부대통령이 과거 사장으로 있던 할리버튼사가 위탁사업을 독점할 뿐만 아니라 터무니 없는 증액을 청구하는 일도 일어납니다. 이렇게 되면 국가의 민영화라기보다 거의 국가의 사유물화이지만, 어쨌든 이번 이라크 통치에서는 그런 아웃소싱 경향이 매우 강하게 드러났습니다. 예를 들어 팔루자에서 살해당한 아메리카 '민간인'은 실제로는 외부위탁된 경비회사의 원래 군인이었던 직원으로, 군이 국제법상 할 수 없는 비합법적

2부 국가와 역사

인 활동을 담당하고 있었습니다. 이런 군사활동의 민영화는 역으로 국가의 폭력을 컨트롤하기 힘든 상태로 만드는 것은 아닌가 하는 생각이 듭니다.

아메리카에는 원래 민영경찰이 있습니다. 내가 옛날에 살았던 코넬대학 근처 주택가에는 민영경찰이 항상 순찰하고 있었는데, 주민이 아닌 사람이 그곳을 걷고 있기라도 하면 누구냐고 추궁을 당했으며 이상하면 바로 끌려갔습니다. 또 캘리포니아의 남쪽에 있는 오렌지카운티라는 곳에 머문 적이 있었는데, 마을에서 흑인을 전혀 찾아볼 수 없었습니다. 왜 없는지 묻자 있으면 바로 끌려간다고 했습니다. 그런 것도 경찰의 아웃소싱과 같은 것인데, 일본의 경비원과 결정적으로 다른 점은 그들이 총을 가지고 있다는 것입니다.

어쨌든 군대의 민영화라는 것은 근대의 국민군 이전의 군대, 즉 용병과 같은 것입니다. 프랑스에는 그것이 아직 외인부대로서 남아있습니다. 하지만 오늘날 아메리카군 병사도 사실상 외인부대이지요. 그들 중 다수는 시민권을 얻기 위해 하고 있습니다.

——— 설령 시민권을 가지고 있다고 해도, 예를 들어 대학에 갈 장학금을 받기 위해 군대에 가거나 하는 식이지요.

그렇습니다. 그래서 아메리카의 리버럴한 정치가로 징

2 교환, 폭력, 그리고 국가

병제를 주장하는 사람이 있습니다. 그도 그럴 것이 그렇게 되면 베트남전쟁 때처럼 반전운동이 일어날 것이라는 이유 때문입니다.

───── 그런 군사활동의 외부위탁이 진행됨과 동시에 공전公戰과 사전私戰의 구별이 없어지고 있다고 생각됩니다. '테러와의 전쟁'이라는 것은 소위 범죄자를 주권국가의 전쟁상대로 삼는 것이기 때문에 사적인(private) 적을 공적인(public) 국가가 공격하는 형태가 되지요. 그렇다면 근대국가를 뒷받침해온 공적인 폭력과 사적 폭력의 구별이 용해되어가는 것은 아닐까 하는 인상을 받습니다.

그 점에서 칼 슈미트가 파르티잔에 주목한 것이 떠오릅니다. 그는 나폴레옹 전쟁 즈음 스페인에서 시작된 게릴라투쟁을 고찰하고 있지만, 실은 마오쩌둥을 강하게 의식하고 있었다고 생각됩니다. 정식적으로 국가가 아닌 상대와의 '전쟁'을 어떻게 생각해야 하는가 하는 문제가 그 무렵에 나온 것이지요.

───── 슈미트 자신은 주권국가 사이의 공적 전쟁이야말로 정규전쟁이며 이상적인 상태라고 말했지요.

그러나 실제로는 비정규적인 군이나 국가와의 전쟁이 많습니다.

2부 국가와 역사

―――― 애당초 근대 단계에서도 그 정도로 분명하게 공적인 폭력과 사적인 폭력이 구분되었는가 하는 문제는 있습니다. 그러나 슈미트가 파르티잔의 형태로 상정하고 있던 것은 같은 영토 내의 비국가적인 적이지요. 다른 국가영토의 비국가적 집단을 주권국가가 전쟁상대로 간주한다는 것은 그 나름대로 새로운 것이 아니었나 생각하지만요.

그렇습니다. 생각해 볼만한 문제라고 생각합니다.

대항운동으로서의 비폭력

예를 들어 모두가 테러는 좋지 않다고 말합니다. 하지만 국가가 독점한 폭력을 사용하면 평화적이고 그에 대항하여 싸우면 비합법적인 테러리즘이 되는 것은 이상합니다. 테러는 결코 허용되지 않는 것일까요? 이와 관련하여 후쿠다 가즈야福田和也(1960-2024)는 『이데올로기들』(新潮社)에서 소렐이나 프란츠 파농을 인용하며 폭력에서 윤리성을 회복하는 계기를 찾아낼 수 있지 않을까 하고 쓰고 있습니다. 적어도 단순한 평화주의나 인간주의로 그것을 정리하는 것은 불가능하다는 말입니다. 그것은 맞는 말이라고 생각하지만 역시 테러리즘은 안 된다고 생각합니다. 테러리즘에는 "눈에는 눈을"이라는 호수제의 논리가 있습니

2 교환, 폭력, 그리고 국가

다. 하지만 나는 좀 더 다른 호수제의 논리가 있다고 생각합니다. 예를 들어 예수가 가르친 것처럼 "네 오른쪽 뺨을 치거든, 왼쪽 뺨을 내밀어라"[마태복음 5:39]는 것입니다. 이것이 비폭력입니다. 비폭력은 수동적인 것이 아닙니다. 오른쪽 뺨을 맞으면 되돌려 때려주는 대신에 왼쪽 뺨을 대라는 것이기 때문입니다. 간디의 비폭력주의도 그랬습니다. 게다가 그는 얻어맞은 부분을 매스컴을 이용하여 전 세계에 선전했습니다. 이것에 이길 장사는 없지요.

조금 다른 이야기입니다만, 메이지유신 직후에 사카이堺사건[1868]이라고 불리는 양이攘夷사건이 있었습니다. 사카이에 입항한 프랑스 군함의 수병이 육지로 올라와 주민들에게 난폭하게 굴었기 때문에 도사土佐번 병사들이 그들을 습격하여 살상한 사건입니다. 신정부는 프랑스와 말썽을 일으키는 것을 두려워하여 도사번 무사들에게 할복을 명했습니다. 그때 도사번 무사는 저항하거나 반격하거나 하는 대신에 프랑스 측 앞에서 차례로 배를 갈랐는데 프랑스 측이 얼굴이 새파래져서 "이제 그만하라"고 말했습니다(웃음). 때문에 할복은 11명으로 스톱되었다고 합니다. 이것은 상대에게 폭력을 휘두른 것이 아니기 때문에 비폭력이라고 해도 좋습니다. 여하튼 비폭력으로 상대를 질리게 하는 방법이 하나 있습니다. 그것은 전면적인 무장해제입니다. 예를 들어 아랍 전체가 협의하여 무기를 버리면 됩니다. 그러면 선진국들은 무기를 팔 수 없게 됩니다.

2부 국가와 역사

——— 그것은 선진국 군수산업에도 곤란합니다.

그들은 전쟁을 하고 싶어 안달이 나 있지요. 그러나 무장을 하지 않는 나라에 군사적으로 개입할 수는 없습니다. 전 세계의 매스컴이 가만히 있지 않을 것입니다. 이것은 테러리즘보다 효과가 있으며 미래를 생각하게 만드는 방식이라고 생각합니다.

——— 시에라리온과 같은 나라에서는 다이아몬드의 권리를 둘러싸고 내전이 오래 지속되었는데, 무장세력은 다이아몬드를 수출한 돈으로 무기를 삽니다. 선진국 측은 무기를 팔면서 다이아몬드를 사는 형태가 되어서 선진국 측에서 보면 내전이 계속되는 편이 좋습니다.

아프리카 등에서는 그런 상태로 이유도 알지 못한 채 서로를 죽이고 있습니다. 그러므로 폭력에 폭력으로 대항해서는 안 됩니다. 그런 의미에서 나는 비폭력을 X라는 장에서의 대항운동으로서 보고 있습니다. 국가는 폭력으로 오지만 대항운동은 비폭력입니다. 폭력에 의한 대항운동은 또 다른 국가를 만들 뿐이기 때문입니다. 간디가 말한 것으로 생각합니다만 비폭력은 무섭습니다. 비폭력이라고 하면 비웃는 남자들이 있지만 비폭력을 철저히 하면 엄청납니다. 폭력으로 아메리카에 대항할 수는 없습니다. 그런

2 교환, 폭력, 그리고 국가

것은 바보같은 이야기입니다. 그렇다면 전면적으로 무장해제를 하는 것은 어떨까요? 나는 그것이 충분한 대항운동이 될 것이라고 생각합니다.

국가는 초자아를 갖는다

─── 가라타니 씨는 『네이션과 미학』에서 칸트와 프로이트를 논하면서 공격욕동이 어떻게 실제적인 폭력으로 나아가지 않고 어떤 의미에서 승화되는가 하는 논의를 전개하고 있습니다만, 이 또한 비폭력의 실천과 관련된 것으로서 제기되고 있는 것인지요.

그렇습니다. 말하자면 국가가 초자아를 가지도록 하는 것이지요. 주권을 제한하는 것은 그런 초자아입니다.

─── 말씀하신 것처럼 한편으로 국가폭력의 논리에 대항하여 비폭력의 논리를 내놓는 선택이 있다고 생각하지만, 다른 한편으로는 폭력의 격차는 그것으로 사라지지 않는 것은 아닐까 하는 의심은 남습니다. 폭력으로 부를 수탈하는 운동이 없어지지 않으면, 폭력을 가진 자와 가지지 않은 자, 폭력을 조직화한 측과 그렇지 않은 측의 격차는 사라지지 않는 것은 아닐까요?

그것은 그렇습니다. 하지만 국가는 다른 국가에 대하여 국가이기 때문에 내부만으로 논할 수 없습니다. 러시아 혁

2부 국가와 역사

명 속에서 레닌은 국가의 사멸에 대해서 썼습니다. 그러나 혁명과 동시에 다른 국가의 간섭과 침략이 있었기에 그것에 대항하여 국가적으로 방위하지 않으면 안 되었습니다. 그러므로 아나키스트처럼 국가를 부정한다고 아무리 말해도 소용이 없습니다. 외국이 있기 때문입니다. 그런 의미에서 국가의 지양이라는 문제는 국가 간의 관계에서도 사고할 필요가 있습니다. 예를 들어 현실적으로 유엔도 중요합니다. 유엔을 자주 칸트주의적이라고 말하지만 칸트는 보다 래디컬하며 그가 말하는 '세계공화국'은 유엔이 아닙니다. 유엔은 주권연합이지만 칸트의 '세계공화국'에서는 각국의 주권이 방기되어 있습니다. 하지만 과도적으로는 주권국가연합이라고 해도 어쩔 수 없다고 칸트는 말합니다. 그런 의미에서라면 나는 유엔에 각국의 주권을 뛰어넘는 권한을 부여하는 것이 좋다고 생각합니다. 그런데 다른 한편으로 X의 차원에서 실현되는 국가의 지양이라는 전망을 가지고 있어야 합니다. 그렇지 않으면 그것은 제국과 같은 것이 되어버립니다.

─── 그렇습니다. 실제로 폭력의 격차가 있는 상황에서 폭력을 독점한 심급을 어떻게 제한해 갈 것인가라는 문제를 분리할 수 없습니다. 그리고 그런 후에야 폭력을 넘어선 논리를 어떻게 창출해 갈 것인지가 현실성(actuality)을 가지게 됩니다.

2 교환, 폭력, 그리고 국가

앞서 말한 '국가가 초자아를 가진다'는 현상은 전후일본의 헌법 9조와 같은 것입니다. 프로이트는 전기에 초자아는 부모와 사회에 의해 강제된 규범이 내면화된 것이라는 관점을 취하고 있었습니다만, 후기에는 자신의 공격욕동이 내면화되어 생겨난 것이라는 관점을 내놓고 있습니다. 그처럼 말할 때 나는 프로이트가 제1차 세계대전의 바이마르헌법을 생각하고 있었다고 봅니다. 그것은 외부에서 부과된 강제였기에 그와 같은 문화에서 해방되어야 한다, 자연으로 돌아가라는 여론 가운데서 프로이트는 헌법을 옹호하려고 했다고 생각합니다. 예를 들어 일본에서는 전후헌법이 아메리카점령군에 의해 강제된 것이라는 논의가 항상 이루어지고 있습니다. 독일에서는 그런 논의가 절대로 나오지 않습니다. 그 이유는 이렇습니다. 독일에서는 제1차 대전 후의 바이마르헌법이 일본의 제2차 대전 이후의 헌법에 해당됩니다. 독일은 그것을 조소하고 폐기하여 나치가 되었습니다. 그러므로 전후의 헌법은 바깥에서 강제되었기에 폐기하자는 이야기를 할 수 없게 된 것입니다. 그런데 일본은 다시 한번 실패를 되풀이해야 전쟁방기를 자신의 것으로 확인할 것입니다.

그런 의미에서 아메리카도 베트남전쟁 후 '초자아'를 잠시 가졌던 적이 있습니다. 그런데 걸프전쟁을 통해 국가가 '건강'해졌습니다. 이번에 중대한 실패를 함으로써 다시 한번 '초자아'를 회복시킬지도 모릅니다. 아메리카는

머지않아 히로시마 문제에 직면할 것입니다. 아메리카는 핵전쟁을 한 나라입니다. 이런 이야기를 들으면 많은 아메리카인들이 안색을 바꿉니다. 그것은 일본인이 난징대학살에 대해 들었을 때와 닮아있습니다. 그들은 곧바로 원자폭탄의 투하로 아메리카 병사와 일본인을 구했다고 변명합니다. 물론 그것은 거짓말입니다. 그 기회를 놓쳤다면 핵실험을 할 수 없었고 소련에게 자신들의 군사력을 보여줄 절호의 기회를 잃는 것이었기 때문입니다. 그러나 그런 과거에 대해서 진실을 인정할 시기가 반드시 옵니다.

환경과 제3세계

그와는 별개로 아메리카가 계속 회피하고 있는 것은 환경문제입니다. 환경비용은 국가에 부담시키면서 자본은 환경을 파괴하고 있을 뿐입니다.

——— 무료로 다양한 물질을 무진장하게 제공해주는 자연이 없다면, 자본주의는 성립할 수 없기 때문이지요.

그것에 정말 한계가 있다는 것은 알고 있습니다. 인간의 문제와 자연환경의 문제에는 한계가 있습니다. 그때 자본이 그것을 부담하지 않으면 안 됩니다. 그 정도까지 갈 것이라고 생각됩니다. 하지만 그렇게 되면 이윤율을 확

2 교환, 폭력, 그리고 국가

보할 수 없기 때문에 역시나 자본은 부담하지 않을 것이라고 생각합니다. 그러면 엄청난 투쟁이 될 것입니다. 그런데 아메리카인은 그것을 전혀 절실하게 생각하고 있지 않습니다. 얼마 전 부시가 연설에서 "나는 환경을 위하여 싸워왔다"고 말했습니다만, 그것은 자기 집 근처에 있는 호수를 말하고 있을 뿐(웃음), 전혀 아는 게 없습니다.

────── 그런 자연 자원의 고갈이 자본주의의 근원적인 모순에까지 이를 것인가, 아니면 그 전에 대기의 구성이 완전히 바뀌어 인간이 살 수 없는 상태가 될 것인가(웃음).

자본주의는 가치증식이 불가능하게 되면 끝나는 것이 아닙니다. 즉 내버려두면 스스로 파괴되는 것이 아닙니다. 자본은 인간이나 자연환경 따위는 어떻게 되든 상관없기 때문에 반드시 자신을 존속시키려고 합니다. 예를 들어 이전부터 그렇게 생각하고 있지만, 아메리카·유럽의 나라들은 사실 아프리카 사람들이 전부 죽어도 괜찮다고 생각하고 있는 것은 아닐까요?

────── 에이즈 약 문제를 생각해 봐도 아메리카는 좀처럼 특허를 해제하지 않지요. 이점에서 네그리-하트의 『제국』에 대해 약간의 이론異論이 있습니다. 그들은 생체권력(bio-power)이 오늘날 제국의 세계적 권력형식이 되었다고 말하지만, 아프리카 등은 세계적 생체권력의 대상에도 들어가 있지 않습니다. 경제

2부 국가와 역사

적인 담보가 없는 곳에 에이즈 약은 좀처럼 도달하지 않습니다. 또 아메리카는 특허를 방패삼아 각국에서 약을 값싸게 제조할 수 없도록 하고 있습니다. 즉 아프리카는 세계시장에서 무용한 장소이기 때문에 에이즈 피해는 완전히 방치되어 있습니다. 그것은 자연재해라기보다 거의 인재입니다. 그러므로 생체권력이 세계를 뒤덮고 있다는 말은 틀린 것으로, 그곳에는 생체권력의 대상이 되어야 하는 사람과 그렇지 않은 사람의 경계선이 분명히 있습니다. 그렇기 때문일까 푸코 자신이 서술하고 있는 것처럼 생체권력은 본래 그러한 경계선을 긋는 것을 본질적인 기능으로서 가지고 있습니다. 그런 기능에 대해 『제국』은 그리 민감하지 않습니다.

환경문제가 진짜 등장했을 때 첫 희생자는 개발도상국 사람들이지요. 농업국에서는 물이 없어지면 끝입니다. 그런 파국이 조만간 올 것이라고 생각합니다. 내가 살아있는 동안에는 일어나지 않을 거라고 생각하고 있던 일이 이미 많이 일어나고 있기 때문에, 이후 30년 정도 산다면 그런 사태에 직면할지도 모릅니다.

네이션의 위상

―― 네이션에 대해 좀 더 여쭈어보고 싶습니다. 가라타니 씨의 평가에 따르면, 네이션은 자본과 국가가 결혼한 상태에서 농업공동체가 상상적으로 회귀함으로써 성립한 것입니다. 이 경우 회귀한 원인을 무엇이라고 생각하십니까?

2 교환, 폭력, 그리고 국가

앞에서도 말했지만 네 번째의 X차원을 넣지 않으면, 즉 교환의 세 가지 형태만으로는 불충분합니다. 보편종교는 원시그리스도교에 대하여 자주 이야기되는 것인데, 일종의 코뮤니즘이지요. 네이션에도 그런 상호부조적, 사회주의적 원천이 있습니다. 네이션은 자본과 국가를 매개하는 것이자 그 안에서 나온 모순을 해결하는 것입니다. 나치나 파시즘이 마르크스주의에 대항하여 네이션을 들고 나왔는데, 네이션 자체가 사회주의입니다.

―― 와쓰지 데쓰로和辻哲郎(1889~1960)등도 그렇지요. 그가 일본인의 문화적 공동성이라고 말했을 때 항상 염두에 둔 것은 마르크스주의입니다. 마르크스주의로는 넘어설 수 없는 일본인의 문화적 동일성이 있다는 이유에서 그것을 비판했습니다. 일본의 마르크스주의 운동에는 보통의 일본인보다 일본적인 것이 나타나는데, 그런 문화적 동일성을 통해 계급대립이라는 도식(Schema)을 넘어선다고 말입니다. 와쓰지에 의하면 그런 문화적 동일성이 마르크스주의를 넘어서는 이상, 자본주의의 모순도 해결되는 것이지요.

그러므로 네이션으로 계급대립을 넘어선다는 것은 갑자기 만들어진 그럴듯한 논리가 아니라 원래 네이션에 그런 것이 있었던 것은 아닐까요. 프랑스혁명으로 말하자면 우애의 차원이지요. 이 우애가 네이션 측으로 갔기 때문에 프루동은 그것을 어소시에이션이라는 형태로 되찾으려고

2부 국가와 역사

했습니다. 즉 네이션의 위상에서 X의 위상으로 돌아갔습니다.

    이전에 쓴 적이 있지만 곤도 세이쿄權藤成卿(1868~1938)라는 농본주의 사상가는 아나키스트입니다. 하지만 그는 국가 이전의 천황을 인정했습니다. 아나키스트가 곤도를 높이 평가한 것은 이해할 수 있는데, 이시카와 산시로石川三四郎(1876~1956)를 시작으로 천황주의 부분까지 영향을 받고 있습니다. 전후가 되어서도 천황하의 아나키즘이라고 하여 천황의 인간선언에 반대할 정도입니다. 전후 일본의 좌익은 공산당의 전향과 전쟁책임을 맹렬히 추궁했지만 아나키스트에 대해서는 불문에 붙였습니다. 소수로 거의 영향력이 없었기 때문이라고 생각합니다. 그런데 나는 여기에 좀 더 주의를 기울여야 한다고 생각합니다. 유럽에서도 아나키즘은 파시즘의 주요한 요소였습니다.

    ────── 그것은 현대에서도 엿볼 수 있습니다. 특히 얼마 전 프랑스 대통령선거에서 르펜이 결전투표까지 갔었을 때가 그렇습니다만, 그의 지지자 중 일부는 아나키스트였죠. 소위 국가의 부정이 기성정당이나 관료의 부패에 대한 비판이라는 형태로 르펜의 안티국가, 안티EU이라는 도식에 그대로 올라탔습니다. 물론 모든 아나키스트가 르펜을 지지하고 있는 것은 아니며 그와 싸운 아나키스트도 많이 있었지만요.

2 교환, 폭력, 그리고 국가

나치에서도 하이데거가 참여한 돌격대 일파 등은 농본주의적 아나키스트였다고 생각합니다. 이탈리아의 파시스트의 경우는 미래파 등은 모두 아나키스트였습니다. 네이션의 원천이 지금 말한 것과 같은 의미에서 사회주의에 있다고 한다면, 네이션과 아나키즘은 서로 연결되어 있습니다. 요컨대 연접적인 구조를 파악해야 합니다.

트랜스크리틱―이동하는 비평

―――― 그 제도적 배경으로는 역시 국가와 자본주의의 관계가 있지요. 즉 통일된 국내시장을 자유롭게 이동하는 균질적인 노동력의 육성입니다. 국가는 자본주의의 침투와 동시에 그런 노동력의 재생산을 보장하는 사회정책을 취할 수밖에 없습니다. 또 그것은 국민군을 담당하는 병사의 육성과도 관련이 있습니다. 즉 노동력과 병사로서 국가에 귀속되는 국민의 육성과 재생산의 보장이지요. 그렇다면 그곳에 어떻게든 가라타니 씨가 지금 말씀하신 상호부조랄까 사회주의적 연대라는 논리가 들어가게 됩니다. 연대를 통해 국민생활을 보장해 가는 형태로 말입니다.

마르크스는 내셔널리즘을 이해하지 못했다고 이야기됩니다. 그것은 분명하지만 그와 같이 말하는 사람들도 내셔널리즘이라는 사실이 있다고 말하고 있을 뿐, 그 근거

2부 국가와 역사

를 보여준 것은 아닙니다. 그렇지만 나는 최근에야 그것을 교환형태의 차이와 연관 속에서 생각하게 되었고, 비로소 이런 것을 말할 수 있게 되었지만요.

——— 상상의 공동체라고 말하는 것만으로는 그런 물질적 기초나 물질적 로직을 분석하는 데까지 나아갈 수 없기 때문이지요.

네이션을 환상이라고 말한다 해도 현실생활에서 문제가 발생하면 모두 네이션으로 가지요. 거기에는 일정한 근거가 있기 때문에 그것을 필연적인 것으로서 보아야 합니다.

——— 그것이 『트랜스크리틱』에서 이루어진 이론적 전회의 가장 중요한 포인트라고 생각합니다. 그저 상상일 뿐이라는 국민국가 비판과 결정적으로 결별하고 있습니다.

1980년대에 행해졌던 표상론은 내 자신도 한 것이기 때문에 그에 대한 자기비판적인 느낌도 있지요.

——— 물론 표상의 레벨이 네이션의 형성과 관계하지 않을 리는 없습니다. 다만 분석의 축을 어디에 두느냐에 따라 이론적인 태도와 실천적인 태도가 결정적으로 나뉩니다.

2 교환, 폭력, 그리고 국가

칸트가 한 것은 초월론적 가상을 비판하는 것입니다. 옛날부터 가상은 감성에 의해 초래되는 것이기에 이성으로 그것을 제거하는 것이 철학이었습니다. 그런데 초월론적 가상은 이성으로 제거할 수 있기는커녕 이성 그 자체가 초래하는 가상입니다. 칸트는 자기 존재나 신 존재를 그 예로 들고 있는데 나는 네이션과 화폐도 그와 같은 초월론적 가상이라고 생각합니다. 즉 단순히 화폐를 없애면 되는 것이 아닙니다. 예를 들어 시장을 부정하면 국가가 전부 하면 된다는 식이 되어버립니다. 그러므로 어떻게 화폐를 폐기해 가면서 화폐에 의해 가능했던 일을 할 수 있는지가 문제가 됩니다. 그것이 바로 화폐를 '지양'한다는 말입니다. 그것은 적극적인 과제입니다. 예를 들어 칸트는 이념은 가상일지라도 규제적으로 작동한다고 말하고 있습니다. 칸트에 따르면 역사의 이념은 그와 같은 초월론적 가상이기 때문에 그것 없이 아무것도 해나갈 수가 없습니다. 그것을 부정한다고 해도 슬쩍 다른 이념을 가져 옵니다. 그런데 1980년대에서 1990년대에 걸쳐 모든 이념을 부정하고 비웃는 사람들이 있었습니다. 그런데 물론 이념은 가상입니다.

——— 옛날에는 이념의 가상성을 지적하는 것이 래디컬한 포즈가 될 수 있었던 문맥이 있었지만, 지금은 선진국의 보수주의를 대변하는 것이 되어버렸다는 말씀이네요.

2부 국가와 역사

　1970년대에서 1980년대에 걸쳐 이루어진 비판이나 탈구축이 낡았다고는 생각지 않습니다. 그 상황에서는 필요한 것이었으며 신선했기 때문입니다. 그런데 그것만으로 진리를 파악할 수 있는 사상이나 스탠스 같은 것은 있을 수 없습니다. 예를 들어 관념론이 혁명적인 시기도 있으며 유물론이 그저 보수적으로 보이는 시기도 있습니다. 그 점에서 칸트는 상대가 관념론일 때에는 합리론으로 비판하고, 상대가 합리론이면 경험론으로 비판했습니다. 마르크스도 마찬가지로 독일에 있으면 영국을 들고 왔지만, 영국에 있으면 헤겔을 들고 왔습니다. 이런 이동과 전회가 중요하다고 생각합니다. 관념론이라면 OK, 유물론이라면 OK일 수 없습니다. 탈구축이면 OK일 수 없습니다. 탈구축이 책임회피의 변명처럼 되어버리는 경우가 적지 않습니다. 그러므로 나는 그런 이동을 품은 비평을 트랜스크리틱이라고 부르고 있습니다.

　───── 그런 사상의 구조가 네이션이나 국가를 그저 부정적인 것으로 간주하지 않는 포지티브한 방법으로 이어졌겠네요. 네이션이라는 것은 사람들이 동원되고 사회적인 관계가 편성되는 하나의 모티브이고 그런 과정의 총체는 물질적인 것입니다.

　현재도 여러 곳에서 네이션이나 종교가 기능하고 있습니다. 그것을 하나하나 주의하여 구조적으로 보아야 합니다. 오늘날의 아메리카는 이라크에 관하여, 아니 다른 나라

2 교환, 폭력, 그리고 국가

들에 대하여 믿기 어려울 정도로 무지하지만 좌익도 그런 무지에서 자유롭다고 말할 수 없습니다.

3부 텍스트의 미래로

1 아이러니 없는 종언

듣는 사람
세키이 미쓰오

3부 텍스트의 미래로

『일본근대문학의 기원』을 둘러싸고

────『일본근대문학의 기원』[1980]은 일본의 근대문학 연구만 아니라 서구의 일본문학 연구의 풍경을 근본적으로 바꾼 역사적인 저작인데, 경탄스러운 것은 간행 후 23년이라는 세월이 경과한 현재도 여전히 판을 거듭하면서 읽히고 있다는 점입니다. 이것은 『일본근대문학의 기원』이 보편적인 저작으로서 새로운 독자를 획득하면서 계속 읽힌다는 말입니다. 다른 한편으로 동시대 문예비평의 대부분이 풍화風化되어 읽을 수 없게 되었습니다. 그에 따라 비평가의 고유명이 잊혀지고 그 존재조차 소거되고 있습니다. 이와 같은 시대에 판을 거듭하며 읽히고 있다는 것은 이 저작이 시대를 넘어 '고전'이 되어 있기 때문입니다.

그럼에도 불구하고 이 저작의 이념은 일본에서 여전히 이해되고 있지 않습니다. 해외의 평가와는 완전히 다르지요. 그 점에서 부끄럽다고 생각하는 것은 우스꽝스럽게도 이 저작이 실증적이지 않다거나 간행되고 10년 사이에 여기서 전개되고 있는 담론은 상식이 되어버렸다는 담론이 일본근대문학 연구자 사이에 있다는 것입니다. 그것은 이 저작을 단순히 '문예평론'으로 읽는 우둔함에 그 요인이 있는데, 이것은 우직한 문예비평가의 비판에 대해서도 말할 수 있습니다. 모두 아무 근거도 없는 트집으로서 말도 안 되는 것이 대부분입니다. 그런 의미에서 문제 삼기에 충분하지 않지만 굳이 그것을 거론하는 것은 이 『일본근대문학의 기원』이라는 저작이 10여 년 만에 상식이 되는 문제의식으

1 아이러니 없는 종언

로 쓴 것이 아니라는 사실을 확인할 필요가 있기 때문입니다. 그것에는 몇 가지 이유가 있습니다.

하나는 외국에 번역된 가라타니 씨의 저작을 모은 『정본 가라타니 고진집』 전 5권이 2004년 1월에 이와나미서점에서 간행된 것입니다. 이 안에는 『일본근대문학의 기원』도 수록되어 있습니다. 해외의 일본연구는 이 저작의 영어판이 나옴으로써 일신되었고 1996년에는 몬트리올대학에서 〈가라타니 고진에 관한 심포지엄〉이 열렸습니다. 그것은 『일본근대문학의 기원』이 선구적이고 획기적이었기 때문이었습니다. 이는 일본에서도 마찬가지였는데 이해의 깊이가 달랐습니다. 그러므로 그것이 갖는 의의를 이 기회에 다시 인식하고 싶다고 생각했습니다.

그도 그럴 것이 『일본근대문학의 기원』을 통해 '기원'이라는 말이 원래 의도를 벗어나 문학비평이나 문학연구자 사이에 유행하였고 『근대문학의 기원』이라는 논문집까지 편집되기도 해서 본래의 의도가 보이지 않게 되었기 때문입니다. 이런 종류의 담론으로 사용되고 있는 '기원'의 의미는 그저 '시작'입니다. 이것은 『일본근대문학의 기원』이 제기한 문제기제問題機制와는 완전히 무관합니다. 이와 같은 상태를 괄호에 넣기 위해서는 이 텍스트의 문제기제를 지금의 시점에서 되돌아볼 필요가 있습니다.

또 하나는 가라타니 씨 자신이 『일본근대문학의 기원』 간행 후, 1991년에 「『일본근대문학의 기원』 재고」(『비평공간』), 1992년에 「일본정신분석」(『비평공간』)을 써서 스스로 되돌아보고 비판=음미하고 있다는 점입니다. 그런 의미에서 왜 이때 「『일본근대문학의 기원』 재고」를 썼는가 하는 점을 등한시해서는 안 됩니다. 이 두 논문을 읽으면 『일본근대문학의 기원』에서 전개된

3부 텍스트의 미래로

문제기제가 『트랜스크리틱』으로 계승되기 때문에 새로운 시점에서 전개되는 문제의식을 읽어낼 수 있습니다. 게다가 이들 논문이 쓰인 것은 20세기의 종언을 각인시킨 1991년에서 1992년에 걸쳐있습니다. 그리고 현재는 근대문학이 종언을 맞이했습니다. 이 시기에 『일본근대문학의 기원』을 읽는다는 것은 '종언'에서 '기원'을 생각하는 것입니다. 그런 의미에서 '기원'에 선다는 것은 그 전도를 생각하는 것이기도 합니다.

『일본근대문학의 기원』이 제시하고 있는 것은 근대가 창조한 '일본, 근대, 문학'의 성립기반과 그 '역사'적 조건들을 다시 묻는 것으로, 근대문학이 성립함과 동시에 망각되고 은폐되었던 문학의 전도를 사고하는 것도 시사하고 있습니다. 이것은 텍스트에 쓰여 있지 않음에도 불구하고 쓰여 있습니다. 그러므로 「『일본근대문학의 기원』 재고」부터 여쭈어보려고 합니다.

『일본근대문학의 기원』을 쓴 것은, 책이 간행된 것이 1980년 여름이었으니까, 1970년대 말 몇 년이었습니다. 10년 후에 그것을 다시 읽어보았습니다. 나는 자신의 옛 작업을 되돌아보기보다는 끊임없이 새로운 것을 해왔습니다만, 그때만큼은 되돌아보지 않을 수 없었습니다. 처음 겪은 경험이었습니다. 그것은 『일본근대문학의 기원』의 영어 번역이 진행되고 있었기 때문입니다. 처음 번역 요청을 받은 것은 1983년으로, 당시 일단 승낙은 했지만 그대로는 안 된다, 외국인이 읽어도 이해할 수 있게 가필하겠다고 말했습니다. 그런데 그 후 계속 연락이 없었기 때문

1 아이러니 없는 종언

에 내버려두었더니 갑자기 번역이 진행되고 있다는 이야기를 들었습니다. 그대로 진행되어서는 곤란하다는 생각에 다시 고쳐 쓰기 시작했습니다. 그것이 「『일본근대문학의 기원』 재고」입니다. 그런데 이 작업을 하고 있을 때 번역이 완성되었기 때문에 가필을 하지 말라는 말을 들었습니다. 결국 한 장을 추가하고 주를 붙이고 긴 후기를 쓰는 것으로 타협했지만, 역시 바라던 바가 아니었습니다. 전부 고쳐 쓰고 싶었습니다.

그 시기에 『일본근대문학의 기원』을 다시 읽었을 때 이전과 다른 인상을 받았습니다. 그 시기는 앤더슨의 『상상의 공동체』의 영향도 있고 해서 네이션이라는 문제를 생각하게 되었지만, 문득 깨닫게 된 것은 자신이 한 것이 모두 네이션의 창조와 관련이 있다는 것이었습니다. 즉 근대문학이 네이션을 구성하는 데 불가결하다는 것, '언문일치'나 '풍경'도 그것의 일환이라는 것이었습니다.

나는 『일본근대문학의 기원』을 쓸 때 내셔널리즘 문제를 거론하지 않았습니다. 그럼에도 불구하고 철두철미하게 네이션의 문제를 고찰한 책이었다는 사실을 깨닫게 된 것입니다. 일반적으로 사람들은 문학과 내셔널리즘에 대해 말할 때, 내용적으로 내셔널리즘이 드러나는 문학을 문제 삼습니다. 그것은 근대문학 자체가 네이션의 기초를 만들었다는 시점이 없기 때문입니다. 즉 근대문학의 형식 자체가 내셔널리즘이라고 한다면, 그 내용이 내셔널리즘

3부 텍스트의 미래로

인지 아닌지는 관계가 없습니다. 그런 의미에서 『일본근대문학의 기원』 자체가 '네이션의 기원'을 쓴 것이었습니다. 출판되고 10년이 지나서야 그것을 깨달은 것입니다.

『일본근대문학의 기원』의 「재고」에서 깨닫게 된 또 하나는 이 책에는 다른 주제가 있었다는 것입니다. 그것은 일본의 근대를 생각할 때 메이지시대의 언문일치나 풍경의 발견에 필적하는 것이 나라奈良·헤이안平安시대에 일어났다는 것, 메이지의 사건은 오히려 그것의 덧칠에 불과하다는 것을 항상 염두에 두고 있었다는 것입니다. 그러나 명확히 전개하지는 않았습니다. 그러므로 「재고」에서는 이것을 문제 삼았습니다. 그것은 나중에 「일본정신분석」이라는 작업이 됩니다.

그런데 그로부터 다시 10년 이상 지나고 이 책을 되돌아보고 또 다른 감상을 가졌습니다. 이번에 이와나미서점에서 『정본』을 내려고 했을 때 다시 생각한 것은 '기원'이라는 것은 '종언'에서 발견된다는 사실입니다. 적어도 어떤 종류의 종언을 실감하지 않으면 기원이라는 사고는 등장하지 않습니다. 사실 이 책을 쓴 1970년대 후반은 무라카미 류와 무라카미 하루키가 등장했을 무렵입니다. 그 시기에 나는 신문에서 문예비평을 하고 있었습니다. 그것은 『반문학론』에 수록되어 있습니다. 그러므로 잘 기억하고 있는데, 그 시기는 어떤 의미에서 '일본근대문학의 종언'의 시작이었습니다.

1 아이러니 없는 종언

내가 '기원'을 쓰게 된 것은 그것이 그야말로 끝나가고 있었기 때문이었습니다. 근대문학의 특성이 '내면성'이고 그것이 어떤 전도에서 생겨났다는 것을 이해할 수 있었던 것은 그 시기 그와 같은 내면성을 부정하는 작품이 나왔기 때문입니다. 다만 그때는 근대문학이 끝나면 그로부터 무언가 새로운 것이 생겨날 가능성이 있다고 생각했습니다. 내가 생각하고 있었던 것은 넓은 의미에서 근대인데, 협의의 근대적 내면성을 거부하는 형태, 예를 들어 르네상스적인 것의 회복이 가능할지도 모른다는 것이었습니다. 나는 이와 같은 가능성을 소세키에게서 발견하고 있었습니다. 『일본근대문학의 기원』이라는 책은 일종의 소세키론으로서 쓰인 것입니다.

하지만 최근 그런 것을 더이상 생각할 수 없게 되어버렸습니다. '근대문학의 종언'에서 나올 것이 아무것도 없습니다. 끝은 단적으로 끝입니다. 글을 쓰는 사람이 없어졌다기보다 독자가 사라졌습니다. 물론 공허하다는 느낌이 듭니다.

'근대문학의 종언'이라는 것은 일본에 국한되지 않는 커다란 사건이기 때문에 생각해 볼 가치가 있습니다. 그러나 별로 하고 싶지가 않습니다. 과거의 일을 사고할 때는 직접적이지는 않을지라도 지금이나 앞으로 어딘가에서 의미를 가진다고 생각해서 하는 것입니다. 그런데 그렇게 생각하지 않을 때에 과거의 일을 하는 것이 가능할까요?

3부 텍스트의 미래로

직업이기 때문에 계속 해간다고 말하는 사람이 있지만, 나에게는 그런 일이 불가능합니다. 혹시 나중에 생각이 바뀔지도 모르지만 지금으로서는 문학을 할 생각이 없습니다.

그와 같은 생각과는 별개로 과거와 비교하여 나의 태도가 결정적으로 바뀌었다는 느낌이 듭니다. 한마디로 말해 학자적이 되었습니다. 예를 들어 『일본근대문학의 기원』에 관하여 얼마 전 경험한 일은 분명 내 작업에서 영향을 받았음에도 그 사실을 숨기기 위해 서양의 학자를 가지고 오는 것이었습니다. 그 수법은 잘 알고 있습니다. 예를 들어 내가 「아동의 발견」을 쓰면 필립 아리에스의 『아동의 탄생』을 참조근거로 가져와 하필이면 내가 그것을 모방했다는 것입니다. 그런데 나는 아리에스를 아직 읽은 적이 없습니다. 화가 나서 읽지 않았습니다. 읽는 게 당연히 좋겠지만 말입니다.

이것은 문학만이 아닙니다. 철학선생에게 들은 적이 있지만, 혹자는 내가 데카르트나 칸트에 대해 서술한 것에서 영향을 받으면서도 논문에서는 내 이름을 밝히지 않고 나의 사고와 닮은 외국인을 찾아서 인용한다는 것입니다. 그렇게 해도 되는가 하는 생각이 듭니다. 나의 책은 영어로 나와 있어서 외국에서 작업할 경우에는 내 이름을 인용하는 편이 편할 것입니다. 일본인으로 서양의 것을 하면서 서양 흉내만 낸다면 부끄럽지요. 그러나 연구대상은

1 아이러니 없는 종언

외국이어도 결국 일본에서의 입장만 생각하고 있지요. 예나 지금이나 한심한 사람들입니다. 나는 이런 상황을 바꾸려고 노력해 왔는데 바뀌지 않습니다.

그건 그렇고 나는 제대로 된 조사 없이 직감적으로 아는 경우가 많습니다. 하지만 옛날에는 그것을 뒷받침하는 작업을 하지 않았습니다. 지금 생각하면 그래서는 안 되었던 것이지요. 그렇지만 최근 금연을 하고 조사할 끈기도 여유도 생겨서 하나하나 조사하여 확실히 하고 있습니다. 다소 학자적이 되었다고 생각합니다.

외국에 간다는 것

―――― 가라타니 씨의 작업 태도가 변한 데에는 역시 금연이 큰 역할을 했다고 생각합니다. 금연하지 않으면 도서관에서 장시간 자료를 찾아볼 수 없기 때문이지요. 당연한 이야기지만 가라타니 씨는 문헌을 섭렵하면서 중요한 아이디어를 발견하고 있습니다. 이것은 쉽게 모방할 수 없는 것입니다. 아이디어가 없는 학문만큼 따분한 것은 없는데, 이런 당연한 것이 어렵습니다. 대게는 테마에 따라 찾아보는 것으로 끝냅니다. 그 때문에 아이디어는 부차적인 것이 되지요.

선구적인 작업을 하기 위해서는 아이디어의 독창성을 직관적으로 이해하는 것이 필요하지만, 대개는 조사한 결과에서 자신의 선구성을 발견하고 있을 뿐입니다. 그렇게 되는 이유는 자신의 아이디어가 아니라 타자의 아이디어에 의존하여 찾아보는 것으로 끝내기 때문입니다. 따라서 누구의 아이디어에 의존하고 있는가는 찾아보면 압니다. 아이디어는 같은 것처럼 보여도 다

3부 텍스트의 미래로

르기 때문입니다. 일본의 선구적인 작업의 아이디어를 빌리면서도 그것을 지우고 외국문헌을 참조근거로 제시하는 게 더 우월하다고 생각하기 때문입니다.

이것은 '기원'이 발견되면 그것과 닮은 것이 발견되는 것과 같은 이치입니다. 가라타니 씨의 「아동의 발견」에서 아이디어를 얻었음에도 아리에스의 『아동의 탄생』을 들고 오는 것은 학문의 근본을 모르는 어둠의 장사꾼으로 전락한 패거리의 소행입니다. 아리에스와 닮긴 했지만 가라타니 씨의 문제기제는 애당초 다른 것입니다.

일본에서 선구적인 작업을 진행하기 곤란한 것은 그 선구성을 세계적인 시야에서 판별하는 심판(referee)이 없기 때문입니다. 가라타니 씨의 작업에서 아이디어를 얻었음에도 불구하고 그것의 선구성을 은폐하는 것은 엄청난 착각을 하고 있기 때문입니다. 이것은 학문의 기본 이전에 윤리의 문제입니다. 그와 같은 인식장치가 일본사회에는 없기 때문입니다.

하지만 그런 괘씸한 태도도 이와나미판 『가라타니 고진 정본집』이 간행된 단계에서 변해야 한다고 생각합니다. 이 저작집은 어떤 의미에서 가라타니 고진이라는 일본인이 해외에서 행한 지적 투쟁의 기록이기 때문입니다. 이 같은 저작집은 해외에서의 적극적인 지적 투쟁 없이는 불가능했을 것입니다.

거기에는 어떤 계기가 있었을 것이라고 생각합니다. 괜찮다면 그 계기가 된 사건에 대해 말씀해 주시지 않겠습니까?

이번 『국문학國文學』[1]의 〈가라타니 고진 특집〉을 위해 이와 같은 이야기를 하는 것이지만, 돌이켜보면 1989년 『국

---

[1] 1956년에서 2009년까지 가쿠토샤學燈社에서 발생된 학술잡지.

1 아이러니 없는 종언

문학』에서 〈가라타니 고진 특집〉을 한 적이 있습니다. 나중에 생각하니 그때가 내게 커다란 전환점이었습니다. 개인적으로 여러 변화가 있었습니다. 하나는 『비평공간批評空間』을 시작한 것입니다. 작년(2002년) 종간할 때까지 이어졌습니다. 편집이라는 것은 타인과의 공동작업이기 때문에 이전까지와는 달랐습니다. 아마 편집만이 아니라 자신의 작업도 그것으로 인해 변한 부분이 있다고 생각합니다. 그리고 『나카가미 겐지 전집』을 편집하고 매년 심포지엄을 열었습니다. 또 한일작가회의에 네 번이나 나갔습니다. 옛날에는 그런 것이 서툴렀고 싫었기 때문에 큰 변화였다고 생각합니다.

또 한 가지 변화는 1990년부터 컬럼비아대학에서 정기적으로 가르치는 객원교수가 되었다는 것입니다. 다른 대학에도 가르치기 위해 갔었지만 이 시기부터 일정하게 해외에 나가는 환경이 되었습니다. 그것은 나 자신에게 큰 일이었다고 생각합니다. 아마 1983년 아메리카에서 돌아왔을 때 읽은 것인데 요시모토 다카아키吉本隆明(1924~2012)가 다카하시 겐이치로와의 대담에서 나를 비웃은 것을 기억하고 있습니다. 싫어하는 표현을 썼기 때문에 지금도 기억하고 있는데, "정말 훌륭한 작업을 하고 있다면 외국에 갈 필요는 없다, 상대방이 와서 Mr. 가라타니라고 말을 걸 것이다, 하하하"라는 것이었습니다. 당시 그것은 틀렸다고 생각했습니다. 그런 일은 절대 없습니다. 자신이 나가지

3부 텍스트의 미래로

않으면 상대편은 오지 않습니다. 오더라도 그것은 상대편에게도 다른 동기가 있기 때문에 그들의 구미에 맞게 요리될 뿐입니다. 선禪이나 동양철학과 연관지어 평가되거나 하는 식으로 말입니다. 자연과학의 경우는 다릅니다. 그도 그럴 것이 자연과학에서는 처음부터 국제적인 장場을 상정하고 있습니다. 영어나 수학적 언어로 발표합니다. 우리도 기본적으로 같은 태도로 해야 합니다.

또 외국에 있는 것은 일본에서 책을 읽는 것과 다릅니다. 예를 들어 나는 해외에 있으면 그곳의 리얼리티를 강하게 느낍니다. 일본에 오면 일본의 리얼리티가 강해집니다. 왜인지 이 두 가지가 양립하지 않습니다. 한쪽이 있으면 다른 쪽은 옅어집니다. 예를 들어 최근 반년 정도 일본에 있었습니다. 그것만으로 이미 해외에서의 일이 왠지 꿈이나 거짓말처럼 느껴집니다. 좀 더 길게 머문다면 먼 옛이야기처럼 될 것입니다. 그런데 아메리카에 가면, 아아 일본에서 쓸데없이 시간을 낭비했다, 외부에서 통용되는 일을 하지 않으면 존재하지 않는 것이나 마찬가지인데―, 하는 후회가 밀려옵니다. 이제껏 그것을 되풀이했습니다.

그러므로 정기적이고 의무적으로 해외에 가는 상태가 내게는 매우 좋았습니다. 약속을 했기 때문에 싫어도 갑니다. 사실 이동하는 것이 고통이기 때문에 내버려두면 나는 꼼짝도 하지 않습니다. 그와 같은 의미에서 1990년대 이후의 모습은 내 자신에게는 일찍이 없었던 모습이었습

1 아이러니 없는 종언

니다.

────── 그런 존재방식의 변화를 상징하는 것이 『트랜스크리틱』이라고 생각합니다만, 그 시작이 1990년이라고는 생각하지 않습니다. 1988년에 『계간사조季刊思潮』가 간행되고, 이어서 『비평공간』이 간행되었기 때문에 1980년대 말이라는 인상이 짙습니다. 하지만 이것은 착각이지요. 아메리카에 가게 된 것도 예일대학이 1980년대부터이기 때문에 컬럼비아대학도 1990년대 이전부터 가고 있다고 생각한 것이지요.

확실히 1983년에 컬럼비아대학에 있었습니다. 하지만 그때는 연구원으로 있었을 뿐이었고 정기적으로 가르치게 된 것은 1990년대부터입니다. 그리고 그로부터 돌아왔을 때가 1991년 1월인데, 걸프전쟁이 시작되었습니다. 나는 나카가미 겐지, 다나카 야스오 등과 반대집회를 했습니다. 그리고 『비평공간』을 시작했습니다. 그 이후 10년 이상 한 해에 네 번 잡지의 좌담회에 등장하고, 또 매년 5개월 정도 해외에 있었으니까 스스로도 정말 대단하다고 생각합니다. 거기다 『탐구Ⅲ』를 연재하고 있었으니까요. 그러므로 그 이전과 비교하면 대단히 실천적이 되어 있었습니다. NAM운동도 시작했지요. 지난번 『국문학』 특집 제목은 〈가라타니 고진, 투쟁하는 비평〉이었는데 어떤 의미였을까요? '투쟁하는 비평'이라는 것은 도리어 그 이후를 예견하는 평가로, 그 이전엔 '투쟁' 같은 것은 하지 않

3부 텍스트의 미래로

앉던 것은 아닐까요?(웃음).

─── 그때의 특집 타이틀은 일본의 담론공간과 투쟁하고 있는 가라타니 씨의 비평 태도를 표상하고 있었습니다. 지금 이야기된 것처럼 투쟁을 실천으로 리얼하게 파악한다면, 당시는 아직 '투쟁'이 시작되지 않았다는 말은 맞습니다. 현실과의 투쟁이 시작된 것은 반전反戰표명을 포함하여 1990년대가 된 후부터로, 그것이 『비평공간』 활동을 통해 NAM운동이 일어나게 됩니다. 그 이념을 전개한 것이 『트랜스크리틱』이지요. 이런 투쟁하는 비평의 방향을 예견한 것이 1989년의 『국문학』 특집이었다는 것은 기쁜 일입니다.

그런 의미에서 보자면 일본의 비평가는 전혀 투쟁을 하지 않습니다. 외국의 새로운 책에 의존하거나 그저 말과 입으로만 현실과 마주하고 있습니다. 그것은 작업을 하기 힘든 시대가 되었다는 말이기도 합니다. 사회적 요구가 그런 식이 되어왔기 때문이라고 하지만, 그렇다고 하더라도 해외를 시야에 넣은 퀄리티가 있는 투쟁방식이 있다고 생각합니다. 『비평공간』이라는 잡지에는 그것이 있었다고 생각합니다.

『비평공간』의 목적 중 하나는 젊은 사람들이 일본에서 자유롭게 작업할 수 있는 기회를 주는 것이었습니다. 또 하나는 해외의 작업을 소개하는 것이었습니다. 이것은 공동편집자 아사다 아키라 덕분이지만 상당히 수준이 높았다고 생각합니다. 단순히 해외의 작업을 소개하는 것이 아니었습니다. 우리는 소개하는 당사자들을 개인적으로

1 아이러니 없는 종언

잘 알고 있었고 그들도 읽지 못하지만 『Critical Space』라는 것을 알고 있었지요.

일본어를 읽을 수 있는 사람 중에는 이렇게 말하는 사람이 있었습니다. 예를 들어 올해(2003년) 봄 UCLA에 있었을 때, 그곳의 이탈리아인 일본학 교수(미학)가 다른 아메리카인에게 『비평공간』에 대해 설명하는 것을 들었습니다만, 그는 항상 『비평공간』을 읽고 아메리카나 유럽에서 지금 무엇이 중요한지를 공부했다는 것입니다. 일본연구를 위한 것이 아닙니다. 그리고 이런 잡지는 세계 어디에도 없다고 했습니다. 그들이 그렇게 말할 정도이니까 앞으로 『비평공간』의 대체물을 만드는 일은 어렵겠지요.

이론·철학·비평

―― 그것은 현실적으로 무리입니다. 인재나 스태프를 포함하여 『비평공간』과 같은 하이레벨의 잡지를 내는 것은 상황적으로 불가능하게 되었습니다. 일본 이외의 다른 사람들에게도 보편적으로 읽히는 잡지를 만드는 것은 어중간한 자세로는 불가능하지요. 1930년대 기타조노 가쓰에北園克衛(1902~1978)가 프랑스에서도 판매된 『L'ESPRIT NOUVEAU』라는 국제적인 시 잡지를 간행한 적이 있습니다만, 이 잡지는 유럽 공부에는 도움이 되지 않습니다. 헤이세이平成 14년(2002년)에 『비평공간』의 방식을 겉모습만 흉내낸 잡지가 나왔는데 인내 없이는 읽을 수가 없습니다. 『비평공간』이 만든 레벨은 어지간해서는 만들기 불가능합니다. 따라서 지금 무엇을 생각해야만 하는가는 어떤 의미에

3부 텍스트의 미래로

서 분명합니다. 포퓰리즘이 만연하여 대중의 욕망 위에서 안주하고 있는 상황에서는 잡지 미디어를 통해 지적 자극을 받는 환경을 만들기가 어렵게 되었습니다.

 1989년 『국문학』 특집은 '투쟁하는 비평'이었는데, 그것은 당시 비평이라는 말이 큰 의미를 가지고 있었기 때문입니다. '비평'은 나 스스로도 그 의미를 조금씩 바꾸어 왔지만 일반적으로는 문예비평을 말하지요. 1989년 때도 그런 의미였지만 칸트적 비판의 의미도 포함하고 있었습니다. 이전에 『국문학』에 에세이[2]를 쓴 적이 있지만 칸트의 '비판'이라는 단어는 일본에서는 옛날에 '비평'으로 번역되었습니다. 다이쇼시대에 니시다 기타로는 '칸트의 비평철학'이라고 쓰고 있습니다. 그런 의미에서 나는 비평=비판이라는 양의성으로 생각하려고 했습니다. 하지만 그 시점까지 나는 칸트를 제대로 읽지 않았습니다. 1990년대에 되어서야 칸트를 진지하게 읽게 되었습니다. 1992년에 『탐구Ⅲ』 연재를 시작했습니다. 이것이 후에 『트랜스크리틱』의 칸트론이 된 것입니다. 그 시점에서는 이미 문학에 대해 생각하지 않았습니다.

 하지만 칸트를 읽기 시작한 시점에서는 아직 문학비평을 염두에 두고 있었습니다. 한편으로는 현대사상 등이 유행하고 있었지만, 근본적인 것은 비평, 그것도 문학비평이

---

[2] 柄谷行人, 「批評の起源」, 『國文學』, 學燈社, 1998年 9月号.

1 아이러니 없는 종언

라고 말하고 싶었습니다. 또 문학의 지반이 침하되고 있다고 해도 문예비평은 아직 의미가 있다고 말하고 싶었습니다. 아메리카에서는 이론(theory)이라고 말하고 나 자신도 이론가(theorist)로 취급되었지만, 그저 '비평'으로 좋다고 생각했습니다. 내 이론의 바탕(base)에는 문학이 있었기 때문입니다. 그러나 실질적으로는 그것을 계기로 문학에서 점점 멀어지게 되었습니다.

───── 소세키는 지금 이야기된 이론을 '철리哲理'라고 번역하고 '시어리'라고 독음을 붙이고 있습니다. 현재는 '이론'이라고 번역되지만 이 시어리라는 개념은 철학을 대신하여 등장한 개념이라고 이야기됩니다. 내가 이 개념에 주목한 것은 아메리카의 리차드 로티가 『실용주의의 결과』에서 '이론'을 철학의 쇠망과 더불어 19세기에 시작되었던 '새로운 혼성장르의 저술법'으로 들면서 특정 분야를 넘어서 다양한 장르에 영향을 주는 저술을 가리키는 것이라고 지적했기 때문입니다. 가라타니 씨의 작업이나 소세키, 안고에 대한 관심에서 흥미를 가지게 된 것이지만, 이 개념은 1970년대에서 1980년대에 걸쳐 '지知'라는 말로 표상된 것과 통합니다. 그럼에도 불구하고 이것은 어떤 의미에서 포스트모던의 담론이 가진 무한한 형식, 보편성에 대한 의지를 잃고 다양한 해석을 다양하게 성립시키는 현상을 전도시키는 그런 철학의 부흥을 시사하는 것으로 보였습니다.

예를 들어 가라타니 씨의 『마르크스 그 가능성의 중심』이나 『은유로서의 건축』, 『탐구』 등의 작업은 이때 '이론'을 실천하고 있는 것처럼 보였던 것입니다. 사실 『은유로서의 건축』은 문학을

3부 텍스트의 미래로

넘어서 건축가를 포함하여 다양한 장르의 사람들에게 영향을 미치고 있습니다. 문예비평이 이런 식으로 장르를 넘어서 다양한 영역에 큰 영향을 끼친 것은 일찍이 없었던 일입니다. 고바야시 히데오가 『근대회화』를 썼지만 현대회화의 세계에 큰 영향을 준 것은 아닙니다. 그것은 고바야시 히데오가 감상가 이상이 아니었기 때문입니다. 다만 『트랜스크리틱』은 '이론'이라기보다 '철학'이라고 말해야 한다고 생각했습니다. 이번 특집이 〈가라타니 고진의 철학·트랜스크리틱〉인 것은 그런 경위가 있습니다.

　지금 이야기된 '이론'은 특히 아메리카 문맥에서 나온 구분이라고 생각합니다. 철학이라고 하면 분석철학이라는 의미가 강합니다. 그에 반해 프랑스계 철학은 문학적입니다. 하지만 협의의 비평과는 다릅니다. 그러므로 협의의 철학도 협의의 문학비평도 아닌 작업을 이론이라고 부르게 된 게 아닐까 합니다. 그러나 일본에서는 그것을 비평이라고 불러도 되었던 것입니다. 왜냐하면 일본에서 프랑스철학은 전통적으로 문학비평의 측면에서 흡수되어 왔기 때문입니다. 여하튼 로티든 데리다든 전문철학자입니다. 그리고 그들은 철학을 탈구축하는 형태로 문학과 가까워졌습니다. 또는 문학을 우위에 두게 되었습니다. 그러나 나는 처음부터 문학비평을 하고 있었기 때문에 그 자체에 큰 자극을 받지는 않았습니다. 반대로 나는 점점 철학적인 작업을 하게 되었습니다.

　이때까지도 철학적인 작업을 하고 있었지만 정말 자신

1 아이러니 없는 종언

이 철학을 하고 있다고 실감한 것은 칸트 연구부터입니다. 이전까지 해왔던 마르크스도, 키르케고르, 스피노자, 비트겐슈타인도 철학으로서는 이단입니다. 그와 같은 이단을 하고 있는 동안은 어떤 의미에서 문학을 하고 있는 느낌이었습니다. 그런데 칸트를 하게 되자 철학의 정통적인 코스, 말하자면 철학사의 왕도를 걷고 있다는 기분이 들었습니다. 물론 하고 있는 내용은 지금까지와 마찬가지로 이단적입니다. 하지만 이전까지와는 달리 뭔가 정면에서 승부하고 있는, 정말 오리지널한 것을 하고 있는 느낌이 들었습니다. 나는 해외에서는 철학자라고 불리고 있으며, 그에 대해 뭔가 지독한 위화감이 있고 저항한 적도 있을 정도이지만, 이 시기부터 사람들이 그렇게 부른다면 뭐 그것으로 좋다고 생각하게 되었습니다.

——— 일본에는 그런 인식이 너무 없습니다. 가라타니 씨가 '비평'이라는 개념을 철학적인 의미로 사용하기 시작한 것은 1990년대 이후입니다. 그것을 상징적으로 보여주고 있는 것은 1990년대 이후 '비판'이라는 의미의 변화입니다. 이즈음부터 '비판'이라는 말을 의식적으로 문예비평의 '비판'과 구별하여 문예비평의 '비평'이라는 의미로는 사용하지 않게 됩니다. '비판'의 의미는 '비판=음미'의 의미로 사용되고 있습니다.

그때는 이미 칸트 연구를 시작했을 무렵이지요. 그렇게 생각하면 그것은 가라타니 씨의 '착지점'이자 출발점 같은 느낌이 듭니다. 마치 약속된 장소로 인도되어 간 것처럼 보입니다.

3부 텍스트의 미래로

　사람들에게는 그렇게 보이겠지만……(웃음). 항상 암중모색을 하고 있을 뿐입니다. 1990년대에 들어서 시작한 것은 결국 칸트와 마르크스를 새롭게 결부시키는 『트랜스크리틱』이라는 작업이 되었습니다. 그런데 1998년 즈음에 이제까지 잘 알지 못했던 사항을 모두 알게 되는 일이 일어났습니다. 예를 들어 국가, 네이션, 자본제 경제의 삼위일체적 또는 보로메오의 매듭과 같은 관계구조가 그렇습니다. 지금까지 따로따로 있었던 것이 교환이라는 기초적인 형태로 명확히 설명할 수 있게 되었으며, 어떻게 하면 그것들을 지양할 수 있는지 길이 보이기 시작한 것입니다. 1990년대에는 네이션에 대해서 몇 편의 논문을 썼습니다만, 현재 그것들을 새로운 관점에서 다시 쓰고 있습니다. 이와나미판으로는 제4권 『네이션과 미학』으로 정리했습니다. 이것이 나의 네 번째 영어책이 될 것입니다.

　─── 그 경우 일본이 세계자본주의 문맥에서 중요한 모델이 된다고 생각하는데, 그러면 이제까지의 일본학(Japanology) 레벨을 넘어선 보편적인 개념(concept)으로 일본의 국가, 역사, 문화, 경제의 문제가 전개될 것입니다. 그런 인식은 이제까지 일본에는 없었지요.

　이제까지 일본을 재료로 삼으면, 그것을 서양적인 표준에서 뒤떨어진다거나 왜곡되어 있다고 간주하거나, 역으로 특이하고 예외적인 것으로서 취급했습니다. 나는 『일

1 아이러니 없는 종언

본근대문학의 기원』에서 그렇지 않은 방식을 보여주었다고 생각합니다. 세키이 씨는 이전에 이렇게 이야기하셨습니다. 『일본근대문학의 기원』의 영어 번역을 읽은 불가리아인, 그리고 핀란드인이 이 책에 쓰인 것은 자신의 국가에서 일어난 것과 같다고 말했다고 말입니다. 나 자신도 영국인에게 그런 말을 들은 적이 있습니다. 한국인이나 중국인은 말할 것도 없습니다. 멕시코인부터가 그랬습니다. 이 책에 나오는 소세키와 매우 닮은 인물이 근대 멕시코에 있었다고 말입니다.

다만 그때 앞서 말한 것처럼 나라·헤이안 시대의 '문학'을 어떻게 보면 좋을까요. 또는 '천황제'를 어떻게 보면 좋을까요. 이전에는 거기서 특수한 일본적인 것을 보았다고 생각합니다. 하지만 일본에서 일어난 일은 드물기는 하지만 예외적인 케이스는 아닙니다. 예를 들어 세계사에서 발달한 문명을 가진 세계제국이 있고 그 주변에 아직 부족적 단계의 민족이 있다고 합시다. 그들은 문자를 받아들여 국가체제를 도입합니다. 그러나 형태만 그러할 뿐 기존 부족단계에 있던 종교나 정치형태는 남아있습니다. 또는 다른 문맥에서 그것이 활용됩니다. 특히 일본과 같은 섬나라는 그런 경향이 강할 것입니다. 예를 들어 인도네시아의 섬사람들처럼 부족국가에서 일거에 근대국가·자본주의 단계에 들어갔을 때 어떻게 되었나 볼 때 일본의 케이스는 도움이 됩니다. 그렇게 생각하면 일본의 케이스는 특수

3부 텍스트의 미래로

하다기보다 세계사의 여러 단계들의 흔적들을 남기고 있습니다. 그러므로 그것을 고찰하는 것이 세계사적일 수 있다고 생각합니다.

앞으로 쓸 예정이지만, 예를 들어 일본자본주의논쟁[3]이나 봉건논쟁[4]도 중요하다고 생각합니다. 같은 문제와 관련하여 월러스틴과 라클라우의 논쟁은 일반에 잘 알려져 있지만, 일본에서의 논쟁은 알려져 있지 않습니다. 그 논쟁은 오랫동안 많은 사람들이 목숨을 걸고 참여해 모든 영역에 걸쳐, 예를 들어 도스토옙스키론에서 르네상스론에 이르는 넓은 영역에 대해 퍼블릭하게 전개되었습니다. 이것은 '봉건유제封建遺制' 등과 같은 조잡한 개념을 사용하지 않고 제대로 고찰한다면 여전히 세계적으로 풍성한 결실을 맺을 것이라고 생각합니다. 여하튼 일본을 소재로 삼으면 많은 것이 가능합니다. 『트랜스크리틱』에서는 우노 고조 이외 일본의 작업에 대해 거의 다루지 않았지만, 다음 책인 『네이션과 미학』에서는 주로 일본을 다루고 있습니다.

다만 일본을 다루면 쓰기가 매우 어렵지요. 일본인은 대체로 일본에 대해 쓸 때 외국인이 그것을 읽을 것이라고는 생각하지 않습니다. 그리고 외국인을 의식할 경우 역으로 평소와는 다른 격식을 차린 태도가 되거나 이상한

---

[3] 1927~1937년에 있었던 강좌파講座派와 노농파労農派 간의 논쟁.
[4] 1920년대 말부터 1950년대까지 일본 봉건체제의 성격을 둘러싸고 이루어진 논쟁.

1 아이러니 없는 종언

것을 말하거나 합니다. 그처럼 되지 않기 위해서는 일정한 기술이랄까, 호흡과 같은 것이 필요합니다. 그 부분은 외국에서 서서히 몸에 익힌 것 같습니다. 그런 의미에서 나는 상당한 경험을 쌓았다고 생각합니다.

일본문학은 죽었다

―― 그런 경험은 기회가 있다고 쉽게 쌓을 수 있는 것이 아닙니다. 그런 경험을 간단히 쌓을 수 있다면, 이미 누군가가 했을 것입니다. 그것은 고유한 것으로 나름의 축적이 없으면 경험하려고 해도 경험할 수 없습니다. 경험의 풍부함은 내면의 풍부함에 비례합니다. 그런 시야가 없으면 아무리 애쓰더라도 그저 정황에 자신을 맞출 뿐입니다. 보이는 것만을 의식하여 상대방에 맞추어 모든 것을 하고 맙니다. 자신의 문제를 가지고 있는 사람은 그런 경험을 쌓을 수 있겠지만 상대방의 요구에 맞추는 것만으로는 불가능하지요. 이는 아메리카의 대학에서 공부하는 것도 마찬가지라고 생각합니다.

내가 처음 예일대학에 간 것은 1975년이었는데, 그때는 아직 데리다나 드 만을 아는 사람이 없었습니다. 그런데 1980년 즈음에는 유명해졌습니다. 그리고 젠더연구, 또 1990년대 즈음이 되자 포스트콜로니얼리즘, 문화연구가 유행했습니다. 지금은 모두 기세가 약해졌습니다. 그런 와중에 나는 아메리카의 대학원생이 박사논문으로 유행하는 주제를 선택하는 것을 항상 염려했습니다. 박사논문

3부 텍스트의 미래로

을 쓰고 그것을 책으로 낼 즈음에는 이제 아무도 거들떠보지 않게 될지 모르기 때문입니다. 그래서 "그만해라"라고 말하고 싶었지만 그렇게 할 수가 없었습니다. 그 대신에 무언가를 하라고 말할 수 없었기 때문입니다. 일본에서는 다시 그런 유행을 뒤쫓고 있습니다. Ph.D 제도까지 도입했기 때문에 좀 끔찍한 일이 벌어질지도 모릅니다.

——— 그것은 일본 아카데미즘에 책임이 있습니다. 서구에서 유행하는 새로운 것에 민감하고 무분별하게 수입합니다. 외국에서 간행됨과 동시에 번역권을 획득하는 학자도 있습니다. 솔선해서 재생산을 하고 있습니다. 물론 10년 후에 어떤 사태가 기다리고 있을지는 전혀 생각하지 않으며 시야에 넣지도 않습니다.

문화연구든 포스트콜로니얼리즘이든 눈앞의 일에 쫓겨 정작 자신의 것을 반성하지 못합니다. 그런 소리를 자주 듣습니다. 그렇다면 그만두면 좋겠지만 불안해서 그것마저 할 수 없습니다. 이것은 일종의 병입니다. 이런 상태를 벗어나기 위해서는 넓은 시야에서 무엇이 보편적인 문제인지를 다시 한 번 되물어야 하는데, 그렇게 생각할 필요성을 느끼지 않습니다. 그와 같은 일본의 상태를 상징하고 있는 것이 내용 없는 서브컬처입니다. 일찍이 서브컬처는 대항문화를 의미했지만 그런 면모가 이제 없습니다.

최근 일본의 아니메나 만화가 세계로 퍼져나가고 일본에는 그런 것밖에 없다는 느낌이 되었습니다. 게다가 지성의 흔적조차 느낄 수 없게 되었습니다. 하지만 그렇지 않다는 것을 저널리즘 안에서도 확실히 선을 긋고, 지금 우리가 어떤 상태에 있는

1 아이러니 없는 종언

지 사고해 갈 수 있는 시스템을 어딘가에 만들어 놓어야 한다고 생각합니다.

근대문학이 끝났다는 것, 기존의 지식인 문화가 끝났다는 것은 어디서든 보이는 현상입니다. 유럽에서는 아니메와 만화가 유행하고 있습니다. 이미 근대문학은 거의 읽히고 있지 않습니다. 예를 들어 이탈리아에서는 처음 읽은 소설이 요시모토 바나나라고 말하는 사람들이 적지 않습니다. 그런 경향은 글로벌하다고 생각합니다. 여하튼 『해리 포터』와 같은 것이 세계적으로 읽히고 있습니다.

하지만 나는 한국만은 다르다고 생각하고 있었습니다. 1990년대에 한일작가회의에 몇 번 간 적이 있어 그쪽 사정을 대강 알고 있었기 때문입니다. 수년 전 무라카미 류와 대담을 했는데, 그때 그는 한국에서 막 돌아온 상태였습니다. 그런데 그는 "얼마 전 한국에서 기자회견을 했을 때 '일주일 전에 가라타니 고진이 와서 일본문학은 죽었다고 말했습니다. 당신은 어떻게 생각하십니까?'라는 질문을 받아 "동감입니다"라고 말했다"고 합니다. 나는 일본문학에 대해 질문을 받았기 때문에 그렇게 대답한 것으로, 한국에서는 문학이 특별한 의미를 가지고 있기 때문에 일본처럼 그렇게 간단히 죽을 리 없다고 생각했습니다.

그런데 작년 내가 일찍이 컬럼비아대학에서 가르친 학생으로 지금은 한국에서 교수가 된 이[동국대 교수 황종연]가 한국

3부 텍스트의 미래로

에서 문예비평가가 받는 상으로서는 최고의 상을 받았다는 것을 알려주었습니다. 그가 말하길 매우 기쁜 일이지만 한편으로 슬프다, 문학의 영향력이 사라졌기 때문에 상을 받아도 이제 기쁘지 않다고 했습니다. 문학이나 문학비평은 그동안 지녔던 지위를 급속히 잃어갔습니다. 이것은 최근 2~3년 사이에 일어난 현상입니다. 한국만은 다를 것이라고 생각하고 있었기 때문에 나도 충격을 받았습니다. 일본에서 일어난 것은 글로벌한 현상인 것입니다.

그럼에도 불구하고 유럽도 한국도 일본처럼 되지는 않았다고 생각합니다. 바로 얼마 전 뉴스에 의하면 한국에서 5만 명의 노동자 집회가 있었는데 그때 기동대에 800개의 화염병이 던져졌다고 합니다. 이 집회는 하드타임 노동자의 처우개선, 이라크파병 반대 등 일본이 직면한 문제와 완전히 같은 것입니다. 유럽에서는 화염병을 던지지는 않지만 이런 집회가 꽤 벌어지고 있습니다. 올해 아메리카에서도 반전집회와 데모가 많았습니다. 그런데 일본에는 그런 것이 전혀 없습니다. 만화나 아니메가 유행하면 전혀 상관이 없는 것입니다. 그것이 '일본문화'라고 한다면 세계가 '일본화'하고 있다고 말해도 좋을지 모릅니다.

그러나 실제로는 특별히 '일본화'하고 있지 않습니다. 일본에서는 지적·윤리적인 요소가 죽어 없어졌습니다. 그것을 비웃는 사람들의 말발이 서고 있습니다. 서브컬처는 좋다, 만화는 좋다, 아니메는 대단하다는 말은 과거에

1 아이러니 없는 종언

는 아이러니로서 이야기되었습니다. 그러므로 어쨌거나 비평성이 있었습니다. 그런데 지금의 일본에는 더이상 아이러니는 없습니다. 그저 제 분수도 모르고 우쭐대는 긍정이 있을 뿐입니다. 분명히 말해 오늘날의 일본에는 아무것도 없습니다. 그리고 회복의 여지도 없습니다. 그럼에도 불구하고 나는 희망을 버리지 않습니다. 나는 지금부터 끈기 있게 해가려고 합니다.

2 다가올 어소시에이션이즘

좌담회

가라타니 고진

아사다 아키라

오사와 마사치

오카자키 겐지로

3부 텍스트의 미래로

끝이 없는 텍스트

아사다 가라타니 씨의 작업 중에서 해외에 번역된 것만을 모은 첫 저작집 『정본 가라타니 고진집』이 전 5권으로 완결을 보았습니다. 이 저작집을 다시 읽어 보면 동시대에 이 정도로 기념비적인 작업이 이루어졌다는 사실에 우선 경탄을 금할 수 없습니다. 다른 한편으로 가라타니 씨의 저작을 리얼타임으로 읽어온 사람으로서 가라타니 씨는 이론가가 아니라 비평가며, 텍스트를 쓰고 버리면서 착착 다음, 그 다음으로 움직입니다. ― 예를 들어 『은유로서의 건축』에서 괴델적 자기언급의 문제에서 비트겐슈타인적인 타자의 문제로 전회한다든지, 『트랜스크리틱』에 이르러 네거티브한 비평을 넘어선 포지티브한 제안으로서 새롭게 어소시에이션이즘을 구상한다든지 이런 끝없는 절단과 이동의 인상이 강했기 때문에, 그것이 이런 모양으로 말끔히 정리되자 지금까지와는 상당히 다른 인상을 받았습니다. 따라서 독자가 이 『정본』으로 가라타니 고진을 알았다고 생각하지 않기만을 바랄 뿐입니다. 물론 『정본』을 읽어야 하겠지만, 그것은 이제까지의 텍스트를 무효로 만드는 것이 아니라 오히려 『정본』에 수록되지 않는 텍스트를 다시 읽는, 또 『정본』에 수록된 텍스트도 『정본』판과의 차이를 염두에 두고 다시 읽는 계기가 되어야 한다는 점을 강조하고 싶습니다. 그런 전제에서 여쭈어보고 싶은데, 지금까지의 작업을 『정본』이라는 형태로 한번 정리하자고 생각하신 계기는 무엇인가요?

가라타니 처음부터 이런 저작집을 내려고 한 것은 아니었습니다. 처음에는 비평공간사에서 낸 『트랜스크리틱』을 비평공간사의 해산 후 어떻게 할까 생각하고 있었을 때, 이와나미서점으로부터 우리 쪽에서 내주지 않겠냐는 말을 들었습니다. 다만 나로서는 『트랜스크리틱』은 일본어판 이후에 가필한 영어판이 이미 나와 있었기 때문에, 이왕 낼 거면 영어판에 기초한 것을 새롭게 내자는 생각이 있었습니다. 그와 더불어 마찬가지로 영어판이 나와 있는 Architecture as Metaphor는 일본어판 『은유로서의 건축』과는 근본적으로 다른 것이었기 때문에 이것의 일본어판도 언젠가 내야겠다고 생각하고 있었습니다. 처음에는 이 두 가지만 내려고 했지만 계획하는 중에 이참에 외국에서 나올 것들을 전부 모아보자고 생각한 것입니다. '정본'을 바탕으로 앞으로 두 권의 영어판이 나옵니다. 제4권(『네이션과 미학』)과 5권(『역사와 반복』)이 그것입니다. 그곳에 수록된 개별 논문은 대부분 영어로 번역되어 있습니다만, 책으로는 아직 나와 있지 않습니다. 4권과 5권에 대해서는 상당한 수정을 가했습니다. 『역사와 반복』은 이미 번역자에게 건넸습니다만, 『네이션과 미학』은 내 자신이 번역할 예정이기 때문에 다시금 가필하고 있습니다. '정본'이라고 칭했지만 앞으로도 계속 고칠 것입니다(웃음).

3부 텍스트의 미래로

 어쨌든 일본의 문맥만으로 이 저작집을 만들지 않았습니다. 번역자에게 건네기 전에 내 자신이 납득될 때까지 손을 본다는 생각으로 했습니다. 그렇게 하지 않으면 내가 의도한 것과 다른 결과를 낳기 때문입니다. 예를 들어 『일본근대문학의 기원』이 그렇습니다. 『역사와 반복』의 경우 문학평론이 많으며 일본의 상세한 근대사가 나오는데, 원래 해외의 독자를 전혀 생각하지 않고 쓴 것들입니다. 따라서 그대로는 설명 부족으로 외국인은 이해하지 못할 것입니다. 하지만 실은 일본의 젊은이도 잘 모른다고 생각합니다. 외국인이든 일본인이든 역사적 문맥을 잘 알지 못하는 사람들을 향해 그것만으로도 통하게 만들기 위해 새로운 책으로 고쳐 쓴 것입니다. 그러나 자신의 작업을 다시 읽고 손보는 작업을 1년이나 걸려서 한 것은 지금까지 없던 경험이었습니다.

 이번은 뭐랄까 지금까지와는 다른 부분의 뇌를 사용한 느낌이 듭니다. 예를 들어 『일본근대문학의 기원』 신판에는 원근법에 관하여 오카자키 씨의 『르네상스, 경험의 조건』을 읽고 시사를 받은 것을 덧붙였는데, 이번은 제대로 공부해서 쓴 기분이 듭니다. 이전은 변변히 조사도 하지 않고 직관만으로 썼습니다(웃음). 이번은 그 실증적 뒷받침을 할 수 있었다고 생각합니다.

 여하튼 아사다 씨와 같이 리얼타임으로 내 책을 읽어온 사람은 이제 이미 소수일 것입니다. 나는 지금의 젊은이는 내 책을 읽은 적이 없다고 생각합니다. 때문에 외국인을 향해 쓰는 것과 마찬가지입니다. 옛날에 썼던 것에는 그

2 다가올 어소시에이션이즘

나름대로 역사적인 의미가 있기 때문에 변경해서는 안 된다고 하는 사람이 있지만요. 정말 그렇게 생각한다면 구판을 읽으면 되기 때문에 나로서는 지금 생각하고 있는 것을 쓰고 싶다, 그렇게 생각하고 철저하게 손을 보았습니다. 그러므로 이번 정본집은 "나이를 먹었기 때문에 낸다"는 느낌은 아닙니다(웃음).

아사다 지금 이야기하신 것은 『은유로서의 건축』의 전회에서 비트겐슈타인의 '가르치는' 입장, '파는' 입장이라는 것을 강조하셨던 것과 직접 이어지는 이야기네요. 문맥을 공유하지 않는 타자를 향해 말을 걸지 않으면 안 된다, 그러기 위해서는 범용하게 보여도 괜찮기 때문에 애써 교육적으로 써야 하는 경우도 있다고 말입니다.

오사와 나는 교토대학에서 학부생을 위한, 특히 1학년 2학년이 많습니다, 독서회 같은 세미나를 하고 있습니다. 올해는 그 세미나에서 가라타니 씨의 『정본』을 읽고 있습니다. 내 자신이 학생시절에 읽고 상당한 충격을 받았기 때문에 아마 스무살 전후의 학생들이 읽기에 좋지 않을까 하는 생각에서였습니다. 제일 처음으로 『은유로서의 건축』, 그리고 『트랜스크리틱』을 읽었습니다. 『은유로서의 건축』은 내가 일찍이 읽었던 판본과 상당이 달랐습니다. 가라타니 씨의 변화를 매우 잘 알 수 있는 책이어서 제일 처음 읽는 것이 좋을 것입니다. 보통 한 권의 책은 하나의 아이디어로 쓰는 것이라고 생각하는데, 이것은 한 권의 책 안에

3부 텍스트의 미래로

다양한 아이디어가 나오고, 전반에 나온 아이디어를 후반에서 부정까지는 아니지만 탈구축하고 있습니다.

『은유로서의 건축』과 관련하여 확실히 지금의 학생은 전혀 모른다고 할까, 괴델이 느닷없이 나오거나 해서 학생들로서는 아직 어려운 부분이 많다는 인상이 솔직히 있습니다. 오히려 『트랜스크리틱』 쪽이 설명이 길게 쓰여 있어 읽기 쉬운 것 같습니다. 어쨌든 조금씩 읽어가면서 이것은 이런 것이 아닐까, 이런 식으로 생각하면 좋지 않을까 하고 설명하면 학생들도 상당히 재미있어 합니다.

아사다 씨가 말씀하신 감상과 겹치지만 이번에 새롭게 정리해서 읽으면, 예를 들어 『트랜스크리틱』에서 칸트나 마르크스에 대해 '이동'을 말하고 있는 것과 마찬가지로 가라타니 씨 자신의 사고가 끝없이 이동하고 있다는 사실에 가장 놀랐습니다. 가라타니 씨의 액추얼리티를 잃지 않는 변화무쌍한 발상은 도대체 어디에서 오는지 개인적으로 매우 흥미가 있습니다. 가라타니 씨는 세대적으로는 '내향의 세대'[1]에 비교적 가깝다고 생각합니다만, 그 세대의 비평가로서 지금 우리가 읽어도 임팩트를 받는 것은 거의 가라타니 씨뿐이지요. 같은 시대에 같은 일본어로 사고

---

[1] 오다기리 히데오小田切秀雄가 1965년 전후로 등장한 구로이 센지黒井千次, 후루이 요시키치古井由吉, 고토 메이세이後藤明生 등을 가리켜 사용한 용어(1971). 이들의 작품은 사회적 · 사상적 테마보다 미세한 의식의 동요에 초점을 맞추었는데, 이 때문에 무슨 말을 하는지 불분명하다는 비판을 받았다. 내향의 세대와 가라타니 고진의 관계에 대해서는 다음을 참조할 수 있다. 이승준, 「내향, 내성, 소행: 가라타니 고진과 후루이 요시키치」, 조영일 편, 『가능한 인문학』, 비고, 2022.

2 다가올 어소시에이션이즘

를 한 비평가 중에서 왜 가라타니 씨의 것만 사라지지 않고 지금도 읽을 수 있는지가 불가사의합니다.

그런데 『트랜스크리틱』은 영어판과 이번 정본판은 얼마나 다른가요? 영어판은 아직 읽지 않았습니다만.

가라타니 거의 다르지 않습니다. 『은유로서의 건축』에 관해 이야기하자면 1992년이었을까 영어판을 위해 철저하게 다시 쓴 것으로 같은 제목의 일본어판과는 완전히 다릅니다. 10년 정도 전에는 문고판도 절판시켰습니다. 영어판의 『은유로서의 건축』은 영미에서 건축 종사자들 사이에서 일종의 필독서가 되었습니다. 건축분야에는 기술적이고 전문적인 책이 많이 있는데, 개중에는 건축을 좀 더 철학적으로 사고하고 싶은 사람이 있었을 것입니다. 아마 나의 책이 그런 것으로는 가장 적합하다고 생각하는 것 같습니다.

오사와 그렇지만 가라타니 씨가 그것을 썼을 때는 현대건축에 그다지 흥미가 없지 않았습니까? 그야말로 '은유로서의 건축'에 흥미가 있었기 때문에 말입니다. 그렇지만 지금은 그것이 진짜 건축가에 의해서 읽히고 있습니다.

오카자키 나는 원래 전공이 미술로 건축과도 가까운 장소에 있었는데, 『은유로서의 건축』은 처음부터 메타포로서가 아니라 실천적인 이론으로서 읽었습니다.

아사다 씨, 오사와 씨가 말씀하신 '이동'이라는 것에 대

3부 텍스트의 미래로

부분 찬성하는데, 가라타니 씨의 이동이라는 것은 축구로 말하면 포메이션을 바꾸는 것처럼 항상 '가능성의 중심'이 랄까 특정 사람을 향해 사고의 사거리가 바뀌고 있다는 느낌을 받습니다. 가라타니 씨의 책은 항상, 그것이 가라타니 씨에게 과연 좋은 일인지 아닌지 모르겠으나, 무언가를 만들거나 현상을 바꾸려는 사람에 대하여 영향력을 가지는 말들로 가득 차 있습니다. 그리고 새로운 판본이 나오면 정연하게 그 주변이 현상에 따라 재인식되고 새롭게 조직됩니다. 그런 의미에서 너무 감염되기 쉽다는 위험도 있습니다(웃음).

특히 『일본근대문학의 기원』은 최초의 판본과 상당히 인상이 다릅니다. 나쓰메 소세키야말로 근대문학을 매우 근본적으로 의심했다는 모티브가 처음부터 강하게 등장하고 있어 근대문학과 '가능성의 중심으로서의' 근대문학이 다르다는 것을 확실히 알 수 있습니다. 결국 30년이 지나고 나쓰메 소세키와 가라타니 씨만이 살아남아 그 이외의 근대문학은 죽어 없어져 버렸다고 선고하고 있는 인상입니다. 그렇지만 동시에 이것을 읽고 다시 착각하여 "그렇다면 이 방침대로 근대문학을 다시 세우면 된다"고 포지티브하게 생각해버리는 사람도 등장할 것이라는 느낌도 듭니다.

가라타니 실은 『일본근대문학의 기원』 신판 서문에 문학의 현재와 미래에 대하여 자신의 생각을 여러 가지 썼지만 막판에 삭제했습니다. 그것은 읽는 사람이 알아서 판단해야 할 문제지 내가 나서서 이러쿵저러쿵 말할 계제가 아니다. 다른 형태로 말하는 편이 좋으니까 이 책에서는 아무것도 말하지 말자. 근대문학의 가능성을 남겨둔 채로 끝내자는 식으로 했습니다. 때문에 그 점에서 착각하는 사람이 있다면 어쩔 수 없지요. 오히려 그것이 바람직합니다(웃음).

오카자키 확실히 가라타니 씨의 저작은 항상 철저히 파괴하고 있으면서도, 동시에 마지막에 아마 "이 방향에 가능성이 있다"는 힌트를 어딘가에 넣어둔다는 느낌이 듭니다. 쓰인 시대와 관계 없이 모든 글이 어떤 문제를 철저하게 고민하면서 다음 도약으로의 계기랄까 새로운 프로그램이 어딘가에서 보이는 것처럼 쓰여 있습니다.

'근대문학'의 종언 이후

오카자키 죽음이라고 하면 문학만이 아니라 미술이나 건축의 경우도 마찬가지입니다. 오늘날 건축가로서 건축을 하려면, 즉 자본의 흐름에 그저 패키징되는 역할이 아닌 자립적인 형식으로서 건물을 건축하려면, 건축의 형식이 국가를 포함하는 모든 조직은 물론 오늘날 인간이 무엇으로 간주되는지를 직접 반영하고 있다는 사실을 억지로라도 자각해야 합니다. 바꿔 말해 그런 사고, 제도, 생산, 유

3부 텍스트의 미래로

통기구 전부를 다시 구성할 정도의 각오가 없으면 자립한 건축가가 될 수 없지요. 그저 디자이너로서 이름을 날릴 뿐입니다. 역으로 각오만 되어 있다면 아직 건축에는 국가나 사회적인 제도에 대항하여 탈구축적인 영향을 부여할 수 있는 힘이 있습니다. 그런 문제제기를 『은유로서의 건축』은 하고 있다고 생각합니다. 그렇지만 그것을 자각적으로 받아들인 미술가나 건축가는 소수일지도 모릅니다. 가라타니 씨의 책을 읽은 건축가는 많이 있을지 모르지만 최근 점점 그런 자각이 없어졌고, 즉 건축은 더이상 예술이라고도 말하지 않으며 사상도 비평성도 전혀 없는 단순한 디자인이 되었습니다. 반대로 가라타니 씨의 책을 통해서 르 코르뷔지에[2]나 프랑크 로이드 라이트[3], 미스 반 데어 로에[4], 호리구치 스테미[5], 무라노 도고[6]와 같은 근대 건축가를 다시 보면, 그들은 그것을 확실히 자각하고 있었다는 점을 알 수 있습니다.

---

[2] Le Corbusier(1887~1965) 스위스 출신 프랑스의 건축가. 현대건축의 아버지로 불리며, 현대적인 아파트 단지 방식을 확립하기도 했다.
[3] Frank Lloyd Wright(1867~1959) 미국의 건축가. 유기적 건축을 제창했으며, 일본의 제국호텔을 설계하기도 했다.
[4] Mies van der Rohe(1886~1969) 독일 출신 미국의 건축가. 르 코르뷔지에와 함께 현대건축을 개척. 철과 유리로 된 고층건축 양식을 완성.
[5] 堀口捨己(1895~1984) 일본의 건축가. 일본의 다실에서 아름다움을 발견하고 전통문화와 모더니즘 건축이념의 통합을 시도했다.
[6] 村野藤吾(1891~1984) 일본의 건축가. 대표작 닛세이 극장日生劇場은 고전주의적인 외관과 진주조개를 사용한 환상적인 내부공간으로 주류였던 모더니즘파로부터 '반동적'이라는 비판을 받기도 했다.

2 다가올 어소시에이션이즘

가라타니 일찍이 문학의 영역에서도 비평가에게 좀 더 구체적인 기술비평技術批評을 해라, 좀 더 소설의 창작방식을 보여 달라는 의견이 있었습니다. 특히 소설가가 그런 것을 말했습니다. 그럴듯하게 들리지만 그와 같은 의견을 가장 바보스럽게 여긴 것은 나카가미 겐지입니다. 나카가미는 비평을 읽는 것을 좋아했지만 비평가가 소설의 기술비평 따위를 해주기를 원하지 않았습니다. 첫째 그것이 가능하다고 생각하지도 않고 그런 것을 생각하는 것은 소설가가 해야 할 일로, 비평가가 그런 것을 말할 필요는 전혀 없다는 것입니다. 나카가미는 "비평가의 일은 사고하는 것이다"라고 말했습니다.

영화비평도 그렇습니다. 카메라의 앵글이 어떻다든지 묘하게 기술에 대해 말하지요. 카메라맨에게 얻어맞습니다(웃음). 프로는 그것밖에 생각하고 있지 않기 때문이지요. 나는 아마추어인 주제에 그런 것을 아는 체하는 것이 비평이라고 생각하지 않습니다. 건축도 문학도 마찬가지입니다. 그렇지만 나도 근대문학은 일단 내가 잘하는 영역이기 때문에 그것이 없어졌다는 것이 상당히 괴로운 면이 있습니다(웃음). 이전에 아사다 씨가 말한 것처럼 올림픽 선수 후보였지만 종목 자체가 없어졌기 때문에 나갈 수 없게 된 것과 같습니다.

오사와 야구가 올림픽 종목에서 사라진다든가 하는 그런 느낌이겠지요.

3부 텍스트의 미래로

아사다 문학뿐만 아니라 건축이든 미술이든 모든 장르에서 냉전의 종언부터 20세기의 종언을 한 고비로 내면의 표현 등이 대부분 모습을 감추고 단지 표면적인 이미지만이 세계시장에서 소비되어 종언이라는 식이 된 것은 사실이지요. '근대문학의 종언'이 이처럼 즉물적으로 실현된 것은 확실히 쇼킹합니다. 그 때문일까요. 1970년대에 '근대문학의 종언'을 선고하는 것은 비평적이고 예언적인 임팩트를 가질 수 있었던 데 반해, 지금은 그런 것을 말해도 기정사실에 대한 단순한 사후 확인에 지나지 않다는 허탈감만 남을 뿐입니다. 그런데 그렇다면 다른 장르, 예를 들어 오디오-비주얼한 표현에 가능성이 있는가 하면 없지 않습니까?

가라타니 없지요. 1990년대에 들어서서 정기적으로 해외에서 가르치게 된 이후로 내 작업이 바뀌어왔다고 생각합니다. 최근 내 자신이 살고 있는 장소가 반은 일본 바깥이었습니다. 일본에서 서양의 사상을 받아들이면서 이러니저러니 논의하는 것이 아니라 나로서는 그런 사상가들이 라이벌이었습니다. 그들을 압도하려고 했습니다. 일본어라면 읽을 사람이 없을 것이기에 거만하게 공격하는 것과는 다르지요(웃음). 상대도 나의 작업을 알고 있기 때문입니다. 최근 10여 년간 그런 느낌으로 해왔습니다만, 이 수년간 뭔가 결정적으로 변한 것 같은 느낌이 들었습니다. 그 이유는 외국 측에도 있고 일본 측에도 있습니다.

예를 들어 나는 옛날부터 어떤 프로젝트를 생각하고 있

2 다가올 어소시에이션이즘

었습니다. 그것은 일본의 비평—철학도 포함하는—을 번역하여 해외에 소개하는 것이었습니다. 실제 『근대일본의 비평』이라는 형태로 그 준비를 했으며 텍스트 번역도 상당히 진행되었지만, 금세기에 들어서서 결국 방기했습니다. 나는 근대일본에서 사고된 것에 보편적인 의미가 있다는 것을 말하고 싶었습니다. 그런데 갑자기 그런 기분이 사라졌습니다. 그런 의미가 무효가 된 것 같은 기분이 들었던 것입니다. 게다가 이 사람들도 딱히 외국에서 읽히기를 원해서 쓴 것이 아닙니다. 만약 그들이 그렇게 생각한다면 스스로 바깥으로 나가서 하면 되는 것입니다. 나의 도움 따위는 원하지 않는 것은 아닐까요.

오사와 씨가 마침 야구에 대해 말했습니다만 이치로가 미일 통산 2천 안타를 달성하여 명구회[7] 가입을 추천받은 적이 있었지요. 이치로는 미국과 일본에서 친 안타가 합하여 2천 개가 되는 것 따위는 생각하지 않았을 것입니다. 명구회에 들어가는 것에 대해 그는 "실례가 되지 않는다면 기쁜 마음으로 들어가겠습니다"라고 말하고 있으며 명구회를 특별히 업신여기고 있지는 않습니다. 그러나 역시 일본에서의 히트와 미국에서의 히트는 다릅니다. 그럼에도 그런 것을 말하고 싶지 않기 때문에 침묵하고 있지요. 내가 말하고 싶은 기분은 정확히 그것과 닮은 것인지도 모릅니다. 일본문학이나 사상 중에도 일종의 '명구회'적인 것이 있습니다. 나는 그것을 업신여기지 않습니다. 그러나

---

[7] 名球會, '일본프로야구명구회'의 약칭으로, 일본판 '야구 명예의 전당'을 말한다..

3부 텍스트의 미래로

지금 내가 하고 있는 것이 그것의 연장이라는 말을 듣는다면 그렇지 않다고 말하고 싶습니다.

아사다 전에 고이즈미 준이치로가 국민영예상을 주고 싶다고 한 것을 이치로는 거절했는데, 그것은 당연하지요.

1970~1980년대의 가라타니 씨는 일본이라는 후발근대국가에서 반대로 어떤 종류의 보편성을 발견하고 일본의 문학이나 사상을 그와 같은 보편성으로 해외에 제시한다는 전략을 세웠지만, 이제 그런 것은 어떻게 되든 상관없게 되었다, 어쨌거나 나 혼자서 해나갈 수밖에 없다고 생각하게 되었다는 말씀이네요. 하지만 다시 말하자면 가라타니 씨가 예일대학에 갔을 무렵은 폴 드 만이 있었고 예일학파도 있었습니다. 프랑스에 가면 데리다만이 아니라 들뢰즈나 푸코도 있었습니다. 그런데 드 만이나 사이드와 같은 사람들도 죽고 아메리카에 가도 정말 이야기가 통하는 상대를 발견하는 것이 어렵게 되었습니다. 그것은 아메리카만의 이야기가 아닙니다. 사반세기를 지나 일본야구는 물론 메이저리그도 이미 붕괴되었다고나 할까, 문학이나 사상 자체가 일찍이 믿어왔던 형태로는 이제 세계적으로 존재하지 않게 되어버렸습니다.

가라타니 그렇습니다. 따라서 외국에 가서 "더하여 2천 개"라고 해도 야구라는 경기 자체가 이미 없어져 버린 것에 가깝습니다(웃음).

2 다가올 어소시에이션이즘

오사와 어느 시기까지는 세계 쪽에도 확실한 스탠다드가 있어서 그것을 일본에 수입하여 잘 해가자는 상호적인 관계가 있었지요.

가라타니 그래서 나는 혼자가 되었다고 생각합니다. 자신과 비교할 사람이나 라이벌이라고 생각할 사람이 외국에서도 사라졌습니다. 생각해 보면 나의 책을 읽어주기를 원했던 사람들이 이제 없습니다(웃음).

아사다 유럽에도 이제 데리다(2004년 10월 서거)나 하버마스 정도밖에 남아 있지 않습니다. 연구하여 번역·소개하는 것이 의미가 있다고 생각되는 사람들이 이제 실질적으로 없는 것이지요. 그것은 당연한 것이기에 당연하다고 말해야 할지 모르지만, 거기서 오는 쇼크는 솔직히 말해 아직 있습니다.

가라타니 역사적으로도 이런 사태는 일찍이 없었던 것이 아닐까요?

보편성을 새긴다

오사와 일본사상이 해외에 소개될 경우, 예를 들어 스즈키 다이세쓰가 해외에서 읽힌다고 해도, 그것은 문화인류

3부 텍스트의 미래로

학적 흥미지요. 역으로 예를 들어 히로마쓰 와타루廣松涉 (1933~1994)와 같은 마르크스 독해를 들고 가도 아메리카에서는 의미가 없을 것입니다.

아사다 문화인류학적 흥미, 또는 미학적 흥미지요.

오사와 그런 흥미와는 상관없이 읽힌 사상가나 비평가는 이제까지 거의 없었습니다, 어쩌면 가라타니 씨가 최초일지도 모릅니다. 이쪽에 일본이라는 로컬한 공동체, 저쪽에 유럽이라는 선진적이고 지적인 공동체가 있어서 그 낙차를 이용하여 이곳에서 이익을 얻는, 말하자면 상인자본주의적인 사상이나 비평은 이제 불가능해졌습니다. 이러한 상황이 끝난 지점에서 가라타니 씨의 칸트나 마르크스라는, 오늘날의 일본과 일견 전혀 관계가 없는 것을 읽으면서 사고하는 실험이 시작되었다고 생각합니다.

오카자키 내 자신의 경험을 말하자면, 나는 그다지 일본이라는 장소를 의식하며 활동한다는 실감을 가진 적이 없었기에 가라타니 씨의 저작도 처음부터 일본용이나 외국용으로 쓰였다는 느낌을 가진 적이 전혀 없습니다. 항상 "이것이 이론이다"라는 느낌으로 읽었습니다. 일본이라는 로컬한 장소에서 유통되든 아니든 쓰인 장소와 관계없이 처음부터 보편적인 이론을 목표로 썼다는 명쾌함이 가라타니 씨의 텍스트에는 줄곧 있었으며, 지금도 그것은 변하지

2 다가올 어소시에이션이즘

않았습니다. 영어는 잘 못하지만 가라타니 씨가 쓴 것을 영어로 읽으면 이렇게 명쾌한 영어 텍스트는 없다는 느낌을 갖게 됩니다. 오히려 아메리카 내에서 유통되고 있는 쪽이 로컬하게 보입니다. 특히 미술비평 등이 대부분 그렇습니다.

이치로의 예를 들자면, 이제 이치로가 아메리카 야구를 구하고 있다는 느낌이 있지요. 예를 들어 이제 본즈처럼 신체능력만으로는 안 됩니다. 올림픽에서도 세계기록이 갱신되지 않게 되었고 개인적 신체능력만으로 타인을 압도하는 아메리카형의 스포츠는 이제 전부 쓸모없게 되었습니다. 결과는 복수의 멤버로 구성된 요소의 총합적인 연대에 의해서만 결정됩니다. 전쟁은 정밀조준(pinpoint)에 의한 미사일공격만으로는 결코 결말이 나지 않지요. 게릴라전이랄까, 총합적인 배치를 충분히 고려한 후 논리를 세우는, 진정한 의미에서 객관적이고 논쟁적이지 않으면 스포츠도 불가능합니다. 야수의 배치 전부를 무시할 수 있는 홈런은 타자他者와 직면하는 것을 피하고 오로지 주관만을 연장하는 방식으로 야구라는 게임 자체를 회피하는 것일 수 있지요.

그런 의미에서 이치로는 일본인이 생각하는 것 이상으로 아메리카 야구에 영향을 주고 있다고 생각합니다. 그것은 그가 처음부터 야구의 본질을 명철하게 파악하여 야구라는 게임 전체, 포메이션을 움직이는 것이 무엇인지 잘 알고 있었기 때문으로, 말하자면 가라타니 씨의 비평에서도 그런 것을 느낍니다. 가라타니 씨의 텍스트는 항상 전체의 포메이션을 읽은 후에 이동합니다. 이동해도 항상 목표는 하나로 정확히 좁혀져 있습니다. 전체의 배치를 바꾸고 돌파(breakthrough)가 가능한 곳은 어디인가?(웃음).

가라타니 인터뷰를 들으면 이치로는 야구선수로서 특별합니다. 대단히 논리적입니다.

오카자키 예를 들어 미술은 언어에 의거하고 있지 않기에 인터내셔널할 수 있는 것이 당연한 세계로 느껴지지만, 실제 그것을 둘러싼 담론, 유통기구가 그것을 방해하고 있습니다. 세속적인 콘텍스트에 둘러싸여 히트(hit)가 나오지 않게 됩니다(웃음). 미리 약물을 하고 인간임을 버린 사람만 예외적으로 홈런을 칩니다. 페어플레이 따위는 존재하지 않습니다. 일찍이 나도 그랬지만 이런 장소에 위화감을 느끼고 이래서는 안 된다고 생각한 사람들에게 가라타니 씨의 텍스트는 일본이나 아메리카라는 문맥과 관계없이 어떤 문맥 어떤 게임에서도 그것을 돌파하는 방법을 시사해주고 있습니다. 돌파하는 히트는 언제나 어소시에이션으로서만 탄생한다고 말입니다.

소모전략 또는 진지전의 가능성

가라타니 이 저작집을 위해 자신이 쓴 것을 최근 1년 정도 열심히 고쳤는데, 잘 했다고 생각한 부분은 전부 잊어버렸

2 다가올 어소시에이션이즘

습니다(웃음). 생각나는 것은 잘 하지 못한 것뿐입니다. 그러므로 무엇을 썼는지 지금 묻는다면 잘 하지 못한 것만 머리에 떠오르지요. 실제 최근 2개월 정도는 그것만 생각했습니다.

나는 『트랜스크리틱』에서 자본=네이션=스테이트를 지양하는 길을 생각했는데, 그것을 19세기 후반의 위치에서 다시 생각해 보고 싶었습니다. 마르크스는 1850년 3월에 '영속혁명'에 대해서 썼습니다. 영속혁명 또는 영구혁명을 지속한다는 것은 자본과 국가가 지양될 때까지 혁명을 계속한다는 의미가 아닙니다. 거기에는 특수한 의미가 있습니다. 예를 들어 독일은 후진국이지만 혁명은 이제 부르주아혁명에 머무는 것이 아니라 그대로 사회주의혁명으로 변화되어 프롤레타리아독재로 나아간다는 것입니다. 마르크스는 그것을 '영속혁명'이라고 불렀습니다.

기본적으로 이것은 1848년의 『공산당선언』에도 쓰여있는 것인데 본래 블랑키의 사고입니다.

그러나 1850년 9월에 마르크스와 엥겔스는 그와 같은 생각을 철회했습니다. 즉 그들은 자본주의가 발달하지 않은 곳에서 사회주의자가 권력을 잡는 것에 반대했습니다. 설령 권력을 잡더라도 결국 부르주아가 해야 할 과제를 사회주의자가 실행하는 처지가 되기 때문입니다. 1848년의 혁명은 시가전이었는데 그와 같은 방식은 그 이후의 산업적인 발전하에서는 더 이상 통용되지 않는다. 그렇다면 1848년 이후의 혁명, 현대혁명은 어떤 것이 될 것인가 하면 확실한 것은 없다. 1895년에 엥겔스는 1848년까지

3부 텍스트의 미래로

의 혁명은 군사적으로 말하자면 '타도전략'이었고, 그 이후는 '소모전략'이어야 한다고 말하고 있습니다.

최근 깨달은 것이지만 그람시가 말한 '기동전'과 '진지전'이라는 유명한 군사적 비유는 엥겔스에게서 온 게 아닐까 합니다. 실제 그람시는 1848년 혁명까지는 '기동전'이고 그 이후의 혁명은 '진지전'이어야 한다고 말하고 있습니다. 그리고 러시아혁명은 기동전이기 때문에 시민사회가 발달한 선진국에는 참고가 되지 않는다고 말입니다.

그러나 엥겔스는 '소모전략'이 어떤 것인지 명확히 말하고 있지 않습니다. 그러므로 영국에서도 독일에서도 혁명운동은 의회주의적인 사회민주주의가 되었으며, 그 결과 베른슈타인처럼 사회주의혁명을 부정하는 수정주의도 나왔습니다.

그러나 '소모전략'은 그런 것이 아니었다고 생각합니다. 그런데 그 가능성을 묻기 전에 초기마르크스의 '영속혁명'론을 끄집어낸 사람이 있습니다. 그것이 트로츠키입니다. 그는 1905년 제1차 러시아혁명의 경험에서 '영속혁명'을 말하기 시작했습니다. 그것은 억지로 국가권력을 빼앗아 프롤레타리아독재, 사실상 당에 의한 독재를 실시한 후, 그대로 국가와 자본의 지양까지 밀고 나아간다는 무모한 사고입니다. 그는 그것을 1850년의 마르크스의 발언에서 인용했습니다. 그러나 마르크스가 그것을 부정한 사실을 무시했습니다. 트로츠키는 마르크스가 부정한 '단계의 도약'이 가능하다고 생각했습니다. 즉 '사회주의 혁명'은 러시아와 같은 후진국에서도 가능할 뿐만 아니라,

2 다가올 어소시에이션이즘

오히려 그곳에서 먼저 일어난다고 생각한 것입니다.

다가올 러시아혁명은 부르주아(민주주의) 혁명뿐이라고 생각한 레닌은 줄곧 트로츠키에 반대했지만 1917년 4월 시점에서 갑자기 '트로츠키주의자'가 되어 10월에 쿠데타를 강행했습니다. 다른 볼셰비키 간부는 모두 반대했습니다. 덧붙여 스탈린은 그 시점까지 그저 혁명적 민주주의자였습니다. 그러므로 트로츠키와 레닌이 10월 혁명을 강행하지 않았다면 스탈린주의 같은 것은 있을 수 없었습니다. 또 그들이 10월 혁명을 강행한 것은 그 후 있을 유럽혁명에 대한 기대감 때문이었지만, 오히려 그와 같은 쿠데타의 선행이야말로 그 후의 유럽혁명을 막았습니다. 그리고 그런 폭력혁명의 위협이 이탈리아나 독일에 파시즘을 가져왔다고 말할 수 있습니다. 따라서 트로츠키의 영속혁명론이 없었다면, 그리고 레닌이 그것을 받아들이지 않았다면, 20세기의 역사는 완전히 달라졌을 것입니다.

그러나 20세기 말 소련의 붕괴에 의해 결국 베른슈타인적 사회민주주의나 수정자본주의가 승리하게 되었습니다. 나는 그것들을 넘어서는 길을 트로츠키나 레닌, 로자 룩셈부르크의 방법이 아닌 곳에서 찾아왔습니다. 그것은 후진국의 혁명을 목표로 삼는 것이 아니라 바로 선진자본주의 국가에서 (사회민주주의 이외에) 무엇이 어떻게 가능한지를 사고하는 것이었습니다. 내가 『자본론』을 읽을 때 유통과정을 중시하고 '소비자로서의 노동자'의 투쟁이라는 관점을 제기한 것은 그 때문인데, 그것은 어떤 의미에서 '소모전략'이나 '진지전'의 가능성을 사고하는 것이라는 점을 깨달았습니다.

아사다 사회민주주의는 결국 자본주의=국민=국가라는 삼위일체로부터 벗어날 수 없으며, 평화주의를 외쳐도 자기기만에 지나지 않다는 것은 제1차 세계대전 때 명확해진 그대로입니다. 레닌과 트로츠키의 볼셰비즘을 부정함으로써 그런 사회민주주의로 회귀하는 것은 그저 후퇴에 불과하지요.

NAM을 되돌아보고

아사다 그럼 구사회주의권 붕괴 이후 다른 어떤 이론이 제출되었는가 하면, 한 예로서 안토니오 네그리와 마이클 하트가 『제국』과 『다중』에서 전개하고 있는 이론이 있습니다. 이제 세계자본주의하에서 아메리카 일국을 넘어선 세계대★'제국'이 성립했는데, 그 '제국'의 권력은 '다중'(군집=다수자)의 능력이라고 말합니다. 하지만 그것도 사실 낡은 마르크스주의와 마찬가지로 생산과 노동의 장면에 위치하여 "만국의 노동자여 단결하라"는 것 대신에 "만국의 유상무상有象無象(multitude)이여 함께 게으름을 피우자"라고 말하고 있는 것에 지나지 않다고 생각합니다. 그런데 가라타니 씨는 생산이 아니라 교환의 장면, '파는 입장'이 문제가 되는 장면에 위치하여 마르크스를 다시 읽음으로써 완전히 다른 퍼스펙티브를 열었습니다. 노동자

2 다가올 어소시에이션이즘

는 소비자이기도 하기에 소비자운동은 노동운동이기도 하다. 그로부터 새로운 어소시에이션이즘을 상상해야 하며, 또 그 연장선상에서 '가능한 코뮤니즘'을 전망할 수 있다고 말입니다.

가라타니 다만 나는 그 생각과 관련하여 자신감을 가진 상태와 전혀 자신감을 가지지 않은 상태를 줄곧 반복하고 있습니다. 하루에도 여러 번 "이것으로 된다" "아니, 안 된다." 그렇지만 신앙이란 이런 것이 아닐까 하는 생각이 들었지요(웃음).

아사다 『가라타니 고진 초기논문집』(『사상이란 어떻게 가능한가』라는 제목으로 재발매 되었다)에 수록된 「사상이란 어떻게 가능한가」는 요시모토 다카아키 / 에토 준 / 미시마 유키오 세 사람을 지적인 것 / 윤리적인 것 / 미적인 것에 대응시킨 후, 자신은 그 어느 쪽도 아닌 중간지점에 비평의 기축을 두는 구조로 되어 있습니다. 『트랜스크리틱』에도 실은 그와 같은 구조가 있어서 자본주의=국민=국가를 교환 / 호수 / 재분배의 삼위일체로서 분석하고, 그것을 감성 / 상상력 / 오성과 중첩시킨 후, 그 세 가지 극단 어디에도 없는 제4의 극단에 X로서 어소시에이션이 놓이고 있습니다. 그렇다면 그 X로서의 어소시에이션은 도대체 어떤 것인가?

  거기에는 중심이 있어서는 안 되지만 없어서는 안 되는 이율배반(antinomy)을 해결하기 위해 제비뽑기에 의한 선거로 중심이 없는 중심을 뽑거나, 화폐가 있어서는 안 되지만 없어서는 안 된다는 이율배반을 해결하기 위해 LETS와 같은 지역통화를 도입하거나 하는 몇 가지 구체적인 제안도 이루어졌지만, 『트랜스크리틱』이 비평공간사에서 나온 단계에서는 방금 말한 것과 같은 제안도 포함하여 New Associationist Movement(NAM)라는 구체적인 운동 속에서 실천적으로 답할 수밖에 없는 것이었다고 생각합니다. "이것이 어소시에이션이다"라고 위로부터 규정되는 순간, 그것은 어소시에이션의 원리와 반反하는 것이기 때문에 현실적으로 어소시에이션 운동을 해가면서 실천적인 해결을 찾아 갈 수밖에 없다고 말입니다.

그 지점에서 애써 질문을 드리자면―나 자신이 NAM의 창립멤버가 아니었음에도 불구하고, NAM이 인간관계의 알력으로 곤경에 빠진 시점에 가라타니 씨의 요청으로 NAM에 합류했지만 거의 아무것도 하지 않은 채로 문제가 악화되어 가는 것을 좌시하고 방치한 경위가 있기 때문에, 가라타니 씨에게 책임을 물을 입장은 전혀 아니지만―사실로서 일본에서 NAM이란 실험은 잘 진행되지 않았고 2003년 해산에 이르렀는데, 그것에 대해 지금 어떻게 생각하십니까? 그 단계에서는 "나는 운동가가 아니라 이론가이기 때문에"라고 말씀하셨지만, 지금도 운동이 실천적 해답을 주어야 한다고 생각한다면, 그 실패에서 배울 점은 무엇이라고 생각하십니까?

2 다가올 어소시에이션이즘

가라타니 나는 내 자신이 운동가가 아니라는 것을 처음부터 알고 있었기 때문에 2~3년 안에 실천적인 리더가 등장하면 물러나려고 했는데, 내가 여유롭게 물러날 수 있는 체제가 되지 않았습니다. NAM이 잘 되어가지 않은 이유 중 하나는 우선 인터넷 메일리스트에 지나치게 의존한 탓입니다. 그것은 기본적으로 해외에 있는 일이 많은 내 형편에서 나온 방식으로, 그것이 실패로 연결되었다고 생각합니다. 정말 할 생각이었다면 일본에 쭉 있어야 했으며, 실제 사람들을 만나야 했습니다. 하지만 그렇게 하지 않고 내 형편에 맞게 운동을 일으켰기 때문에 결국 그 폐해를 나 자신이 받게 되었습니다. 또 하나는 운동에 경험이 있는 미지의 사람들과 만나서 그들을 조직해야 했음에도 불구하고 나의 독자를 모은 것입니다. 인터넷으로만 하면 반드시 그렇게 됩니다. 그러므로 가라타니 팬클럽처럼 되어버렸습니다(웃음). 그런데 팬클럽이란 사실 팬 간에 사이가 나쁠 뿐만 아니라 나에 대해 특별히 고분고분하지도 않으며, 오히려 가라타니를 비판하는 것이 진짜 팬이라고 생각하고 있었기 때문에 그 안에서 알력이 생겼습니다.

아사다 과잉된 전이가 반전되어 "이것은 내가 믿고 있던 가라타니 고진이 아니다"라는 식으로 외치거나 하지요(웃음).

가라타니 그렇게 되면 다른 사람들이 끼어들 수 없는 분위기가 됩니다. 실력이 있는 사람, 자립한 사람들이 들어와도 그런 분위기면 싫은 마음이 생겨서 이런 형태로는 모이고 싶지 않다고 생각했을 것입니다. 나도 싫어졌습니다. 사실 '팬클럽'이 없어졌을 뿐이고 NAM 네트워크는 지금도 이어지고 있습니다. 그리고 실천적으로 NAM은 지금부터라고 생각합니다. 이론적으로는 해외에서 평가가 높아지고 있습니다. 예를 들어 나는 크로아티아 활동가 그룹으로부터 내년 강연 요청을 받았는데, 그들은 원元 유고슬라비아의 노동자자주관리, 생산협동조합을 해온 사람들로 그 경험을 반성하면서 어떻게 살릴 수는 없을까 고민하고 있을 때 NAM을 알았다고 합니다, 물론 『트랜스크리틱』을 읽었기 때문이지요.

X=어소시에이션이란 무엇인가?

오사와 아사다 씨가 말씀하신 것처럼 가라타니 씨는 시장의 상품교환, reciprocity(호수제), 수탈(재분배), 이것들을 통상적 '교환'의 세 가지 형태라고 분석한 후, 그것들에 대해 제4의 형태로서 어소시에이션이 있다는 제안을 하고 있습니다. 처음 세 가지는 교과서적으로 말하면 칼 폴라니가 말하는 세 가지 재물의 흐름(flow)에 대응하고 있습니다. 나의 상상으로 가라타니 씨는 폴라니의 논의를 의식하여 '교환'의 형태를 제시한 것이 아니라 아마 자연스럽게 사고하는 중에 결과적으로 닮게 되었다고 생각합니다. 하여간 폴라니의 단계론적 분석에 대응될 정도이기 때문에 이 세 가지는 역사적으로 이미 있던 형태입니다. 그

2 다가올 어소시에이션이즘

에 반해 이론적으로는 있을 수 있었는지 모르지만 아직 실현되지 않은 '교환'의 형태가 어소시에이션이라고 생각합니다만, 나는 그것이 무엇인지 아직 하나도 모르겠습니다.

가라타니 씨의 논의에 제 의견을 조금 덧붙이면 가라타니 씨는 세 가지로 나누었지만, 저는 '교환'이라는 것은 결국 두 가지로 압축될 수 있다고 생각합니다. 호수제로 귀결되는 증여와 보통의 시장교환입니다. 재분배라는 것은 증여와 반대증여가 중심화된 형태여서 기본적 커뮤니케이션의 형식으로서는 증여에 가깝다고 말할 수 있습니다. 그러므로 역사적으로 인류가 실현한 교환형태는 지금으로서는 증여, 그렇지 않으면 시장에서 행해지고 있는 것 같은 상품교환, 요약하면 이 두 종류가 아닐까요?

가라타니 나는 그런 생각에 찬성할 수 없습니다. 나는 교환의 제형태를 현재로부터 계보학적으로 소행하여 생각하고 있습니다. 예를 들어 원시공산주의사회가 있어서 그로부터 계급사회, 국가가 나왔다는 견해가 있습니다만, 나는 그런 사고방식을 인정할 수 없습니다. 상대방의 것을 빼앗는다는 것은 타자와의 근원적인 관계의 한 형태로, 어떤 단계에서 나온 것이 아닙니다. 폴라니는 재분배라고 말하지만 그 근본은 수탈에 있는 것입니다. 계속 수탈하기 위해 상대를 보호하고 재분배합니다. 하지만 그것을 넓은 의미에서 교환이라고 볼 수 있다고 생각합니다. 그러므로 이것을 교환이 아니라고 한다면, 오사와 씨가 말하는 것처럼 교환은 두 가지밖에 없는 것이 되겠지요. 다만 전자본

3부 텍스트의 미래로

주의적인 지배·착취의 관계를 교환으로 봄으로써 그것을 정치(상부구조)가 아니라 광의의 경제(교환)의 일환으로서 보는 것이 나의 모티브입니다. 거기서 제4극인 X가 나옵니다. 그렇게 하면 이제까지 자본주의(경제), 국가(정치), 농업공동체, 어소시에이션 등 제각기 취급되거나 하부구조와 상부구조라는 식으로 보았던 것을 교환의 여러 형태로서 구조적으로 파악할 수 있습니다.

그런데 나는 『트랜스크리틱』에서는 X를 어소시에이션이라고 썼지만 제4권(『네이션과 미학』)에서는 그저 X라고 썼습니다. X는 유토피아입니다. 즉 현실에 있는 장소가 아닙니다. 이 X가 어소시에이션으로서 처음 나타난 것은 보편종교라고 생각합니다. 그것은 공동체를 부정하고 시장사회를 부정하는 것에서 나왔습니다. 부처도 예수도 공자조차도 그 점에서는 같습니다. 보편종교는 일종의 어소시에이션으로서 등장합니다. 물론 그것은 발전함에 따라 반드시 공동체나 국가의 종교가 되어버리지만, 원전 텍스트 자체가 그와 같은 X의 공간을 소환하는 면이 있습니다. 그 결과 종교개혁이 일어났는데 그것은 동시에 사회운동이어서 그 자체가 천년왕국적인 농민전쟁이나 사회운동으로 바뀌었습니다. 한편 영국의 시민혁명 등도 청교도혁명으로서 일어났습니다. 어떤 의미에서 국가와 자본의 지양이라는 문제는 고대의 보편종교부터 있었습니다. 그리고 사회주의운동은 반드시 종교라는 위상에 뿌리를 둔다고 생각합니다. 나의 작업은 그 근거를 구조론적으로 제시하는 것입니다.

2 다가올 어소시에이션이즘

오사와 X가 지향하는 이미지는 초월론적 가상으로서 부정적·소극적으로 제시되어 있다는 느낌은 알겠습니다만, 그렇다고 해도 포지티브하게 무언가를 파악하고자 하면 역시나 어렵네요.

가라타니 포지티브하게는 말할 수 없지요. 칸트로 말하자면, 그것은 이념이지요. 초월론적 가상이지만 규제적으로 작용하는 이념입니다. 마르크스가 국가와 자본이 지양될 때까지 혁명이 계속된다고 말하는 것도 그런 의미라고 생각합니다. X라는 차원은 그런 의미에서 종교적이거나 이념적인 것에 매우 가깝다고 생각하는 편이 좋습니다. 하지만 나는 그것에 이르는 길을 구조론적이거나 유물론적으로 제시할 수 있다고 생각합니다. 그런 의미에서 종교는 아닙니다.

내 생각에 마르크스의 방법은 소위 역사적 유물론과 같은 것이 아닙니다. 『자본론』을 보면, 그것은 일종의 계보학이고 자본주의경제의 생성을 논리적으로 파악하는 방법입니다. 나도 그런 방법으로 사고하고 있습니다. 즉 현대의 국가나 자본을 소행적으로 고찰함으로써 다양한 교환형태와 그것들의 조합이 보이게 됩니다. 그것은 고대에서 세계사적인 발전을 생각하는 것이 아닙니다. 그와 같은 방식으로는 자본=네이션=스테이트라는 구조가 나오지 않습니다. 따라서 그것을 지양하는 길도 보이지 않습니다.

3부 텍스트의 미래로

아사다 다시 확인하자면, 현재 있는 자본주의=국민=국가에서 소행하여 교환과 호수와 재분배라는 원리를 찾아낸다, 동시에 그 세 가지가 아닌 가능성으로서 X가 있고 역으로 그 X가 있기 때문에 비로소 사회가 기능해 왔다는 것을 발견하는 것이지요. 다만 오사와 씨가 말씀하신 것처럼 X라는 것의 포지티브한 이미지를 그리는 것은 아직 매우 어렵다고 생각합니다.

그에 관해서 가라타니 씨가 언급하신 보편종교(세계종교)를 창시한 사람들도 원래는 종교 **비판**으로서 운동을 시작했기 때문에, 주목하신 것처럼 대체로 "저렇지도 않고 이렇지도 않다"와 같은 미묘한 표현을 하고 있습니다. 하지만 그들의 교설은 제자들에 의해 "이렇습니다, 그러므로 이렇게 하시오"라는 식으로 단순화되어 새로운 종교로서 곧바로 체계화되었습니다. 마르크스가 한 것은 국민경제학 **비판**이었습니다만, 그것이 또 제자들에 의해 '마르크스주의'로 체계화되고 결국 레닌이나 트로츠키의 오류에까지 도달한 것입니다.

그렇다면 결국 이 X라는 것은 네거티브한 형태로밖에 말할 수 없는 것일까? 또 그것이 비판이라는 형태로 제시되었을지라도 그 모양대로는 유지될 수 없는 것은 아닐까요? 어쩌면 그것은 이론이 아니라 실천을 통해서 보여주어야 하는 것은 아닐까요?

가라타니 그 부분은 아직 애매하지요. 자본제=네이션=스테이트에 대해 말하자면, 네이션은 이미 한번 X에 의해

2 다가올 어소시에이션이즘

매개됨으로써 성립되었습니다. 그것은 민족(ethnic)과 다릅니다. 즉 이 삼위일체 바깥에 X가 있는 것이 아니라 이 삼위일체 자체가 X를 내포함으로써 성립합니다. 그러므로 X는 이 삼위일체의 외부가 아니라 이 삼위일체의 내부에서 나온다고 생각합니다. 요컨대 특히 X라는 것을 포지티브하게 생각하지 않아도 자본제=네이션=스테이트에 대한 대항에서 X가 나옵니다. 나는 그런 이미지로 생각하고 있습니다. 그러므로 길만 보인다면 X가 구체적으로 어떤 것인지 생각할 필요는 없다고 생각합니다.

마르크스는 『자본론』에서 경제적인 교환의 위상만을 생각했습니다. 국가나 네이션을 우선 괄호에 넣었습니다. 그러나 당연하지만 그것들과 관련지어 생각하지 않으면 안 됩니다. 그런 까닭에 『네이션과 미학』에서 나는 먼저 네이션은 그저 '상상의 공동체'(앤더슨)가 아니라 국가와 시민사회(자본)를 매개하는 상상력과 같은 위상에 있다고 생각했습니다. 즉 네이션이 그런 삼위일체의 구조에 있다는 것을 먼저 말하고 싶었습니다. 그 부분은 잘 이야기하고 있다고 생각하는데요.

아사다 그렇습니다. 자본주의=국민=국가가 '보로메오의 매듭'처럼 삼위일체 구조를 이루고 있다는 분석은 실로 훌륭하다(brilliant)고 생각하지만, 훌륭하면 훌륭할수록 실현되지 않은 나머지 X를 상상하기 힘들게 되지요.

오사와 그렇습니다. 결부된 이 세 가지가 전부는 아닐까

하고 생각해 버립니다.

아사다 그러므로 '보로메오의 매듭'이 전부라고 말하면 라캉이나 지젝처럼 그 안에서 할 수밖에 없게 되어버립니다. 그러면 냉전 말기의 지젝처럼 "민주주의는 최악이지만, 문제는 더 나은 체제가 없다는 것이다"라는 처칠의 시니시즘을 긍정하는 태도로 귀결되고 말지요. —— 또는 그 반동으로서 냉전 종결 후 글로벌 자본주의에 대해 굳이 (실은 시니컬하게) 레닌적 독단론(dogmatism)을 긍정하는 태도로 귀결되지요. 그렇지 않고 포지티브하게 X라는 것을 구상해야 하며, 그것은 분명 가능하다는 것이 『트랜스크리틱』 이래의 핵심주장이지만요…….

가라타니 다만 그것을 그저 포지티브하게 지향해서는 안 됩니다. 예를 들어 NAM에서도 지역통화를 하려는 사람이 많았습니다. 지역통화만을 말입니다. 그러나 내가 생각하기에 그것은 생협이나 실천적인 대항운동이 있은 후에야 비로소 성립하고 기능하는 것입니다. 그것 없이 지역통화가 정착될 리 없습니다. 요컨대 자본제=네이션=스테이트에 대한 대항운동에서 X로의 계기가 나온다고 생각합니다. 그렇지 않고 X를 적극적으로 찾으면 히피의 코뮌이나 야마기시카이山岸會[8] 같은 것이 되어버립니다.

---

[8] 야마기시 미요조山岸己代藏에 의해 창설된 컬트적 사회주의자들의 모임. 1959년 소위 '야마기시카이 사건'(살인, 협박, 공갈, 감금)이 발생하여 사회적인 문제가 되었다.

2 다가올 어소시에이션이즘

나는 자본제 바깥에서 X를 만들 것이 아니라 자본제 안에서 그것을 만들 계기를 찾아내야 한다고 생각합니다. 그것이 '소비자로서의 노동자' 투쟁이지요. 그 경우 나는 어디까지나 선진국에서의 투쟁을 생각하고 있습니다. 그러므로 곤란합니다. 자본주의의 자본제=네이션=스테이트의 매듭이 완성되지 않은 장소라면 혁명을 실현하는 것은 어렵습니다. 물론 정치혁명으로서 말입니다. 그람시도 러시아 혁명에 대해서 그것이 가능했던 것은 "동방에서는 국가가 전부이며 시민사회가 원시적이고 젤라틴과 같은 상태이기" 때문이라고 말하고 있습니다. 나는 시민사회보다 네이션이 생기지 않았기 때문이라고 생각합니다. 그저 황제가 전쟁을 하고 있었을 뿐이지요.

아사다 생기지 않았다는 것은 현상을 보면 알 수 있습니다(웃음).

가라타니 오늘날의 이라크에도 네이션은 없지요. 그것을 민족(ethnic)과 혼동해서는 안 되며 종교(이슬람)와도 혼동해서는 안 됩니다. 그렇지 않으면 네이션이라는 것이 얼마나 고도의 구축물인지를 잘못 보게 됩니다. 어쨌든 내가 생각하고 싶은 것은 후진자본주의 국가가 아니라 삼위일체의 매듭이 완전히 완성된 선진자본주의 국가에서 어떻게 그것에 대항할 수 있는가 하는 문제입니다.

오사와 알겠습니다만, 예를 들어 이야기를 듣고서 제가

3부 텍스트의 미래로

그것을 다른 사람에게 "가라타니 씨가 말하고 있는 것은 이런 것입니다"라고 설명할 수 있는가 하면 역시나 어렵습니다.

가라타니 씨의 네이션 설명에서 매우 재미있다고 생각하는 것은 그것을 제국과의 관계에서 파악하고 있는 부분입니다. 보통 제국과 네이션은 완전히 대립하는 원리라고 생각하지요. 그리고 물론 가라타니 씨 또한 제국과 네이션의 차이를 전제하고 있지만, 가라타니 씨의 논의에서는 그뿐만이 아니라 제국이라는 바탕이 있어야 비로소 네이션이 가능하다고 설명합니다. 제국은 일반적으로 다민족적으로 구성되어 있기 때문에 내셔널한 원리와는 다른 메커니즘에 의존하고 있습니다. 실제 내셔널리즘보다도 제국이라는 사회형태가 먼저 발견되고 있습니다. 제국이 없었다면 네이션은 생기지 않았을 것입니다. 만약 이것이 옳다면 내셔널리즘에 대하여 이론가들이 발견하지 않은 무언가가 네이션 안에서 작동하고 있다는 것을 이해를 할 수 있게 됩니다. 예를 들어 이런 점을 단서로 삼으면, 네이션(이나 그 외 사회의 제형태) 속에서 이미 기능하고 있는 것이 분명한 X의 원리를 추출할 수 있지 않을까 합니다. 실제 제국은 통상 다민족을 통합하기 위해 보편종교를 가지고 있지만, 앞서 말씀하신 것처럼 보편종교는 바로 X(어소시에이션)에 의거합니다. 네이션이 그 제국이라는 바탕을 전제로 분절되어 있다면, 네이션 안에 X가 들어와 있는 경로를 발견할 수 있을지도 모릅니다.

하여간 나 자신은 가라타니 씨의 책을 읽고 생각을 재구

2 다가올 어소시에이션이즘

축할 수밖에 없었던 적이 몇 번인가 있습니다. 앞서 말씀하신 것처럼 모두가 사회민주주의로 가는 것은 뭔가 근본적으로 이상하다고 여기는 사람이 실제로는 많이 있습니다. 그렇지만 그 감각에 대한 적절한 개념을 찾을 수 없는 것입니다. 그에 대해 가라타니 씨가 어소시에이션을 베이스로 한 코뮌이라는 것이 가능하다고 분명히 말하면, 그런 사람들에게 처음으로 언어가 주어집니다. 그런 해방감이 강하게 있는 것입니다.

하지만 그럼에도 불구하고 그 때문에 틈 사이로 엿본 해방에의 단서가 무엇인지 확실히 붙잡고 싶다는 욕구도 강합니다. 어소시에이션이라는 것이 무엇인가? 라고 말입니다. 예를 들어 제가 전문으로 하고 있는 사회학이라면 어소시에이션이라는 말은 종종 커뮤니티라는 말과 세트가 되어 대對개념이 됩니다. 이런 대립개념은 매키버Robert Morrison MacIver(1882~1970)가 제안한 것으로, 게마인샤프트 / 게젤샤프트와 같은 대對는 아니지만 조금 닮은 부분이 있습니다. 즉 커뮤니티는 가라타니 씨의 언어로 말하자면 reciprocity(호수성)에 의해 생기는 공동체입니다. 그에 반해 어소시에이션은 도시적인 관계성으로 어느 쪽인가 하면 상품교환과 세트가 됩니다.

아사다 회사라든지요.

오사와 그와 같이 어소시에이션은 상품교환 시장에서 독립된 원리가 아니라 그것과 세트가 되는 관계나 집단으로서 생각되는 것이 보통이지요. 그렇지만 가라타니 씨가 말하는 어소시에이션은 그것과는 완전히 다른 의미입니다. 그것을 어떻게 파악하면 좋을까요? 여기까지 제시해 주셨으니 구체적인 예랄까 "이것이야말로 어소시에이션이다"라는 것을 붙잡고 싶은 기분이 아무래도 있습니다.

어소시에이션의 계기로서 렌쿠[9]

오사와 이야기를 되돌리면, 『일본근대문학의 기원』의 「장르의 소멸」 장에서 바쇼가 렌가를 부정하고 하이쿠(하이카이렌쿠)를 만들었다는 이야기가 있습니다. 렌가라는 것은 처음부터 공동체적·길드적인 장이 전제가 되기 때문에 바쇼가 그것을 부정하고 절단했다는 것입니다. 이 렌쿠 이야기에서 가장 재미있는 것은 그 부정의 계기로서 독음獨吟렌쿠라 하여 자기 혼자서 하는 형식이 등장한다는 점입니다. 자신이 구句를 읊조리고 그 다음 순간에 같은 자신의 구를 타자로서 상대하여 다른 코드로 다른 구로서 읽어 갑니다. 즉 만드는 자와 받는 자라는 역할분담이 공동체적으로 안정되어 있는 것이 아니라, 오히려 구를 읊을 때마다 같은 주체가 작자와 청취자로 분열되는 계기가 있습니다. 바꿔 말하면 같은 하나의 구 자체가 애당초 복수의 분열된 주체의 교환, 다른 읽기의 교환의 결과로서 있다는 말인가요? 교환이라는 장으로서 무언가를 생산한다

---

[9] 連句. '하이카이렌가俳諧連歌'의 다른 이름.

2 다가올 어소시에이션이즘

는 것이 그런 것이라고 저는 납득하지만요. 이런 분단이 먼저 있다. 먼저 이런 분절이 있다. 사전에 그것이 회수될 장소가 있는 것이 아니라, 그 어떤 장소에도 회수될 수 없는 이런 불확정적인 장면이 블랙박스처럼 하나의 구句에 포섭되어 있다. 그렇다고 해서 이것은 각자가 고립되어 연결이 끊어진 것이 아니라, 이것이 역으로 새로운 어소시에이션의 계기가 된다. 그렇게 저는 읽었습니다.

말하자면 공동체적인 렌가를 부정하고 각자가 렌쿠를 결부시키는 계기로서 발견하는 바쇼에게 '하이카이적인 것'은 오히려 사전에 공유되어 있는 코드의 절단이랄까, 말하자면 이런 확정할 수 없는 죽음을 접속의 원리로서 도입하는 것은 아닐까 하고 말입니다.

그것과 관련되지만, NAM 논의 중에 소비자의 입장에서 비판의 계기를 발견했을 때, 거기에 시간이라는 관점을 넣은 것은 획기적이라고 생각합니다. 소비라는 것은 동시적인 것이 아니며, 한 시간 늦게 사는 것만으로도 다른 영향을 미칩니다. 비동기적인 시간의 늦음, 소비자 한명 한명이 구입하기로 결단할 때, 그 각각의 순간은 시간을 지배하는 순간일 수 있습니다. 빨리하는 것도 지연시키는 것도 가능합니다. 이런 각각의 주체가 서로 동기화되어 있지 않고 오히려 단절될 수 있다는 것을 저항의 계기로서 파악하려고 한 점이 NAM이라는 운동의 가능성이었다고 생각합니다만요.

가라타니 내가 이번에 『일본근대문학의 기원』을 개고했

3부 텍스트의 미래로

을 때 바쇼의 하이카이렌쿠나 좌座에 대하여 쓴 것은 물론 어소시에이션의 문제를 암묵적으로 생각하고 있었기 때문입니다. 이것은 옛날 판본에는 없습니다. 역시 현재의 시점이지요.

아사다 바쇼는 렌가가 기반으로 삼은 공동체를 부정하고, 렌쿠는 혼자서도 가능하다고 말하면서도 다른 '렌連'[10] 내지 '좌座'[11]를 형성하고 그 네트워크를 찾아 여행하며 기행문을 썼지요. 공동체를 부정한 후에 완성되는 '렌'이나 '좌'와 같은 것이 어소시에이션적인 것으로 있었는데, 그것은 작품 안에 추상적으로 있었을 뿐만 아니라 그들의 구체적인 생활 안에도 있었습니다. 예를 들어 근대회화의 초창기에 인상파 등이 그룹을 만들었을 때도 물론 시장에서 그림을 팔거나 관전官展에서 나라의 인정을 받거나 하는 것을 중요시했지만, 그것만이 아니라 역시나 어떤 형태로인가 어소시에이션적인 것을 하고 있었습니다. 구체적으로 보면, 그런 예는 많지 않을까요?

가라타니 그렇습니다. 근대문학이라는 것은 왠지 내면적이고 고립된 개인이 하는 것이며, 타인과 함께 활동하는 것을 타락으로 간주하는 이미지가 지금도 있습니다. 내가 보기에 전공투라는 것은 본래 어소시에이션 운동이었는데, 글쟁이로 남은 사람들은 그런 종류의 근대적 내면성

---

[10] 연회를 함께 하는 무리라는 의미.
[11] 노가쿠나 연극의 단체를 말함.

2 다가올 어소시에이션이즘

의 강고한 지지자들이지요. 그들은 조금이라도 연대적인 행동이 나타나면 반드시 비난을 하며 다닙니다.

오카자키 그렇게 말하면서 처음부터 모두 한통속일 것이며, 분명 그럴 것이라는 사실을 전제하고 있습니다.

가라타니 지금 생각하면, 1950년대에 하나다 기요테루花田淸輝(1909~1974)나 히로스에 다모츠廣末保(1919~1993) 등은 말하자면 어소시에이션에 대해 생각하고 있었던 것으로 보입니다. 그와 같은 가능성을 섬멸한 것이 요시모토 다카아키吉本隆明지요. 그때는 나도 하나다 등이 하려는 것을 잘 몰랐습니다. 하지만 나는 1970년대 후반에 근대문학의 그와 같은 '내면성'을 부정하려고 했습니다. 그것이 『일본근대문학의 기원』입니다. 그렇지만 이전은 부정만 하고 적극적인 방향을 제시하지 않았습니다. 이번은 그것을 보여주었다고 생각합니다. 그렇지만 그것은 메이지 일본의 이야기이고 현재의 이야기가 아닙니다. 그런 의미에서 현재의 상태에 대해서 아무것도 말하고 있지 않습니다. 그러나 이것을 읽으면 앞서 오카자키 씨가 말한 것처럼 "그럼 이 방법으로 하자"는 사람이 나올 가능성이 있습니다(웃음).

오카자키 취할 수 있는 것은 캐치카피[12]뿐으로 방법은 가

---

[12] catch copy. 소비자에게 강하게 어필할 수 있는 인상적인 선전문구를 뜻하는 일본식 영어 조어. '캐치프레이즈'보다 사용 범위가 좁다.

로챌 수 없지 않나요? 렌쿠에 대하여 가장 중요한 포인트는 렌가가 처음부터 상대와 마주하는 것을 전제하고 있는데 반해, 혼자서 렌쿠를 한 경우는 반대로 단절하고 코드를 변경하고 자신을 분열시키지 않으면 성립하지 않습니다. 오히려 단절함으로써 이어지는 것이 있습니다. 실제 물건을 만들거나 상품을 개발하거나 할 때는 반드시 그런 장면이 있습니다.

가라타니 씨가 『네이션과 미학』에서 아담 스미스가 말하는 '상상의 작용'에 대해 썼지만, 마찬가지로 일본론 같은 것을 이야기하면 사전에 일본적인 미美라는 것이 있는 것처럼 되어버리는데, 오히려 그와 같은 사전에 확보된 공동성이 없다는 것이야말로 그 존재를 요청한다는 사실이 중요하다고 생각합니다. 그 순서가 소위 창가唱歌에서는 뒤바뀌어 이해되지만요. 사전에 공동체가 있다고 말입니다. 예를 들어 헌법에서도 먼저 처음에 서로 도저히 이해할 수 없는 타자가 있다는 것이 전제되고 헌법이 있는 것이, 지금은 뒤바뀌어 있습니다. 헌법 앞에 사전에 '현실'이라고 불리는 '적당한' 합의사항이 있는 것처럼 생각됩니다. 적당히 할 수 있다면 헌법 따위는 애당초 필요가 없습니다.

어소시에이션이라는 보편성

오사와 약간 각도를 바꾸어 질문하겠습니다. 그도 그럴 것이 지금부터 여쭈어보고 싶은 것이 오카자키 씨가 지금

2 다가올 어소시에이션이즘

말씀하신 렌쿠의, 자기의 내적분열을 매개로 한 연결 같은 것과 관계한다고 생각하기 때문입니다.

이론적인 것에 흥미가 있는 좌익에게 가장 존경받고 있는 사상가라면 하버마스와 데리다라고 생각합니다. 두 사람 모두 상당한 나이지만 역으로 그만큼의 발언력을 가지고 있습니다. 이 두 사람은 일반적으로 모더니스트와 포스트모더니스트로서 대립되는 것처럼 이야기되지만, 따지고 보면 같은 곳에 도달한 부분이 있습니다. 실제 최근 두 사람은 손을 잡고 행동하고 있습니다.[13] 다만 먼저 양자가 서로를 비판하는 형태를 보고 싶습니다. 그것에 의해 역으로 두 사람이 도달한 '같은 곳'의 폐색閉塞이 보이기 때문입니다. 두 사람은 모두 '타자의 존중'이나 '타자에의 관용'이라는 것을 현대풍으로 논하고 있습니다.

한편으로 하버마스는 오랫동안 커뮤니케이션에 대해 사고했는데, '주인과 노예'와 같은 지배와 복종의 관계를 낳지 않는, 본래 있어야 할 수평적인 커뮤니케이션이 어떻게 가능한지를 생각해 왔습니다. 그런 커뮤니케이션에서 합의되는 규범이야말로 보편적인 타당성이 있을 것이라는 주장이지만, 그 전에 '주인과 노예'가 되지 않는 수평적인 커뮤니케이션을 위해 메타규범이 필요하다고 말합니다. 규범이 커뮤니케이션에 의해 생성된다고 해도 그 규범을 생성하기 위한 커뮤니케이션에는 메타규범이 필요하기에 그 메타규범을 정식화하는 것입니다.

---

[13] 지오반나 보라도리, 『테러시대의 철학』, 김은주 외 옮김, 문학과지성사, 2004. 이 책에는 데리다와 하버마스의 공동선언문이 수록되어 있다.

3부 텍스트의 미래로

데리다 측에서 보면 하버마스의 이런 태도는 어중간하게 보입니다. 그런 메타규범을 세우면 본래적인 타자와 만날 수 없다는 것입니다. 즉 하버마스의 메타규범이라는 아이디어는 서유럽세계에서 성립한 토론의 이미지에서 왔기 때문에 항상 그런 것을 받아들일 수 있는 것은 아니다, 좀 더 법외法外의 타자가 있는 것은 아닐까 하는 것입니다. 언뜻 보면 데리다의 주장 쪽이 래디컬한 것처럼 들리지만, 역으로 데리다는 그렇다면 법 밖의 타자와 어떻게 사귈 것인지에 대해서는 말하지 않습니다. 따라서 법외의 타자가 조용히 있는 동안은 상관없겠지만 오늘날처럼 테러리스트이거나 한다면 대처가 불가능합니다. 결국 아무리 데리다파라 하더라도 이야기를 나눌 수 있는 사람하고만 사귈 수 있습니다. 결과적으로는 데리다와 하버마스의 주장은 실천으로는 그리 다르지 않은 것이어서 실제 앞서 말한 것처럼 데리다파가 하버마스에 다가가는 사태가 생긴 것입니다.

이렇게 양자는 서로를 비판하면서도 같은 곳으로 수렴됩니다. 하버마스의 속마음은 역시 사회민주주의라고 생각합니다만, 가라타니 씨의 논의에는 그것을 넘어선 부분이 있다는 느낌이 듭니다. '가르치다 / 배우다'라는 관계를 기초로 삼아 어소시에이션이라는 것을 생각할 때, 보통은 이야기를 하더라도 이야기가 통하지 않는 타자라는 것을 염두에 두고 있다고 생각합니다. 어디까지나 교과서적인 정리로, 데리다와 하버마스를 엄밀하게 읽고 있는 사람들은 화를 낼지도 모르지만, 지금 말한 것처럼 데리다 VS 하

2 다가올 어소시에이션이즘

버마스가 대립하고 있는 것처럼 보이지만 폐색된 상황에서 가라타니 씨는 그 밖에 또 하나의 타자를 실질적으로 도입하는 원리로서 어소시에이션을 생각하고 계시는 것은 아닌지요.

가라타니 그렇습니다. 나도 이론적으로 생각하고 있을 때와 실천적으로 행할 때 판단기준이 상당히 다릅니다. 실천적으로는 하버마스도 괜찮다고 생각합니다. 다만 이론적으로는 부정하고 싶습니다. 우연히 오늘 마르크스에 관해 박사논문을 쓰고 있는 영국인에게서 메일이 왔습니다. 그는 라클라우에서 지젝에 이르는 포스트마르크스주의자가 작업해온 보편성에 대한 비판, 즉 보편성이라는 것은 결국 불가능하다는 비판에 대해 내가 칸트를 통해 생각하고 있는 보편성의 논의가 중요하다고 썼습니다.

예를 들어 하버마스는 보편성을 공동주관성(공공성)으로 기초 지으려고 했습니다. 그런데 이것은 보편성이 불가능하다는 논의와 사실 같습니다. 보편성이 무엇인가? 하면, 말하자면 보편적 명제(전칭명제)가 어떻게 성립하는가? 하는 문제입니다. 예를 들어 "모든 인간은 죽는다"는 것이 전칭명제입니다. 그 경우 모두가 동의해도 보편적 명제는 성립하지 않습니다. 보편성은 공동주관성과는 관계가 없습니다. 그에 대한 칼 포퍼의 생각은 '보편적 명제'라는 것을 먼저 가설로서 세우고 누군가의 반증을 기다린다, 반증이 없는 한 그것은 잠정적으로 보편적 명제로 간주된다는 것입니다. 동의하는 타자가 아무리 많아도 보편적 명제는 성립하지 않는다. 반대를 할 타자가 있을지 모른다고 상정함으로써 성립하는 것입니다. 이 경우 포퍼는 칸트를 주관적이라며 비판하고 있지만 칸트가 말하는 '물자체'가 실은 그런 타자입니다. 멋대로 이쪽이 감정이입하거나 내면화할 수 없는 타자 말입니다.

나는 타자에 대해 그 부분까지 썼습니다만, 『트랜스크리틱』에서 획기적인 도약이 있었다면, 그것은 '타자'를 '죽은 사람'과 '아직 태어나지 않는 미래의 인간'에서 발견한 것입니다. 살아있는 인간이라면 어떤 외국의 이교도와도 교섭이 가능합니다. 예를 들어 환경문제에 관해 돈을 줄 테니 눈을 감아주라고 말할 수 있으며, 그것으로 동의를 얻을 수도 있습니다. 그런데 환경문제에 대해 아직 태어나지 않은 자손의 동의를 얻을 수 있을까요? 환경오염이나 지구온난화로 피해를 입는 것은 자손들입니다. 하버마스적인 공동주관성이나 공공성에는 그와 같은 타자가 빠져 있습니다. 그런 의미에서 보편성을 공동주관성으로 간주하는 것은 잘못입니다. 하버마스와 같은 생각은 내셔널리즘은 아니라고 해도 유럽주의나 서양적 이성으로 귀결된다고 생각합니다.

오사와 학생에게 『은유로서의 건축』을 읽게 했을 때, 그들이 가장 어려워한 것은 보편성에 관한 논의입니다. 보편성과 일반성(공동주관성)이 다르다고 강조되어 있는데 그 차이는 단독성과 특수성의 차이와 평행하고 있습니다. 특수성과 구별된 단독성에 관해서는 '나'라는 것이—예를 들

2 다가올 어소시에이션이즘

어 "학생이다"나 "일본인이다"라고 말했을 경우에—특수화되어 설명되었을 때 "뭔가 좀 다르지 않나" "그것만으로는 이 나는 설명되지 않지 않나" 하고 실감이 드는 부분이 있어서 겨우 이해시킬 수 있었습니다. 그러나 가라타니 씨의 논의는 다시금 단독성이 보편성에 직결되어 가는 논리가 되기 때문에 그곳에서 실패합니다. 이 보편성은 공동주관성이나 일반성과는 다릅니다. 아마 가라타니 씨가 생각하는 어소시에이션은 그런 보편성 원리의 사회적 대응일 것입니다. 일반성과는 다른 보편성이란 무엇인가 하는 부분은 오카자키 씨가 말씀하신 '아는 사람만 아는' 부분이라는 느낌이 듭니다.

가라타니 음, 좀 더 설명이 필요할지 모르겠군요. 죄송합니다(웃음).

데리다적 폐색을 넘어서다

아사다 하버마스와 데리다의 문제는 다른 각도에서 말하면, 데리다는 『입장들』에 수록된 유명한 인터뷰에서 이를테면 이중기제[二重底][14]라는 전략을 주창하고 있지요. 예를 들어 남성(man)이 여성(woman)을 차별하고 있을 때, 제1단계에서는 그 힘의 관계를 역전시켜 여성을 복권시켜야 하지만, 그것만으로는 인간으로서 해방된 여성이 남

---

[14] double registre. 데리다, 『입장들』, 박성창 옮김, 솔, 1992, 59쪽.

3부 텍스트의 미래로

성이 된 자신을 발견하는 결과로 끝날지 모르기 때문에, 제2단계에서는 남성과 여성이 놓여있는 인간(man)이라는 토대 자체를 탈구축하지 않으면 안 된다고 말입니다.

가라타니 2단계 혁명론이네요(웃음).

아사다 그러면 제1단계에서 데리다는 하버마스와 함께 싸울 수 있습니다(부르디외와 함께 싸울 수 있었던 것처럼). 피억압자를 위해서라면 사회민주주의도 좋다는 것입니다. 그러나 자신은 그것으로 문제가 해결되었다고 생각할 정도로 천박하지 않다, 동시에 제2단계로서 데모크라시라는 이념 자체를 철저하게 탈구축해 가는 무한한 작업이 필요하다는 것을 알고 있다는 것입니다. 이것은 이론적으로는 비판의 여지가 없을 정도로 정당하지만, 현실적으로는 그저 핑계라고 할 수 있을 정도로 공허한 입장입니다. 실천에서는 일단 사회민주주의로 좋다, 그 이외는 서재에서 무한한 탈구축을 하면 된다는 말입니다. 물론 이런 희화적인 단순화는 데리다에게 부당하다고 생각하지만요.

가라타니 하니야 유타카埴谷雄高(1909~1997)도 그랬습니다.

아사다 그런 부정신학적 영구혁명론으로는 안 된다. 뭔가 포지티브한 제안을 해야 한다는 것이 가라타니 씨의 입장이 아닙니까?
　지금 말한 데리다와 하버마스의 공범관계나 하니야 유

2 다가올 어소시에이션이즘

타카에게서 볼 수 있는 것은 상식적인 의미의 칸트주의이지요. 실천적으로는 일단 사회민주주의가 좋다. 그런데 규제적 이념으로서 '다가올 민주주의'가 있는데, 그것이 와버린다면 이미 '다가올' 것이 아니게 되기 때문에, 항상 지평선 너머로 도망가는데, 무한히 그것을 사고하는 것이 중요하다고 말합니다. 이런 논의는 아무래도 칸트주의의 네거티브한 부분을 대표한다고 말할 수 있지요. 그에 반해 가라타니 씨는 칸트를 마르크스와 연결시켜 읽음으로써 완전히 다른 포지티브한 비전을 끌어내고 있는 것이 새롭다고 생각합니다.

다시 오사와 씨가 정리하신 것을 보충한다면, 좌익으로 사회민주주의에 만족하지 못하는 사람이 어떻게 하는가 하면, 일부는 라캉이나 알튀세르의 연장선상에서 바디우나 지젝이 주장하는 좌익 교조주의(dogmatism)로 달려가지요. 레닌이 뭐가 나쁘지? 마오가 뭐가 나쁘지? 하고 말입니다.

가라타니 그렇지만 그들이 말하고 있는 것은 아이러니로서가 아닌가요? 그냥 나쁜 척하고 있을 뿐이지 않나요?

아사다 사민주의가 지배적인 상황에서 소위 양심적 좌익들 사이에서도 애써 자신의 결점을 드러내는 포즈를 취하는 것만 생각하는 부분이 있지요.

3부 텍스트의 미래로

『다중(multitude)』을 검증한다

아사다 다른 한편으로 똑같이 래디컬하지만 시니시즘과는 멀게 보이는 비전으로서, 앞에서 다룬 네그리와 하트의 『제국』과 『다중』의 비전을 들 수 있습니다. 노동자의 인터내셔널한 단결을 말하는 것이 아니라 유상무상(multi-tude)의 트랜스내셔널한 확장이 그 자체로서 '제국'을 상호전이시키는 잠재력을 가지고 있다는 것입니다. 홉스─헤겔적인 부정적 매개라는 사고를 싫어하고, 스피노자의 상즉相卽[15]의 사고를 선택하면 그와 같은 비전이 되는 것은 이해할 수 있지만, 너무나 낙천적(optimistic)이며 공허한 인상이 강하지요.

가라타니 그 다중에는 예를 들어 이슬람원리주의 운동 등도 들어가 있습니다.

오사와 알카에다는 다중이지요.

가라타니 그들의 책은 1991년 걸프전쟁 때 취한 아메리카의 태도에 근거하고 있습니다. 즉 아메리카는 유엔의 승인을 얻어 행동한 역사상 유래가 없었던 '제국'이라고 평가했습니다. 그러므로 9.11 전 『제국』은 미국무성에서 인기가 있었고, 네그리와 하트는 『뉴욕타임스』에 논설을

---

[15] 불교용어로 두 사물이 본체에서는 서로 하나인 관계에 있다는 것.

2 다가올 어소시에이션이즘

썼습니다. 그러나 9.11 후 돌연 의미가 없어졌습니다. 여하튼 알카에다가 등장하자 아메리카도 유엔을 무시하는 모양이 되었기 때문입니다.

아사다 통치시스템의 분석으로서 『제국』은 상당히 재미있는 부분이 있다고 생각합니다. 즉 확실히 아메리카의 군사적 전제專制가 있지만, 그것 이외에 예를 들어 G7과 같은 경제적인 과두제가 있고, NGO 등도 가담한 민주제가 있고, 그것들이 하나의 묶음이 된 것이 현재의 '제국'이라는 것입니다. 분석으로서는 중층적이고 재미있습니다. 그러나 다중이 그것을 한 번에 뒤집는다는 전망에 대해서는 아무리 봐도 지나치게 낙천적이며 구체성을 결여하고 있습니다.

가라타니 구조론적인 파악 없이 단지 다중이라고 말하면 이원론이 됩니다. 제국과 다중이라는 것은 19세기 중반에 마르크스가 세계는 부르주아계급과 프롤레타리아계급이라는 양극으로 분해된다고 말한 것과 닮았고 너무나 엉성합니다. 나는 앞서 제4극 X에 대해 그것이 역사적으로는 보편종교로서 나타났다고 말했습니다. 내 도식에서는 이슬람권에서 내셔널리즘이 기능하지 않고 사회주의운동의 가능성이 사라졌을 때 왜 종교적인 원리주의가 나왔는지를 구조론적으로 설명할 수 있습니다. 이란혁명의 경우 처음에는 반자본주의적이고 반국가적인 어소시에이션 운동이었습니다. 하지만 그것이 종교인 이상 결국 교회국가로

3부 텍스트의 미래로

귀결될 수밖에 없었습니다.

오사와 현상이 어떤지를 전체적으로 파악할 수 있는 책이 지금 따로 거의 없다는 것을 생각하면, 『제국』은 확실히 좋은 책입니다. 현상분석으로서는 상당히 잘 정리되어 있어서 현대사회를 개관하는 데에는 매우 좋습니다. 가라타니 씨의 책은 그런 의미에서는 약간 복잡하기 때문입니다. 『제국』은 단순하고 처음 읽기에는 매우 좋습니다. 다만 가장 중요한 다중 부분에 이론적으로 약점이 있습니다. 그 책은 '제국'과 '다중'이라는 이원론에 입각해 있습니다. 그러나 궁극적으로는 다시금 다중의 일원론으로까지 환원 가능하게 되어 있습니다. '제국'은 다중의 한 모습이며 그것의 현대적 형태라는 것입니다. 그렇다면 다중이 어떻게 해서 '제국'이나 그 외 주권의 형태로 전환되는지가 설명되어야 합니다. 그에 대한 설명이 잘 되었는지는 매우 의문입니다.

다중이라는 개념을 가라타니 씨의 X에 가까운 것으로 이해하는 사람이 있다고 생각합니다. 따라서 가라타니 씨는 분명 네그리-하트보다도 적극적인 것을 말하고 있음에도 '다중' 운운하는 사람이 "내가 말하고자 한 것이 이것이다"라고 말하며 접근해 올 가능성이 큽니다. 그것을 명확히 구분해 가는 전략이 필요하다고 생각합니다.

2 다가올 어소시에이션이즘

종속이론의 붕괴

가라타니 네그리-하트의 다중은 후진국의 이미지지요. 멕시코의 사파티스타나 이슬람권의 알카에다나 말입니다. 나는 1990년대 이후 가장 커다란 변화 중 하나가 이전까지의 저개발론이나 주변자본주의론의 붕괴라고 생각합니다. 안드레 군더 프랑크나 사미르 아민의 논의는 나름대로 설득력이 있지만, 그로부터 도출되는 결론은 결국 사회주의혁명을 통해 세계시장으로부터 이탈하여 소련권 안으로 들어가면 만사가 해결된다는 것이었습니다. 그러나 나는 러시아혁명 이후 그런 이탈은 한 번도 성공하지 않았다고 생각합니다. 러시아혁명이 잘 되어가던 시기는 네프(신경제정책)를 실시하여 농민이 자신이 만든 물건을 시장에서 팔게 된 시기입니다. 1980년대에 고르바초프가 지향한 것도 말하자면 네프로 돌아가는 것이었는데, 체제 자체가 와해되었습니다. 한편 중국은 언론통제를 계속 유지하면서 네프를 실시하고 외자를 도입하여 급격한 경제성장으로 나아갔습니다.

종속이론에 따르면, 저개발국은 세계시장에서 선진국으로부터 착취당하고 있기 때문에 저개발국이 되었다는 것인데, 세계시장에서 이탈하여 잘 되어간 나라의 예는 없습니다. 한국이나 대만 등을 보아도 명확하지만, 외자를 도입하고 수출을 지향했기 때문에 발전했습니다. 요컨대 '사회주의'는 원래 경제발전을 위한 이론이 아닙니다. 경제를 발전시키 위해서는 자본주의적으로 할 수밖에 없습니다. 그러므로 사회주의자는 권력탈취에 급급해서는 안 됩니다. 이것이 마르크스의 영속혁명 비판이지요. 권력획득에 급급한 사회주의자는 소위 '사회주의적 원시적 축적'이라는 잔혹한 과제를 완수하는 처지에 빠집니다. 1990년대 이후 주변자본주의론이나 종속이론을 이야기한 사람들은 입을 다물게 되었지요.

아사다 이제 BRICs(브라질, 러시아, 인도, 중국)가 경제적으로 성장하여 세계경제지도를 일신할 것이라고 말합니다. —— 러시아는 약간 의심스럽고 애당초 아프리카 등은 제외되어 있지만요. 어쨌든 이런 세계경제의 현상을 보면 선진국의 개발과 제3세계의 저개발은 연관되어 있으며, 따라서 제3세계의 저개발은 계속 지속된다는 제3세계론의 주장은 더 이상 유지되기 힘들지요.

가라타니 그런데 그와 같은 틀린 전망에 대해서는 이론적인 책임을 졌으면 좋겠습니다.

아사다 그런 종류의 제3세계론이 말하자면 선진국으로 되돌아온 것이 네그리와 하트의 이론이지 않을까요? 다중이라는 것은 '내부의 이민'과 같은 것입니다. 현실의 이민도 그러하며 소위 프리터フリーター적인 사람들도 그렇습니다. '외부의 제3세계'는 확실히 없어졌지만 국내에도 정규 고용관계에 있는 노동자 밑에 유상무상이 있어서 '내

2 다가올 어소시에이션이즘

부의 제3세계'를 이루고 있다는 도식 말입니다. 하지만 그런 것에서 혁명의 주체를 찾는 것은 잘못이라는 것이 가라타니 씨의 주장이시지요.

가라타니 결국 다중은 주인에 대한 노예로 간주됩니다. 주인과 노예의 변증법에서 혁명을 찾는다는 논법은 변하지 않았습니다.

아사다 요컨대 너무 억눌려 있어서 잃을 것이 아무것도 없는 '노예'에게 가서 '주인'에 대한 반항을 계획한다는 낡은 발상으로 끝날지도 모릅니다.

오카자키 실제로 다중이라고 해도 행위에 따라 그때마다 가리키는 대상이 바뀌어야 하고요.

오사와 '다중'을 말하던 사람들이 9.11이 일어났을 때, 테러리스트를 "위대하다" "훌륭하다"고 칭찬이라도 했으면 아직 조금은 존경할 수 있었을지 모릅니다만, 그 정도의 용기를 가진 사람은 거의 없었습니다. 만약 "테러리스트는 안 되지만 다중은 된다"고 말한다면, 양자의 차이가 무엇인지 이론적으로 분명히 말해야 한다고 생각합니다.
  즉 억눌려 있는 동안은 '다중'이라 불리며 선진국 지식인의 묘한 기대를 받거나 칭찬을 받거나 하지요. 그런데 테러리스트가 되면 안 된다고 합니다. 나는 자주 이런 비유를 사용합니다. A군이 학급에서 왕따를 당하고 있을 때,

대개 그 아이에게 동정적인 약간 우등생처럼 보이는 PC적인 이가 등장합니다. 이 우등생처럼 보이는 B군은 "A군을 왕따해서는 안 되지 않는가?"라는 식으로 말합니다. 그래서 A군은 B군이 자기편이라고 생각하고 있었습니다. 그런데 A군이 어느 날 왕따를 참지 못하고 누군가를 때렸습니다. 그러자 갑자기 어제까지 자기편이었던 B군을 포함하여 아무도 자기편이 되어주지 않는 것입니다. 테러리스트 입장에서 보면, "네가 왕따를 당하고 있는 동안은 편을 들어준다"는 것으로, 역시나 꼴사납습니다. 테러가 안 된다면, 그것이 아닌 혁명의 길을 분명히 보여주어야 합니다. 가라타니 씨는 그것을 '노동운동으로서의 소비자운동'으로 표현하는 것이겠지요.

생산과정에서 유통과정으로

가라타니 자본주의 경제에서 유통과정에 대한 주목은 옛날부터 가볍게 취급되었는데, 예를 들어 "우노 고조는 유통주의자다"라고 한마디로 정리해버리지요. 그렇지만 자본주의를 상인자본이나 유통이라는 측면에서 파악하는 것은 중요합니다. 그것은 그곳에 언어적 커뮤니케이션의 문제를 가지고 오는 것과 같은 것으로, 나는 그것을 『마르크스 그 가능성의 중심』 등의 작업을 통해 옛날부터 하고 있습니다.

2 다가올 어소시에이션이즘

자본제 생산이란 통상 봉건적 착취의 변형이라고 생각합니다. 영주 대신에 지주·자본가가 노동자의 잉여노동을 착취하는 것이라고 말입니다. 하지만 마르크스는 자본은 본질적으로 상인자본이기 때문에 M-C-M'라는 공식은 산업자본에도 타당하다고 생각했습니다. 상인자본은 다른 가치체계 사이의 교환차액에서 이윤을 얻습니다. 산업자본도 실은 마찬가지입니다. 다만 그것은 시간적으로 가치체계를 차이화합니다. 요컨대 산업자본은 봉건영주처럼 노동자를 강제로 일하게 하는 것이 아니라 기술혁신(또는 노동생산성의 상승)으로 노동자가 알지 못하는 사이에 차액을 얻습니다. 게다가 노동자의 생활수준도 상승합니다.

그렇기에 주인과 노예의 변증법은 성립하지 않습니다. 영국의 경우 혁명적 노동운동이 19세기에 있었는데, 그것은 1848년에 끝납니다. 공장법이 성립하고 10시간 노동법이 생기고, 노동조합이나 파업권 등이 인정되었기 때문입니다. 앞으로 혁명을 어떻게 생각해야 하나. 계급투쟁은 끝났다는 것이 수정주의입니다. 그러나 잘 보면 자본가와 임금노동자의 관계는 평등하지 않습니다. 어디까지나 자본은 자본의 운동에서 주도권(initiative)을 잡고 우위에 있습니다. 그러나 자본은 M-C-M'라는 운동에서 한번은 파는 입장에 서지 않으면 안 됩니다. 그때만 자본은 사는 입장에 선 노동자에 종속됩니다. '주인과 노예'의 변증법으로 생각하고 있는 사람에게는 이와 같은 역전의 발상이 없기 때문에 항상 자본이 주인이고 노동자는 노예입니다.

3부 텍스트의 미래로

그러므로 노예의 봉기, 총파업밖에 생각하지 않습니다. 네그리식으로 말하면 다중의 반란입니다. 그러나 산업자본에서 자본은 명확히 강한 입장에 서있지만 반드시 한번은 파는 약한 입장을 통과하지 않으면 안 됩니다. 지금까지 그것에 왜 아무도 주목하지 않았는지 모르겠습니다.

오사와 이것은 가라타니 씨가 '보로메오의 매듭'이라고 부르고 있는 것과 실질적으로 같은 것일지 모르지만, 자본이라는 것은 불순물이 약간 있는 쪽이 보다 잘 기능하지요. 자본이 완전히 상품경제의 원리만으로 움직인다면 반드시 모순이 발생합니다. 거기서 재분배의 원리나 호수성의 원리가 들어옵니다. 자본은 자신과 다른 원리가 들어오면 힘들어지기는커녕 오히려 수월해집니다. 예를 들어 제3세계로부터 착취만 하는 것보다는 경제원조를 한 후 착취를 하는 쪽이 좋습니다. 따라서 ODA[16]를 충분히 주는 것이 자본에게는 전혀 문제가 안 됩니다. 자본뿐이 아니라 의회제민주주의도 그 이외의 원리가 들어오는 게 좋습니다. 예를 들어 데모의 자유가 충분히 있는 쪽이 반대로 잘 기능합니다. 즉 자본주의에 대항하는 원리가 역으로 그것의 보완물로서 작동하는 것입니다. 그렇다면 이런 자본주의의 유연성을 넘어서 최종적으로 자본주의를 다른 원리로 상호전위시키기 위해서는 어떻게 하면 좋을까 하는 것을 마지막에는 생각해야 합니다.

따라서 가라타니 씨의 큰 방침은 이해가 되지만, 자본주

---

[16] Official Development Assistance의 약자. 공적개발원조.

2 다가올 어소시에이션이즘

의는 가라타니 씨와 같은 사람이 나오는 것조차도 상당히 환영하는 측면이 있지 않을까요? 말씀하신 것처럼 노동자가 사지 않으면 자본주의는 성립하지 않는다는 것은 분명하지만, 노동자는 사지 않으면 살 수가 없습니다. 그러므로 노동자가 사지 않고 자본주의를 뒤집을 수 있을 때까지의 보증이랄까 담보가 필요하지요. 그것을 어떻게 생각하고 계십니까?

가라타니 그 단계에서는 생산협동조합이나 지역통화가 이차적으로 나오지 않을까요? 하지만 우선 나는 전쟁이나 환경문제에 대해 소비자로서의 액션이 불가피하게 나온다고 생각합니다. 나오지 않는 것이 이상합니다. 그런 경우 사람들은 그것을 시민운동이라고 말하지만, 실제로는 추상적인 '시민' 따위는 존재하지 않습니다. 소비만 하는 '소비자' 따위도 존재하지 않습니다. 시민이나 소비자도 노동자로서는 스스로 환경을 파괴하는 물건을 만들고 있습니다. 그렇지만 회사에 있기 위해서는 그것에 반대할 수 없습니다. 그런 사람들을 비난할 수 없습니다. 노동자는 생산지점에서는 보편적이 될 수 없다고 생각하는 게 좋습니다. 기업과 일체가 되거나 네이션과 일체가 됩니다. 그에 대해 예를 들어 루카치는 노동자는 진정한 계급의식을 가져야 한다고 말하지만, 생산지점에서는 무리입니다. 그에 반해 유통·소비·생활이라는 재생산의 장에서 사람들은 보편적인 존재가 될 수 있으며, 또 그와 같이 행동할 수 있습니다. 같은 인간이 그들이 처해 있는 장소에 따

3부 텍스트의 미래로

라 달라집니다. 이것이 중요합니다. 즉 장소가 인간을 바꿉니다. 예를 들어 운전자는 차에 타있는 동안은 운전자지만, 차에서 내리면 보행자가 됩니다. 항상 보행자인 사람도 항상 운전자인 사람도 없습니다. 그럼에도 마치 운전자는 주인이고 보행자는 노예라고 생각하고 '주인과 노예'의 투쟁이라는 이미지를 그립니다.

아사다 네그리 등도 생산노동이라는 것에 역점을 두기 때문에 "일하지 마"라는 메시지가 되지만, 실제 큰 힘을 가진 것은 소비, 유통의 장면에서 "사지 마"라는 것이지요.

오카자키 더욱이 단순히 "사지 마"가 아니지요. "사다" "사지 않다"는 수동적인 행동이 아니라 그 자체가 데모이기도 합니다.

가라타니 게다가 아무것도 사지 말라는 것은 아니기 때문이지요.

아사다 다른 물건을 사면 됩니다.

가라타니 예를 들어 휘발유차를 처분하고 다른 차를 사거나 말이죠. 이것은 자본에 매우 큰 타격입니다.

아사다 그리고 하이브리드차를 삽니다. 이것은 자본주의라는 틀에서도 이제 환경문제에 민감한 지적 엘리트라는

2 다가올 어소시에이션이즘

것을 보여주는 지위의 상징(status symbol)이 되어 있지요.

가라타니 국가에 의한 규제 등을 기다리면 지구온난화 대책은 늦고 맙니다, 실은 이미 늦었지만요. 그 때문에 세계 소비자의 직접행동이 있습니다. 노동자의 국제연대는 예나 지금이나 곤란하지만, 소비자로서의 연대는 충분히 가능하다고 생각합니다. 요컨대 원래 곤란한 것을 무리하게 하고 좌절해도 의미가 없습니다.

오카자키 투표라는 행동에도 같은 계기가 포함되어 있다고 생각합니다. 이전 가라타니 씨와 오사와 씨, 아사다 씨가 『인터커뮤니케이션』에서 전개한 선거에 대한 논의를 역전시키면, 예를 들어 현재의 부재자투표를 형식적으로 확장시켜 투표일을 하루가 아니라 1개월간 좋을 때 투표하도록 합니다. 그것만으로 크게 바뀌지요. 그로 인해 매일 투표결과가 공표되면 확실히 그 결과가 다음 투표동향에 영향을 주게 됩니다. 오늘은 2/5표가 ○○으로 누계는 이러했다든지요. 이리하여 간접적 효과로서 한 표가 가진 무게, 영향력이 완전히 달라집니다. 투표가 그대로 데모가 되는 것입니다. 바꿔 말해 데모도 이처럼 분산적으로 연결시키는 쪽이 효과적입니다. 나는 NAM에서도 그런 가능성이 고려되었을 것이라고 생각합니다. 예술로 말하면, 구조적으로 생각한다고 했을 때 시간적인 순서나 절차를 포함하지 않으면 공평하지 않습니다. 퍼포머티브한(performative) 시간을 도입하지 않으면 제작, 운동의 논

3부 텍스트의 미래로

리가 성립하지 않습니다. 되풀이하자면, 일치하지 않는 비연속성의 도입이야말로 어소시에이션의 계기가 된다는 말입니다.

가라타니 하여튼 생산과정에서 유통과정으로라는 이론적 전도는 중요하다고 생각합니다. 구체적으로 그것을 어떻게 할 것인가 하면, 이미 행해지고 있으며 그것을 다시 생각하면 됩니다. 예를 들어 소비자운동이 있습니다. 단 소비자운동을 하고 있는 사람들에게 완전히 결여되어 있는 것은 그것이 소비자로서의 노동자의 운동이라는 관점입니다. 예를 들어 랄프 네이더Ralph Nader(1934~)의 소비자운동은 주목해야 마땅하지만, 그것은 노동운동과 소원합니다. 한편 노동운동을 하는 사람들은 소비자운동을 자신들이 하는 것과 다른 것이라고 생각합니다.

아사다 가라타니 씨의 논의는 앞서의 제3세계론 등과는 반대로, 발전한 자본주의 국가에서 그것을 뒤집는 전략으로 노동운동으로서의 소비자운동을 생각한다는 말씀이네요. 게다가 제로에서 운동을 조직하는 것은 아니다, 간디에서 네이더에 이르기까지 소비자운동으로서 행해져 온 것을 노동운동으로 다시 파악한다면 운동의 계기는 이미 그곳에 있지 않은가 라는 말씀이네요.

가라타니 역시나 이론적인 인식이 보급되어야 한다고 생각합니다. 어떤 종류의 계몽이 불가결합니다.

2 다가올 어소시에이션이즘

'희사喜捨'라는 아이디어

아사다 덧붙여 제3세계에 관해 말하면, 오사와 씨가 일찍이 『논좌論座』에 쓴 논고가 생각납니다. 거기서 오사와 씨는 이슬람원리주의를 이기려면 이슬람원리주의 이상으로 이슬람적인 행동을 하면 된다, 구체적으로 말하자면 압도적인 희사(증여)를 상대에게 퍼부어 넘어뜨리면 된다고 말했습니다. 상당히 까다롭고(tricky), 실현가능성이 높다고는 말할 수 없어도 꽤 재미있는 논의임이 분명합니다.

오사와 그것은 9.11 테러 직후에 쓴 논문으로, 이슬람원리주의자에게 너무나 호의적인 논문이라는 이유로 처음에는 편집부로부터 다시 쓰라는 말을 들었습니다. 그래서 어쩔 수 없이 다시 정중하게 설명하는 방식으로 썼는데, 내 자신의 인상으로는 원리주의자에 더욱 호의적인 논문이 되어버렸습니다(웃음). 쓸 때에는 테러리스트를 앞지르는 데에 가장 효과적인 방법은 무엇일까? 라는 것을 생각했습니다. 테러리스트에게 가장 무서운 것은 이쪽이 군사적인 공격을 하는 것이 아닙니다. 생각해 보면 탈레반 정권도 후세인 정권도 확실히 형편없었음에도 불구하고 그 지역에서 오랫동안 나름대로 정권을 유지할 수 있었습니다. 왜일까요? 결국 아메리카 덕분입니다. 탈레반도 후세인도 반미적이라는 이유로 인기나 지지를 얻을 수 있었기 때문입니다. 따라서 그들을 앞지르는 방법은 아메리카가 아메리카답게 행동하는 것이 아닙니다. 즉 아메리카에 대항하는 것이 무의미하고 유해하기조차 하다는 것을 보여주면 됩니다. 어떻게 그런 것이 가능할까요? 아메리카가 상대편의 원리를 — 예를 들어 이슬람의 원리를 역으로 취하는 것입니다.

앞서 가라타니 씨께서 반론을 해주셨지만, 나는 인간의 커뮤니케이션 원리가 역사적으로 크게 두 가지, 증여와 시장교환이라고 생각합니다. 앞서 세계종교의 창시자가 지향한 것이 어소시에이션이었다고 말씀하셨습니다. 나도 그렇게 생각합니다. 그리고 개혁의 원리도 세계종교 안에서 발견할 수 있다는 점에도 찬성합니다. 다만 세계종교라는 것은 공동체의 증여나 시장교환을 극복할 때, 그야말로 증여의 형태를 어떤 의미에서 탈구축적으로 이용하고 있는 부분이 있을 것입니다.

가라타니 증여를 '죄'라는 개념으로 바꾸지요.

오사와 그 논문을 썼을 때, 나는 그 점에 주목한 것입니다. 세계종교의 경우, 공동체 내부의 유한한 증여를 신에 의한 무한의 증여로 전환함으로써 넘어섭니다. 예를 들어 이슬람교도가 되기 위한 '오행육신五行六信'[17] 안에 우리가 무엇보다 고려해야 하는 사회적인 유효성을 가진 행위로서 '희사'가 있지요. 이것은 물론 증여의 원리입니다. 희사는 물론 신에 대한 증여이지만, 실제로는 신이 지상에 있

---

[17] 이슬람의 기본정신으로, 믿음의 영역 여섯 가지와 실천의 영역 다섯 가지를 말함.

2 다가올 어소시에이션이즘

는 것이 아니기 때문에, 그것은 이슬람사회 안에서——개개의 토착적 공동체를 넘어섭니다——재분배나 호수의 관계로서 기능하고 있는 것입니다. 이런 것이 가능한 것은, 즉 사람들을 희사로 인도하는 것은 절대적인 초월신으로부터의 무한한 증여가 이미 전제되어 있기 때문입니다.

논문을 썼을 때의 나는 이슬람사회를 성립시키고 있는 원리를 이쪽이 활용하면 어떨까 하고 생각한 것입니다. 말하자면 이슬람교도 이상으로 이슬람교도적으로 행동하는 것입니다. 그것이야말로 이슬람원리주의자들에게 가장 효과적인 대항책이 아닐까?

나는 요즘 그리스도를 모델로 생각하는 일이 많습니다. 한편으로 예수 그리스도는 신으로부터의 최대의 증여입니다. 세계종교는 지금 말한 것처럼 신으로부터의 증여라는 논리를 일반적으로 포함시키지만 그리스도는 그중에서도 최대의 증여입니다. 그렇지만 다른 한편으로 그리스도는 율법을 종결시키기 위해, 즉 증여와 호수성에 정의의 규범을 두는 율법원리를 지양하거나 넘어서기 위해 온 것입니다. 그리스도에 대해 사고해 가면 아마 호수성의 원리를 넘어서는 또 하나의 교환의 이미지가 나오지 않을까요? 그리고 그것은 가라타니 씨가 말하는 어소시에이션과 연결되지 않을까요?

가라타니 예수는 확실히 "눈에는 눈"이라는 호수성의 논리를 넘어섰습니다. 그러나 동시에 그는 다른 호수성의 논리로 움직였다고 생각합니다. "오른뺨을 맞으면 왼뺨을 대라"라는 것이지요. 그것은 상대에게 부채감을 줍니다.

나는 오사와 씨가 말한 것과 같은 대규모의 희사는 실행하기 어렵다고 생각합니다. 그런데 한 푼도 들지 않는 증여의 방식이 있다고 생각합니다. 그것은 말하자면 "왼뺨을 대는" 것입니다. 즉 만약 이슬람권이 ── 팔레스타인도 전부 포함해서지만 ── 서양세계에 대해 뭔가 행동을 하고 싶다면 바로 완전히 무장을 해제하면 됩니다. 무기도 전혀 사지 않는 것입니다. 만약 그런 무방비의 나라를 침략하거나 군사적으로 제압하면 국제적인 비판을 받습니다. 한편 아메리카와 그 밖의 나라들은 무기가 팔리지 않게 되기 때문에 공황이 오겠지요.

아사다 일반화된 간디주의네요.

가라타니 간디라고 하면 흔히 힌두교를 말하지만, 실은 그리스도교의 영향을 많이 받았지요. 성서나 톨스토이에게서 배웠습니다.

아사다 방금 오사와 씨의 이야기 중 절반은 이해가 갑니다. 그러나 증여라는 것은 상대에게 부채감을 주는 것이고, 그리스도교는 그와 같은 증여를 무한화하는 것이라는 니체의 논의가 있지요. 아무리 맞더라도 그저 참는 것을 통해 때리는 측에 되돌려줄 수 없는 부채감을 준다. 그것이 그리스도교와 같은 절대신(절대적인 증여자)을 가진 종교의 메커니즘이라고요. 그렇다면 같은 일신교인 그리

2 다가올 어소시에이션이즘

스도교권과 이슬람권, 또는 제1세계와 제3세계 사이에서 증여전쟁을 하더라도 결국 포트래치와 같은 것이라는 느낌도 듭니다.

오사와 그것이 증여의 최대 문제이지요. 교환이라는 형태는 되돌려주지 않을 때에는 빌린 돈으로서 남아있지만 청산이 가능합니다. 그러나 증여의 경우는 되돌려줄 방법이 없기에 좀 더 심한 종속관계를 낳을 가능성을 잠재적으로 가지고 있습니다. 그것을 어떻게 해서 극복할지가 최대의 과제가 됩니다.

부의 재분배를

가라타니 원래 이슬람교에는 오늘날과 같은 과격한 면이 적었다고 생각합니다. 수전 손택이 확실히 이런 것을 썼습니다. 보스니아의 이슬람교도는 전쟁이 일어날 때까지는 뉴욕의 유대인과 마찬가지로 신앙심 같은 것은 거의 없었다고 말입니다.

아사다 손택은 구유고슬라비아 분쟁 중에 사라예보에서 생활했는데, 예를 들어 무슬림이라고 해도 오스만투르크령이 되었을 때에 개종한 것에 불과하고, 역사를 통해서 이어져온 종교대립·민족대립이란 허구라고 말하지요.

3부 텍스트의 미래로

가라타니 그것은 이집트에서도 이란에서도 그렇습니다. 이란혁명 이후 시아파에서 원리주의가 대두했지만, 그때까지 이슬람교도는 종교에 대해 관대했습니다. 오스만투르크에서는 유대인이나 그리스도교도가 장관을 하거나 했습니다. 그 점에서 그리스도교권 쪽이 역사적으로 훨씬 엄격하고 배타적이었습니다. 그러므로 오늘날의 대립은 종교문제가 아닙니다. 질문해야 하는 것은 이슬람원리주의를 어떻게 할지가 아닙니다.

아사다 결국 이슬람교만이 아니라 그리스도교도 포함하여 원리주의라는 것이 매우 현대적인 형태로 등장했다는 말이겠네요

가라타니 앞서 말한 것처럼 나는 사회주의 운동의 부재가 그들을 원리주의로 나아가게 했다고 생각합니다. 그 점에서 마르크스가 종교에 대해 서술한 것은 옳았다고 생각합니다. 그는 종교를 실현시키지 않고 종교를 폐기할 수 없다고 말했습니다. 하지만 동시에 그는 종교를 실현시키기 위해서는 종교를 폐기하지 않으면 안 된다고 덧붙였습니다. 원리주의에 관해서도 그와 같이 양쪽 측면에서 생각해야 되겠지요.

아사다 원리주의적이지 않던 무렵의 이슬람교는 그리스도교와 비교해서도 다른 종교에 대해 관용적이었습니다. 유대교도나 그리스도교도와 공존하고 —— 물론 분쟁은

2 다가올 어소시에이션이즘

끊이지 않았지만 ──, 안달루시아나 시칠리아와 같은 장소에서는 그것에 의해 훌륭한 문화적 혼교가 실현되기도 했습니다. 또 증여와 교환을 비교적 잘 믹스하여 사용한 것 같은데, 예를 들어 병원을 만들면 거기에 마켓을 부속시켜 마켓에서 돈을 번 사람이 몇 퍼센트인가를 병원에 희사합니다. 그렇게 양자가 공존공영하며 잘 되어가는 것입니다. 여기서는 우리가 원리주의라고 하면 떠올리는 종교적인 이미지와는 상당히 다른, 오히려 어소시에이션적인 느낌이 듭니다.

가라타니 그렇습니다. 아민에 따르면 아라비아 나라들에 농업이 있었던 것은 이집트와 이란뿐으로, 나머지는 전부 상업·무역으로 성립해 있었습니다. 그러므로 바그다드처럼 아무리 번창한 도시나 제국도 무역의 루트가 바뀌면 한번에 몰락하게 됩니다. 그런 의미에서 이슬람교도는 기본적으로 상업을 베이스로 하고 있다고 생각합니다.

오사와 무하마드 자신이 상인이었으며 기본적으로 이슬람교는 상인원리의 일반화라는 측면이 있습니다. 예를 들어 그리스도교과 비교하여 이슬람교에 '원죄'라는 관념이 약한 것은 그것이 상인의 원칙에 반하기 때문이라고 생각합니다. 즉 원죄란 개개 인간의 입장에서 보면, 뭔가를 하기 전부터 이미 부채가 있는 상태이기 때문입니다.

가라타니 그러므로 이슬람교는 증여라기보다 교환 쪽에

3부 텍스트의 미래로

가깝다고 생각합니다. 증여는 농경공동체의 것입니다. 아라비아 사람들의 기본에 있는 것은 상업이라고 생각합니다. 베두인도 그렇습니다.

아사다 원리주의가 대두한 배경에는 사회주의의 실패, 바꿔 말해 사회주의가 체현하고 있던 대안(alternative)이 사라졌다는 것과 글로벌자본주의가 이렇게 강력해져 한번 뒤처지면 거의 따라갈 수 없게 된 데에 있습니다. '문명의 충돌'(헌팅턴)이라고 말하면 옛날부터 있었던 문명들이 충돌하는 것처럼 보이지만, 그것은 오히려 원리주의, 그것도 훌륭히 현대적으로 날조된 것으로서의 그리스도교원리주의와 이슬람원리주의의 충돌이지요.

가라타니 나는 선진국이 ODA와 같은 것이 아니라 저개발국에 부를 재분배해야 한다고 생각합니다. 지구 온난화도 피해를 받는 것은 후진국입니다. 가해자 측은 피해자 측에 대해 보상해야 합니다. 손해배상 말입니다.

아사다 방글라데시는 이번 여름에 수해로 국토의 2/3가 수몰되었다고 하더군요.

오사와 어소시에이션의 원리 이전에 상품교환적으로 지불해야겠지요.

아사다 2단계 혁명론 비슷하게 되었습니다만, 시장경제의 범위 내에서도 예를 들어 온실효과를 유발하는 가스의 배출권을 시장화하는 것이 필요합니다. 일정 이상의 온실효과 가스를 배출하는 선진국은 그만큼 온실효과 가스를 흡수하는 삼림을 가진 나라로부터 배출권을 사야 합니다. 그런 시장원리의 응용으로 모든 것이 해결될 리는 없겠지만, 상당한 자금을 선진국에서 발전도상국으로 이전시키는 것이 가능합니다.

가라타니 그것은 나도 찬성입니다.

헌법 9조와 국가의 '초자아'

오카자키 오사와 씨가 『연극인演劇人』에 헌법 9조와 북한에 대해서 쓰셨는데, 거기서 재미있다고 생각한 것은 북한이라는 타자에 대해 "너는 이미 죽었다"고 자각시키는 일이 중요하다는 논의입니다. 오사와 씨는 그것을 위한 테크닉까지 쓰고 있는데, 그것은 일본인이 하는 것을 전제로 북한으로부터 망명자를 계속 받아들이는 것이었습니다. 그렇게 하면 북한 사람들은 자신들의 국가가 우연이라는 사실을 깨닫고, 결국 그것이 이미 죽었다는 것을 알게 되기 때문에 위협이 없어진다는 그런 논의였다고 생각합니다. 이것은 일본이라는 국가도 우연적이라는 것을 동시에 보여주는 전략이 아닐까 합니다.

3부 텍스트의 미래로

 모든 국가는 우연적이어서 '죽음'을 이미 내재화하고 있습니다. 말하자면 사람들은 어떤 국가든 거부할 수 있습니다. 이런 인식이 입법주의의 기반이라고 생각합니다. 하지만 그런 전제를 공유하지 않는 북한과 같은 국가에 대해 어떻게 하면 좋을까 하는 논의에서 헌법 제9조를 부정하는 움직임이 나옵니다. 이것은 앞서 "아는 사람은 알겠지만, 모르는 사람은 모른다"는 이야기와 연결시킨다면, "자, 어떻게 알도록 할까" 하는 하나의 제안이지요.

아사다 오사와 씨도 쓴 것처럼 그것은 구동구권이 붕괴했을 때의 독일 및 그 밖의 나라들의 대응과 겹친다고 할까요, 그것에 관한 지적식 분석의 직접적 응용이지요. 즉 국경을 열면 된다고 말입니다. 루마니아의 차우체스크 정권이 붕괴했을 때도 군집의 야유(booing)에 당혹스러워하는 차우체스크의 모습이 TV로 방영된 것이 컸습니다. 국민 모두가 내심 이 체계는 이미 죽었다고 생각하고 있었지만, "나는 알고 있지만, 그 녀석은 알고 있을까?" 하고 서로 생각하고 있었습니다. 그래서 방송 등으로 정보가 퍼지는 순간 "내가 알고 있다는 것을 그 녀석도 알고 있다는 것을 나도 알고 있다는 것이……"라는 식으로 체제가 죽었다는 사실이 게임이론에서 말하는 공통지식(common knowledge)이 되어 모두가 안심하고 그것을 전제로 행동할 수 있게 되는 것입니다.

오카자키 오사와 씨의 논의는 가라타니 씨가 「죽음과 타

2 다가올 어소시에이션이즘

나토스」(제4권 『네이션과 미학』 수록)에서 프로이트를 끌어들여 전개한 국가에서의 초자아 논의와 겹쳐서 읽을 수 있겠군요. 가라타니 씨가 헌법 9조를 초자아라고 간주하고 있는 것을 오사와 씨는 제3의 심급이라고 말합니다. 초자아는 모든 인간에 이미 내재되어 있는 것으로 저항할 수 없는 것이지만, 그것을 자각하지 못하는 인간도 있습니다. 하지만 그것은 서로 그렇게 보일 뿐 실은 모두가 자각하고 있습니다. 그것을 노출시키면 됩니다.

오사와 헌법 제9조에 대해 좌익은 그것을 지키자는 말밖에 하지 않지만, 그것만으로는 헌법개정론자들에게 질 수밖에 없습니다. 단순히 "지키자"는 것만으로는 부정적인 말만 하는 고전적인 좌익과 다를 게 없습니다. 9조를 유지하면서 어떻게 해 나아갈 것인가를 적극적으로 보여주어야 합니다. 많은 사람이 9조의 개정을 호소하는 것은 물론 안전보장에 관한 불안 때문이지요. 단적으로 말해 9조를 지켜도 여전히 우리의 공동체는 존재·존속할 수 있는가 하는 불안입니다. 그러므로 역으로 9조 아래서도 우리의 존속은 위협당하지 않는다는 것을 적극적이고 구체적으로 보여주어야 합니다. 그것이 그 논고를 쓴 이유입니다.

이것은 가라타니 씨가 쓴 것과 매우 관계가 있습니다. 가라타니 씨는 냉전이 끝난 후로 자신이 변했다고 말하고 있습니다. 즉 냉전구조가 지속되고 있는 동안은 탈구축적인 담론이 임팩트를 가지고 있었지만, 소련붕괴 이후 그것들은 그저 아이러니나 시니시즘이 되어버려 무의미해진

3부 텍스트의 미래로

것을 깨달았다고 말입니다. 그런 감각을 나는 매우 잘 이해할 것 같습니다. 간단히 말하자면 이제부터는 여러 가지를 포지티브한 구상력을 가지고 제기해 가야 한다고 생각합니다.

가라타니 씨에게는 『트랜스크리틱』과 같이 고도로 이론적인 작업이 있는 한편, 그 방법을 구체적으로 고찰하는 문장, 예를 들어 지역통화에 대해서 쓴 것이라든지 제비뽑기에 대해 쓴 것이 있는데, 나는 이것들이 매우 좋습니다.

아사다 건설적이기 때문이지요.

오사와 그렇습니다. 직접적인 응용가능성이 있지요.

가라타니 하지만 그런 것을 쓰면 틀리기 마련이지요(웃음).

아사다 그렇지만 포퍼적인 오류가능주의(fallibilism)라면 괜찮지 않을까요?

오사와 맞습니다, 오류가능성이 있지요. 실패한다면 다음에 다른 가능성을 시도할 수가 있으며, 그처럼 점진적이나마 변해가는 것이 중요하다고 생각합니다.

아사다 예를 들어 헌법 제9조를 일본 국내에서 지키려는 것이 아니라 오히려 전세계적으로 보편화하거나 말입니다.

2 다가올 어소시에이션이즘

가라타니 실제로 일본의 헌법 제9조는 해외로부터 상당한 주목을 받고 있습니다. BBC에서도 CNN에서도 이번 이라크 파병이 전후일본으로서 처음이라는 것을 크게 보도했습니다. 그리고 헌법 제9조를 처음 알았다고 놀라워했습니다.

아사다 현재의 유엔 헌장과 일본국 헌법은 서로 결부되어 있으며, 그것들은 두 번에 걸친 세계대전의 비극에 입각한 세계사적인 획득물입니다. 유엔은 모순투성이며 실행력도 없어서 무용지물이라고 하더라도 여하간 그것 없이는 진행할 수 없다는 점에서 불가결한 존재입니다. 그 점에서 이번 유엔총회에서 아난 사무총장이 유엔을 중심으로 한 '법의 지배' 확립을 다시 요구한 것은 중요하다고 생각합니다. 그렇지 않으면 '테러와의 전쟁'을 구실로 20세기의 반성을 완전히 잊고 19세기적인 세계로 후퇴해 버릴 가능성이 있기 때문이지요. 실제 그는 이라크전쟁을 위법이라고 분명히 말하고 있습니다. 세계 전체를 본다면 그런 논조가 다수를 점하고 있으며 아메리카와 같은 반동적인 힘의 논리는 오히려 소수이지요.

가라타니 국가는 다른 국가에 대해서 국가입니다. 국가주권도 그렇습니다. 한 나라 안에서만 생각하면 주권자는 국민이고, 국가는 필요하지 않다고 말할 수 있을지 모릅니다. 그러나 국가의 지양이라는 것은 결코 한 나라만으로

3부 텍스트의 미래로

생각할 수 없습니다. 그러므로 칸트는 '세계공화국'의 이념을 생각한 것입니다. 마르크스주의자는 이것을 바보 같은 생각으로 취급했지만 '인터내셔널' 따위가 국가의 지양이 될 수 없습니다. 코민테른 등만 하더라도 소련이 지배했습니다. '국가의 사멸'은 국내만으로 생각할 수 없습니다. 그렇다면 그것 역시 칸트가 말하는 세계공화국의 점진적인 실현을 통해서만 가능합니다. 나는 현재의 유엔은 아직 멀지만 그것을 위한 한 걸음이라고 생각합니다. 유엔을 통해 국가를 구속하는 것만이 아니라, 말하자면 국가의 '초자아'와 같은 것이 생겨나 스스로를 구속하는 것이 바람직합니다. 일본의 헌법은 그런 것입니다.

오사와 아사다 씨가 말한 것처럼 2단계 혁명이 괜찮다고 생각합니다만, 그 1단계가 가능하다면 2단계로의 포석을 두는 것이 중요하다는 느낌이 듭니다. 예를 들어 가라타니 씨가 말한 제비뽑기라는 아이디어는 매우 재미있습니다. 단순히 민주주의적 원리만이라면 사회민주주의를 좋아하는 보통 사람들과 전혀 다르지 않지만, 제비뽑기를 도입하면 기존의 민주주의에는 없는 원리가 그곳에 들어오게 되지요.

가라타니 뭐 제비뽑기는 그리스 민주주의의 근간이지만요.

오사와 하긴 그렇군요(웃음). 그렇게 해서 2단계로의 포석을 1단계에 집어넣습니다. 유엔에 대해서도 마찬가지로

2 다가올 어소시에이션이즘

유엔의 상임이사국에 일본이 들어가는 일 같은 것은 아무래도 좋다는 느낌이 들지요.

아사다 그것이야말로 제비뽑기로 정하면 좋습니다.

오사와 맞습니다. 원래 상임이사국제도라는 것이 너무 제멋대로지요. 일본은 상임이사국에 어떻게 들어갈 수 있을까를 고심할 것이 아니라, 오히려 이제는 기능하지도 않는 상임이사국제도를 중핵에 둔 안전보장이사회 대신에, 새로운 안전보장의 틀을 제안하는 등 좀 더 초자아적인 제안을 하면 됩니다. 반론이 불가능한 제안은 얼마든지 가능하다고 생각합니다. 그렇게 일견 보통의 유엔 민주혁명이지만, 다시금 한 걸음 더 나아가기 위한 작은 실마리를 그 안에 포함시킬 수 있지 않을까요?

가라타니 하지만 그것을 실현하는 프로세스를 생각하면, 아무리 고매한 의견을 말해도 국가가 그 말을 들으려고 하지 않지요. 그렇기 때문에 의회가 아닌 '직접행동'적인 운동이 글로벌하게 필요하다고 생각하며, 그것은 실제로 가능합니다.

아사다 반WTO(세계무역기구)이든 반이라크전쟁이든 세계적인 규모의 데모가 실제 일어나고 있습니다. 노동조합 등의 조직력이 약해지고 있지만, 일찍이 없었던 수의 사람이 현재 거리에 나와 있습니다.

가라타니 그러나 일본에는 그런 운동이 부족합니다. 외국에서는 어디든 대단하지요. 한국도 그렇습니다. 아무래도 일본만 다릅니다. 이것을 잘 모르겠습니다.

오사와 그것은 일본인 대부분이 세계종교를 가지고 있지 않기 때문은 아닐까 하는 생각이 듭니다만.

가라타니 그렇다면 결국 일본인론이 되어버립니다. 그것은 싫습니다, 정말(웃음).

인터넷의 가능성과 함정

오사와 그런데 구체적인 운동을 생각할 경우, 가라타니 씨는 사이버스페이스의 가능성이나 문제점에 대해 어떻게 생각하고 계십니까?

가라타니 '2채널(２ちゃんねる)'[18] 같은 것이 아메리카에 있느냐고 아메리카 친구에게 물은 적이 있는데, 그는 "있다"고 말했지만 잘 들어보면 다릅니다. 일본에서는 마을공동체적인 것의 가장 악질적인 부분이 사이버스페이스에 나타나고 있다는 느낌이 듭니다.

---

[18] 일본의 익명게시판 중심의 온라인 커뮤니티(http://www.2ch.net).

2 다가올 어소시에이션이즘

아사다 지쿠시 데쓰야筑紫哲也(1935~2008)가 인터넷 게시판의 글쓰기는 변소의 낙서와 같은 것이라고 말한 적이 있습니다. 그때 나는 확실히 그 말이 맞을지 모르지만, 변소의 낙서가 뭐가 나쁜가? 저널리즘도 원래 그런 수상쩍은 장소에서 나온 것이기에 그런 장소는 있는 게 좋다고 말했습니다. 이런 기본적인 입장은 변하지 않았습니다. 이에 덧붙이자면, 옛날에는 변소의 벽에 쓰인 익명의 낙서 같은 것이 이제 만인의 눈에 띄는 것에서 생기는 문제는 있지요. 일본 정도는 아니라고 해도 유럽에도 심각한 익명게시판이 가득해서 그곳이 네오나치와도 연결되는 반유대주의의 온상이 되거나 합니다. 일본의 사이트에서 중국인이, 중국의 사이트에서 일본인이 감정적으로 매도당하는 것과 같습니다.

옛날에는 근대적 주체라고 말하는 이상, 일단 자율성이 있어서 너무 부끄러운 일은 하지 말자는 자제 효과가 있었습니다. 또 이름을 내놓고 이런 것을 말할 수 없다는 사회적 강력력이 작동했습니다. 그런 상황하에서 변소의 벽에 쓰일 정도였던 익명의 메시지가 이제는 일반적으로 엄청 퍼져있는 것입니다. 공사公私의 구별이 애매해져 일찍이 공공의 공간에는 나오지 않던 감정적인 말이 일제히 마구 나오고 있습니다. 말하자면 공공의 공간도 공중변소적인 공공성밖에 가지지 않게 되었습니다. 이것은 상당히 일반적인 현상이지요.

가라타니 그렇지만 '2채널'처럼 전부가 한꺼번에 통제없

3부 텍스트의 미래로

이 나열되어 있는 것은 아닙니다. 예를 들어 『주간현대』나 『주간포스트』와 같은 주간지는 외국에 없지요. 어느 나라에나 포르노잡지도 지적知的인 잡지도 있지만, 그것들이 함께 게재되어 있는 주간지는 없습니다. 그것과 닮아 있습니다.

아사다 확실히 말씀하신 대로입니다. '2채널'처럼 묶여 있지는 않다고 해도 어디에나 심각한 사이트는 있지요. 중국 인터넷 게시판의 반일 낙서 등은 지독합니다.

가라타니 그렇지만 그것은 관리되고 있지 않나요? 중국은 최근 포르노를 감시하겠다고 말하기 시작했는데, 그것의 진짜 목적은 포르노 규제가 아닙니다. 일본도 마찬가지로 그 가운데서 뭔가 구실을 발견하여 관리되지요.

아사다 그렇습니다. 한편으로 좋든 나쁘든 무엇이든 말할 수 있게 된 것처럼 보이지만, 다른 한편으로 공급자(provider) 쪽에서 흔적을 찾아가면 누가 어디에서 무엇을 썼는지 전부 알 수 있기 때문에 완전한 검열이 가능합니다. 들뢰즈가 푸코의 연장선상에서 말한 것처럼 훈육(discipline)에 의해 가치를 내면화하고 자율적 주체를 형성하는 메커니즘이 기능부전에 빠지는 한편, 주체로서 통합되지 않는 분산된 신체의 부분을 정보기술에 의해 직접 컨트롤(감시 / 관리)하는 메커니즘이 전면적으로 등장한다면, 여기에도 그 징후가 현저하게 나타나고 있습니다.

2 다가올 어소시에이션이즘

오사와 인터넷은 검열가능성이 가장 높음에도 불구하고, 쓰고 있는 쪽은 익명인 것 같은 느낌을 갖게 됩니다. 거꾸로 서있다고 할까, 객관적인 상황과 주관적인 상황의 괴리가 매우 심합니다.

가라타니 대표를 선출하는 방법으로 제비뽑기를 주장한 이유는 익명이 불가능하다는 데에 있습니다. 원리적으로는 익명이 가능하지만 실제로는 불가능합니다.

아사다 아주 작은 마을에서는 누가 누구에게 투표를 했는지 바로 알게 된다고 합니다. '공산당은 언제나 세 표'와 같은 느낌으로요.

오사와 교수회의와 같은 곳에서도 알게 되지 않나요?

가라타니 거의 알지요.

오사와 그런데 반세계화 운동이 지금만큼 세계적인 규모가 된 것도 인터넷 덕분이지 않나요? 운동을 확장하기 위해서는 아무래도 인터넷이 필요한데, 다른 한편으로 폐해도 있습니다. NAM에 대해서 가라타니 씨가 말씀하신 것처럼 인터넷이 있기 때문에 만나지 않아도 된다고 말하는 것은 심각한 문제라고 생각합니다. 인터넷이라면 얼굴을 맞대지 않고도 만난 것이 되어버립니다. '타자'와 관계한다는 것도 이렇게 얼굴을 맞대는 것이라고 생각합니다. 인

3부 텍스트의 미래로

터넷상에서라면 얼마든지 '다양한 타자'를 사귈 수 있으며 싫어지면 곧바로 접속을 끊어버리면 되는데, 그것은 결국 타자의 타자성을 오히려 말소시키는 것이 됩니다. 타자와 진정으로 사귄다는 것은 그 사람 근처에 가는 것이라고 생각합니다.

가라타니 직접 만났을 때 얻을 수 있는 정보량이 크지요. 예를 들어 만화가로 야마후지 쇼지山藤章二(1937~2024)라는 이가 있지요. 그가 예전에 내 초상화를 그렸던 적이 있는데 전혀 닮지 않았습니다. 나의 사진을 보고 그렸기 때문입니다. 한번이라도 살아있는 나와 만났다면 아무리 디포르메(déformer)[19]를 해도 특징을 잡아냈을 거라고 생각합니다. 나는 옛날 다케다 다이준武田泰淳(1912~1976)과 딱 한 번 만났던 적이 있습니다. 서서 이야기를 나눈 것뿐이지만 나의 다케다 다이준에 대한 관점은 그것 없이는 성립하지 않습니다. 그러므로 나는 고바야시 히데오도 만나야 한다고 생각했지요. 만났냐 만나지 않았냐는 하찮은 것처럼 보이지만 실은 큰 것이지요. 나카가미 겐지도 생전에 만난 사람은 알지만 그렇지 않은 사람에게 지금 설명하는 것은 불가능합니다. 독특한 불쾌함과 독특한 귀여움을……(웃음).

오카자키 어느 쪽이 좋은가 하는 문제는 아니지요. 구체

---

[19] 회화나 조각 등에서 대상이나 소재의 자연스러운 형태를 의식적·무의식적으로 변형시키는 것.

2 다가올 어소시에이션이즘

적으로 무언가를 생산하는 장면에서는 물론 만나지 않으면 아무것도 되지 않습니다. 메타레벨의 언어로는 전달할 수 없습니다. 축구팀과 마찬가지로 협동의 생산라인을 만들기 위해서는 서로 무엇이 구체적으로 가능한지, 어떤 결함이 있는지 오브젝트 레벨에서 서로 인식하는 것이 중요하기 때문입니다. 시간도 걸립니다. 하지만 그런 구체적인 장면과 거리를 유지할 여유도 동시에 필요하기 때문에 블로그 등은 있어도 좋다고 생각합니다.

그렇지만 익명게시판은 문제 삼을 필요가 없다고 생각하는 것은, 아마 대부분의 사람들이 확신 없는 의견을 시험 삼아 쓴 것에 지나지 않기 때문입니다. 애당초 그것을 쓴 본인의 의견도 대표하지 않습니다. 아마 그것에 대해 어떤 반응(reaction)이 있을지 관찰하려는 호기심으로 쓰는 것입니다. 예를 들어 실제 눈앞에서 가라타니 씨와 말할 때는 대충 말할 수 없는 분위기이기 때문에 모두가 잘 생각하고 이야기하지만요(웃음). 게시판에는 그런 긴장감이 없습니다.

오사와 왜일까요? 본래 인터넷 쪽이 불특정다수가 보고 있기 때문에 훨씬 책임감을 가지고 발언해야 하는데도요.

오카자키 불특정다수 앞에서 이런 인간이 있으면 어떤 반응이 나올까, 연습이랄까 리서치를 하는 것처럼 쓰는 것은 아닐까요? 그것은 도로 정체를 예상하는 것과 같은데, 모두가 정체를 예상하고 행동하면 어긋나는 것과 비슷한 패

러독스를 포함하고 있다고 생각합니다. 뭐 게시판에서는 이런 구조가 이미 노정되어 파탄난 것일지도요.

아사다 그렇지요, 모두가 사전에 수신자의 반응에 신경을 써서 마케팅 리서치적으로 행동하는 경향이 있고, 그 때문에 밴드왜건(band-wagon)효과로 눈사태 현상과 같은 일이 일어나기도 합니다. 아무도 다른 사람들에게 신경을 쓰지 않기 때문에 생각한 대로 쓰면 되지만 ── 그 때문일까 타인의 반응에 앞서는 자신의 생각이라는 것이 사라지는 것인지도 모르지요.

'제로에서 읽는' 독자들에게

가라타니 그런데 어제 우연히 미술 관련 책에서 마티스에 대한 글을 읽으니 지금의 젊은 세대들은 마티스 등을 좋아하고, 역으로 오타쿠는 이제 40대 이상의 현상인 것 같았습니다. 예를 들어 무라카미 다케시村上隆(1962~) 등의 인기도 결국 40대의 현상으로, 실제 미술의 트렌드는 전혀 다르다고 합니다.

오카자키 확실히 젊은 학생을 만나보면, 오타쿠 문화에 관심이 없다는 느낌을 받습니다. 그들의 눈으로 보면, 예를 들어 아이다 마코토會田誠(1965~) 씨 등도 이미 아저씨입니다. 맞는 말이지요. 그도 마흔 살에 가깝기 때문에 학생들이 보기에 2세대나 3세대 위입니다.

아사다 현재 오타쿠가 유행하고 있는 것처럼 보이는 것은 그저 그들이 편집권을 가진 세대가 되었기 때문은 아닐까요?

가라타니 젊은 세대는 자신들이 오타쿠로 대표되는 것을 그리 원하지 않습니다. 그렇지만 대표가 되기를 원하지 않는다는 목소리가 들리지 않습니다. 대표하고 있는 무리의 목소리가 크기 때문입니다. 저출산으로 젊을수록 사람 수가 적기 때문에 점점 목소리가 작아지는 게 아닐까요? 전공투 세대는 현재 스무살 정도의 사람들보다 인구가 많지 않나요?

아사다 단카이団塊 세대[20]라고 말할 정도이기 때문에.

오카자키 스무살 정도의 세대가 볼 때, 단카이 세대와 단카이 주니어인 오타쿠 세대는 구별이 어려울 정도로 서로 비슷할지도 모르겠습니다. 행동패턴도 닮았습니다(웃음).

가라타니 나는 오늘날의 젊은이에 대해 전혀 알지 못하지만, 이번 책을 낼 때 왜 젊은 사람들이 읽어주지 않을까? 하는 생각이 들었습니다.

---

20 전쟁 후인 1947~1949년 사이의 베이비붐으로 태어난 세대를 말한다. '단괴団塊'란 덩어리라는 의미다.

3부 텍스트의 미래로

아사다 우리가 자연스레 공유하고 있던 문화적 문맥이 이제 전혀 존재하지 않는 사막과 같은 상황에서, 바로 그 때문에 역으로 좋든 싫든 나이브하게 제로에서 읽어 보려는 독자가 많이 있다고 생각합니다.

오사와 예를 들어 우리는 마르크스에 대해 여전히 특별한 생각을 가지고 있습니다. 윗세대 정도는 아니지만, 딱 단경기端境期[21]라고 할까요. 나는 내 책에서 마르크스를 호의적으로 인용했지만 전공투세대 몇 명에게 불평을 들은 적이 있습니다. 한 사람은 마르크스 지지자로 "레비스트로스를 인용하는 것과 같은 의도로 마르크스를 인용하다니 괘씸하다"고 말했습니다. 또 한 사람은 마르크스에서 이탈한 사람으로 "그렇게 마이너한 부분에서 인용하다니 마르크스를 지나치게 호의적으로 말한다"고 말했습니다(웃음). 어쨌든 전공투세대에게 마르크스라는 이름은 특별하지요. 우리는 마르크스가 특별하지 않게 되기 시작한 최초의 세대이지만, 바로 최근까지 특별했다는 흔적이랄까, '兵どもが夢の跡'[22]라는 느낌을 갖는 연령이지요. 더구나 젊은 사람들은 마르크스의 그런 특별성을 이런 소극적인 형태로조차 이해하지 못합니다. 그런 사람들이 '칸트와 마르크스'를 주제로 한 가라타니 씨의 저작에 어떻게 반응할지는 매우 흥미롭습니다.

---

[21] 묵은 것 대신 햇것이 나오는 시기.
[22] 바쇼의 『오쿠노 호소미치奥の細道』에 나오는 유명한 구절로 "병사들의 꿈의 흔적"이라는 뜻.

2 다가올 어소시에이션이즘

아이러니에 대항하여

오카자키 원래 미술가를 지망하던 학생시절, 내가 처음 충격을 받은 가라타니 씨의 저작은 『마르크스 그 가능성의 중심』이었습니다. 이 책에서 가라타니 씨는 발레리를 인용하며 예술작품의 가치와 마르크스가 말하는 잉여가치를 함께 논하고 있습니다. 자본과 작품의 병행관계, 이것은 오늘날의 학생들도 압니다. 오히려 이것을 통과하지 않고서는 작품을 만들 수 없다는 자각은 강해졌습니다. 결코 평면적(flat)으로는 안 된다. 애당초 자기 작품의 의미조차 만든 본인도 알지 못한다는 것이지요.

가라타니 그것은 마르크스의 유통과정론과 대응하지요.

오카자키 작품을 교환과정에서 생기는 블랙박스로서 파악한다고 할까, 작품의 자기동일성이 확보되는 균질하고 안정된 장場이 있을 리 없다는 인식은 최근 젊은이들 사이에서 강해지고 있지요.

가라타니 미술에 대해 말하자면, 나는 옛날부터의 통념으로 미술관을 작품이 최종적으로 놓이는 장소라고 생각했습니다. 그것이 거짓이라는 것이 1990년대에 판명되었습니다. 그렇다고 해서 니힐리즘이 되는 것은 아니지요. 그로부터 새롭게 재고해야 하는 것입니다.

3부 텍스트의 미래로

오카자키 그렇지요. 뉴욕근대미술관이 생긴 것은 1929년인데, 1950년대에 이미 컬렉션의 체계성은 포화상태가 되었습니다. 역사적으로 정당화하는 것도 형식적으로 정당화하는 것도 불가능하게 되었습니다. 1960년대 미술은 말하자면 모더니즘의 탈구축이었는데, 이것도 1975년쯤에는 막다른 골목에 도달했습니다. 이후 당대풍(contemporary)이라는 것은 역사와 무관한 패션이기 때문에 컬렉션으로서의 가치도 대략 10년 정도밖에 가질 수 없게 되었습니다. 1980년대에서 1990년대는 기묘한 시대로서 이런 사태와 병행하여 미술관 건설 러시가 있었지만, 결과적으로 미술관은 이제 어찌 되었든지 사람을 모으기만 하면 되는 패션, 흥업興業으로밖에 존재할 수 없다는 사실을 드러내게 되었습니다. 결국 젊은이들은 현재 미술관(특히 현대예술전문관)이라고 해서 꼭 예술을 전시하는 것은 아니라는 차가운 눈으로 보고 있지요.

오사와 뒤샹의 〈샘〉 등은 구축주의의 궁극적인 모습이라고 생각합니다. 제임슨이 쓰고 있지만 현대에는 모든 것이 사회적으로 구성된 허구이기 때문에 어느 것에도 근거하지 않으려는 구축주의와 절대적인 근거를 신봉하고 희구하는 본질주의가 공존합니다. 한편으로 문화좌익 같은 사람들이 철저하게 반자본주의자가 되어 "진리 따위는 존재하지 않는다"고 말하고, 다른 한편으로 원리주의자들이 특수한 진리를 절대화하고 있는 것으로 보입니다. 동시대의 이 두 경향의 대립적 공존이 아직 이론화되지 않은 것

2 다가올 어소시에이션이즘

같습니다.

아사다 바꿔 말하면 극단적인 시니시즘과 극단적인 나이브함이 공존하고 있다고 생각합니다. 한편으로는 뒤샹을 다시금 몇 번이고 굴절시킨 도회韜晦가 있고, 다른 한편으로는 나이브한 자기표현 욕구가 있어서 세계의 중심에서 사랑을 외치고 맙니다[23].

오사와 사랑을 외치는 것은 자유지만, 왜 세계의 중심에서 사랑을 외쳐야 하는 것일까요?(웃음).

오카자키 역으로 세계의 중심이 없기 때문에 어디나 중심이라는 말이지요. 유리 바닥에 얼굴이 있어도 괜찮지 않은가[24]와 같은 그럴 듯한 논리입니다. 어쨌든 아무리 도회해도 매우 단순한 아이러니에 불과하지요.

아사다 예를 들어 부시나 고이즈미를 정말 훌륭한 리더라고 생각하고 있는 사람은 거의 없으며, 모두 알면서도 어쩔 수 없이 지지한다는 말을 하는데, 그렇게 말하더라도 그런 시니시즘에는 아무런 의미도 없습니다.

---

[23] 이 좌담회가 행해지던 2004년 당시 일본의 극장가에서는 가타야마 쿄이치의 소설 『세상의 중심에서 사랑을 외치다』(300만부 판매)를 원작으로 하는 동명의 영화가 큰 성공(그해 박스오피스 2위)을 거두며 소위 '세카츄セカチュー 붐'(순애보 이야기의 부활)이 일어났다.
[24] 오카모토 다로岡本太郎(1911~1996)가 광고에서 한 말.

3부 텍스트의 미래로

오사와 아이러니는 몇 백 번 계속되어도 아이러니입니다.

오카자키 특히 최근 미술관이나 화랑에서 전시되는 작품은 전부 아이러니가 되어버렸습니다. 일견 위험해 보이지만 전부 '난쨧떼(なんちゃって)'[25]입니다. 마지막 '난쨧떼'가 미술관 전체에 미리 쓰여있는 것 같습니다.

오사와 옛날은 '난쨧떼'라고 말하는 것만으로 래디컬했지만, 지금은 모두가 '난쨧떼'라고 말하기 때문에 이제 래디컬이고 뭐고 없습니다. 지난 날의 올림픽을 봐도 도핑투성이입니다. 즉 인간의 육체가 '구축'되어 있기 때문에 구축주의적 현실의 극치라 할 수 있습니다. 오랫동안 모두가 올림픽에서는 절대적인, 육체의 직접적 능력이 겨루어지고 있다고 죽 믿었습니다만, 이제는 육체도 얼마든지 구축이 가능하다. 그러므로 올림픽도 미술보다는 조금 늦게 '난쨧떼'의 세계가 되었다고 생각할 수 있습니다.

무서운 점은 궁극의 냉소와 열정적 몰입이 표리일체라는 사실입니다. 즉 특별히 바보 같은 자가 원리주의자가 되고 현명한 자가 구축주의자가 되는 것이 아니라 혼자서 그 양쪽을 가지고 있는 것 같습니다. 내가 제임슨에 기대어 앞서 서술한 두 가지 대립적 경향 사이에는 근본적인 공통성[通底性]이 있습니다. '2채널'은 어떤 면에서는 무관심한 무리들의 집합이지만, 한편으로는 묘하게 열기가 들

---

[25] 농담 섞인 발언임을 나타내거나 진짜가 아닌 가짜임을 의미하는 속어. 전형적으로 말장난에 사용된다.

2 다가올 어소시에이션이즘

어가 있습니다. 즉 '난쨧떼'라고 말한다고 모든 것을 상대화할 수 있는 것은 아닙니다.

아사다 가라타니 씨가 『역사와 반복』(제5권)에서 분석하고 있는 낭만적 아이러니는 바로 그것과 연결되는 것이지요. 아이러니/진지함(농담/진심)[26]이라는 것은 쉽게 반전되기 때문에 젊었을 때 혁명파였던 낭만주의자가 후에 보수파가 된 예는 드물지 않습니다. 파시스트도 그렇습니다. 나이브한 파시스트란 그리 많지 않지요.

오사와 만약 있다고 해도 별거 아닙니다. 문제는 아이러니 의식을 가진 파시스트인데, 그러므로 아이러니에 주의하는 것이 좋습니다.

오카자키 하여튼 미술을 포함하여 이제 아이러니는 현재 상황에 대해 그저 예스(yes) 하고 맞장구를 치며 반복하는 효과만 있을 뿐이지요.

가라타니 일본에서는 1970년대까지 출판사들이 앞다투어 문학전집을 냈습니다. 『세계의 문학』이나 『세계의 사상』과 같은 전집도 있었습니다. 그것은 마치 인류 전체를

---

[26] 여기서 '농담/진심'으로 번역한 '네타(ネタ) / 베타(ベタ)'는 1980년대 전후에 한쌍의 단어가 되어 다양한 의미로 지금도 변화하고 있다. 네타는 이야기의 소재, 재미있는 것(농담)을 뜻하며 베타는 상투적이고 진지한 것(진심)을 뜻함. 여기서 더 나아가면 '수단/목적'이라는 의미로까지 확장된다.

3부 텍스트의 미래로

포함하는 것이었습니다. 이후 그런 전집은 만들어지고 있지 않지요. 전집을 만드는 퍼스펙티브랄까 원근법이 사라져버렸지요.

아사다 기이하게도 20세기가 끝나는 단계에서 좋든 싫든 그런 전제가 완전히 무너져 버렸습니다. 뒤샹이 20세기 초 전람회장에 변기를 가져다 놓음으로써 충격을 주었던 것은 파괴되어야 할 제도가 전제로서 있었기 때문입니다. 그런데 그런 제도가 해체되고 미술관 자체가 변기의 전시장처럼 되어버린 —— 그것이야말로 공공의 공간이 공중변소처럼 되어버린 것처럼 —— 것이 현재의 상황이지요. 그렇다면 체제에 대해 네거티브하거나 아이러니컬한 포즈를 취해도 '호박에 침주기[27]'일 뿐입니다. 모든 장르가 대부분 그런 상황에 있다고 생각합니다. 그와 같은 상황에 정면으로 대항하는 거대한 기념비로서의 『정본집』이 지금부터 어떻게 읽힐지, 그리고 이제까지의 작업을 정리한 가라타니 씨가 앞으로 어떤 방향으로 나아갈 것인지를 기대를 가지고 지켜보고 싶습니다.

가라타니 지금까지의 전제에 서서 같은 일을 하는 것은 이제 불가능합니다. 그것은 단념해야 합니다. 하지만 나는 이제까지의 모든 것이 사라진다면, 오히려 이제부터 진짜 의미있는 일을 할 수 있다는 느낌이 듭니다.

---

27 暖簾に腕押し, 아무 효과가 없는 헛된 노력을 의미함.

저자 후기

나는 2003년에서 2004년에 걸쳐 『정본 가라타니 고진 집』 전 5권을 간행하기 위해 이제까지의 작업을 점검하고 개고했다. 다음 큰 일에 착수하기 위해서는 지금까지 마음에 걸렸지만 방치해 둔 작업을 철저하게 정리해야 한다고 생각한 것이다.

그 중에서도 가장 대대적인 작업이 된 것은 『일본근대문학의 기원』의 개정이었다. 그것을 쓴 1970년대 후반과 비교하여 상황이 근본적으로 바뀌었다. 옛날에는 '근대문학'이 자명=자연이 아니라 역사적인 제도라고 말해야 했지만, 오늘날 '근대문학'은 그저 역사적인 것이다. 이미 과거의 것이라는 의미에서 그러하다. 나 자신도 문학현장을 떠났다.

지금에 와서 근대문학의 기원을 묻는 일은 의미가 없다. 하지만 그렇다면 최근 1세기 동안 문학이 왜 그토록 큰 의미를 가졌는지, 그리고 왜 지금 그것이 사라졌는지를 명확히 해 둘 의무가 있다고 생각했다. 이런 관점에서 다시 보면 '기원'이 다르게 보이지는 않을까 하고 말이다. 이 책에 실린 논문과 강연은 이런 재검토 과정에서 나온 것이다.

 이 책에는 또 『정본집』 간행을 기회로 열린 대담과 좌담이 수록되어 있다. 내 생각은 내가 쓴 것들보다 여기에서 더욱 구체적이고 명료해졌다고 생각한다. 내 생각을 끌어내는 대화상대가 되어준 모두에게 감사하고 싶다.

2005년 9월 9일
가라타니 고진

옮긴이 후기

가라타니 고진의 『근대문학의 종언』은 2005년 11월에 출간된 책이다. 한국어판의 경우 2006년 4월에 나왔으니 원서와 번역서 간의 시간적 격차는 거의 없었다고 말할 수 있다. 이 책이 출간될 당시는 소문으로만 떠돌던 『트랜스크리틱』의 한국어판이 나와 많은 사람들의 관심을 모았고, 그보다 조금 앞서 한 문예지에 실린 「근대문학의 종말」이라는 글이 논란을 불러일으키고 있었다. 이런 상황에서 이 책의 출간은 『트랜스크리틱』을 읽은 사람은 물론 '문학의 종언(또는 위기)'을 고민하는 사람들에게는 일종의 지침서 같은 역할을 했다.

물론 이 책은 『세계사의 구조』나 『트랜스크리틱』과 같은 소위 사상적 주저에 해당하는 책은 아니다. 하지만 한국에서 가장 많이 언급된 책이라는 점에서 이 책이 가진 의미는 남다르다 하겠다. 목차를 보면 알 수 있는 것처럼 이 책은 총 3부로 구성되어 있다.

먼저 제1부는 세 편의 글로 구성되어 있는데, 「번역가 시메이」가 제일 앞에 놓여있고, 그 다음에 「문학의 쇠퇴」,

그리고 문제의 「근대문학의 종언」이 배치되어 있다. 앞 두 편의 글은 일반적으로 건너뛰는 경우가 많다. 그런데 저자의 의도를 고려할 때 「근대문학의 종언」을 이해하는 데 있어 필수적인 글이다. 따라서 꼭 순서대로 읽기를 권한다. 「근대문학의 종언」이 가진 문제의식을 보다 명료하게 파악할 수 있을 것이다. 따라서 이 두 편에 대해 약간의 사족을 붙일까 한다.

먼저 「번역가 시메이」라는 글은 '일본근대문학의 기원으로서의 번역'이라는 부제가 달렸다. 이는 일본근대문학의 기원에 번역이 있었다는 뜻이기도 하지만, 일본근대문학 자체가 번역에서 나왔다는 뜻이기도 하다. 그런 의미에서 사실상 『일본근대문학의 기원』의 한 챕터로 들어가도 무방한 글이라 하겠다. 후타바테이 시메이가 소설가로서가 아니라 러시아문학 번역가로서 일본근대문학 성립에 어떻게 공헌했는지를 확인하는 것은, 역으로 '번역' 없이 성립한 한국근대문학의 성격을 새삼 재고하게 만든다.

「문학의 쇠퇴」는 나쓰메 소세키의 『문학론』(1907)에 대한 '재'해석이다. 이 책은 소세키가 소설가로 데뷔하기 전에 쓴 것으로, 오랫동안 연구자들의 관심 밖에 있었다. 하지만 가라타니는 소설보다 이 문학론에 주목했다. 그 이유는 "문학이란 무엇인가?" 하는 질문이 거기에 들어있었기 때문이었다. 이는 이후 『일본근대문학의 기원』을 쓰게 하는 중요한 동인이 된다. 하지만 「문학의 쇠퇴」에서

옮긴이 후기

는 약간 다른 측면에서 『문학론』에 주목한다. 그것은 바로 문학이 가진 역사성이다. 다시 말해 소세키는 문학의 본질 이외에 그것이 어떻게 생겨나며 융성하고 쇠퇴하는지를 문제삼았다. 이런 관점은 정확히 100년 후 「근대문학의 종언」과 이어진다 하겠다.

이 세 편을 제외한 나머지는 대담과 좌담이다. 「역사의 반복에 대하여」에서는 『정본 가라타니 고진집』(특히 『네이션과 미학』과 『역사와 반복』)이, 「교환, 폭력, 그리고 국가」에서는 『트랜스크리틱』이, 「아이러니 없는 종언」에서는 『일본근대문학의 기원』이 다루어지고 있다. 그런 의미에서 이 세 대담은 『트랜스크리틱』, 『일본근대문학의 기원』, 『네이션과 미학』, 『역사와 반복』에 대한 해설로 읽을 수 있다. 단 여기서 주의할 점은 이 대담이 행해진 시기다. 여기서 이루어지고 있는 논의는 모두 2003~2004년의 관점에 근거하고 있다. 따라서 그동안의 변화를 확인해 보는 것도 또 하나의 독서 포인트가 될 것이다.

마지막으로 분량상 가장 긴 「다가올 어소시에이션이즘」은 서로 다른 개성을 가진 이들(뉴아카의 선구자 아사다 아키라, 사회학자 오사와 마사치, 조형작가 오카자키 겐지로)이 모여서 벌이는 좌담으로, 가라타니 사상적 역정을 종합적으로 다루고 있는데, 때론 치켜세워주고 때론 사정없이 몰아붙이는 모습이 읽는 내내 긴장을 하도록 만든다. 이 좌담에서는 가라타니의 전작업에 대한 개괄은 물론이고, 『트랜스크리틱』에 이론적 근거를 둔 NAM이 실패한 이유, 포스트모더니즘 비판, 인터넷 글쓰기의 문제, 그리고 네그리-하트의 『제국』, 『다중』에 대한 점검 등이 폭넓게 논의되고 있다.

요컨대 단행본 『근대문학의 종언』은 단순히 '문학의 종언'만을 다루는 책이 아니라, 그런 발언을 하게 된 맥락과 더불어 가라타니의 작업을 결산하고 새로운 전개를 암시하고 있는 책이라고 말할 수 있다. 이제까지는 볼 수 없었던 비평+대담(좌담)이라는 형식으로 책을 구성한 것도 그 때문일 것이다. 그러므로 이 책은 가라타니 고진의 문학론과 사상·철학에 관심이 있는 독자에게 '필독의 서'라 하겠다.

이번에 비고에서 새롭게 출간하는 『근대문학의 종언』은 20여년 전에 출간된 책을 다시 한 번 원문과 대조하면서 손을 본 것이다. 이 과정에서 이전 번역에 있었던 실수와 오류를 바로잡았다. 가장 중요한 글(강연문) 「근대문학의 종언」의 경우 기존 번역과 많이 다른데, 그것은 판본의 변화를 반영했기 때문이다. 설명하자면 다음과 같다.

「근대문학의 종언」의 경우 총 3가지 판본이 존재한다.

(1) 『와세다문학』(2004)에 게재된 문예지 판본
(2) 『근대문학의 종언』(2005)에 실린 단행본 판본
(3) 『사상적 지진』(2017)에 실린 문고 판본

옮긴이 후기

여기서 문예지 판본과 단행본 판본의 차이는 저자가 밝힌 대로 매우 크다. 즉 단행본 판본은 문예지 판본을 전면 수정하고 보강한 것으로(따라서 분량도 꽤 차이가 난다) 가장 널리 읽힌 판본이다. 한국에서 이루어진 논의도 주로 이것에 근거하고 있다.

문고 판본의 경우 단행본 판본에 약간의 수정이 가해진 것으로, 차이는 그리 크지 않다. 주로 불필요하다고 생각되는 구나 절이 삭제되고 약간의 보충이 이루어진 정도다. 하지만 판본의 변화에 민감하고 텍스트를 꼼꼼히 읽는 독자를 위해, 다소 번잡스러울지 모르지만, 단행본 판본을 기준으로 문고 판본과의 차이를 본문과 각주에 추가하는 형태로 모두 밝혔다. 즉 한번에 두 판본을 모두 접할 수 있게 구성했다.

이번 책의 교정과정에서 고정수 씨와 정민재, 김상혁 씨의 도움이 있었다. 그들의 도움이 가라타니 고진의 한국어판 작업에 큰 힘이 되고 있다는 점을 밝히고 싶다.

2025년 6월 15일
조영일

(해제) 근대문학의 마지막 농담

 가라타니 고진의 대표작을 이야기한다면, 『트랜스크리틱』으로 시작되는 일련의 이론적 저작(예를 들어 『세계사의 구조』, 『힘과 교환양식』 등)을 들 수 있을 것이다. 하지만 영향력만을 놓고 본다면, 2003년에 행한 「근대문학의 종언」이라는 강연문이 아닐까 한다. 적어도 한국에서는 그렇다. 물론 이것을 매우 한국적인 상황으로 간주할 수 있다. 하지만 가라타니가 끝났다고 말하는 '근대문학'의 본질과 정확히 맞닿은 문제일 수 있기에 음미할 가치는 충분히 있다 하겠다. 실제로 그는 한국문학의 상황을 보고 '근대문학의 종언'을 실감했다고 말하기도 했다.

 약 20년 전, 그러니까 2005년 전후 한국문학계의 분위기는 'K-문학'(K-POP의 연장선상에서 만들어진 신조어)[1]을 외치고 있는 지금과는 완전히 달랐다. 「근대문학의 종언」을 둘러싸고 한국문학계가 크게 들썩이고 있었다. 당시 발표되는 문학평론의 대부분이 "가라타니 고진은 근대문학이 끝났다고 말하지만 ......"이라는 문구로 시작될 정도였다. 그래서 한 평론가가 모 문학상 심사평에서 "가라타니 고진의 당대문학에 대한 진단으로부터 말머리를 풀어나가는 것은 진부하지만 ......"이라고 말할 정도였다.

---

[1] 'K-문학'의 기원과 관련해서는 『한국문학의 구조』(비고)를 참조.

그렇게 한국문학계는 한동안 '근대문학의 종언'을 둘러싼 혼란 속에 있었다. 물론 이런 사태는 가라타니가 의도한 것이 아니었다.

외국인 비평가의 강연문 하나가 수 년에 걸쳐 한 나라의 문학계를 소용돌이에 몰아넣은 일은 세계적으로도 유례가 없었고 앞으로도 없을 것이다. 물론 당시 가라타니는 한국의 문학종사자들에게 널리 알려져 있었다. 이는 데이터로도 증명된 바 있다. 1990년대 말부터 2010년대까지 한국에서 생산된 근대문학 관련 논문에서 그는 가장 많이 인용된 외국인 저자였다. 당시 유행하던 인문학계의 스타인 벤야민, 바흐친, 푸코, 데리다, 들뢰즈 그리고 루카치를 능가했다. 그런데 그가 그토록 인구에 회자된 것이 고작 1권의 책(『일본근대문학의 기원』)과 1편의 강연문 때문이었다는 사실은 어떤 의미에서 기괴한 느낌까지 들게 한다.

하지만 가라타니와 한국문학의 관계는 어느 한쪽이 일방적으로 영향을 주는 관계가 아니었다. 가라타니의 사상적 이력에서 1980년대에는 미국이 특권적 공간이었다면, 1990년대에는 한국이 정확히 그와 같은 공간이었다. 이는 가라타니의 후기 사상을 이해하는 데 있어 매우 중요한 요소인데, 외국의 사상가로서 한국을 자신의 사유에 적극적으로 도입한 거의 유일한 예가 아닐까 한다. 한국을 언급한 이들은 적지 않았으나 대부분 립서비스에 그쳤다.

단행본 『근대문학의 종언』의 한국어판이 출간된 것은 2006년이었다. 그러니까 벌써 20년이나 지났다. 그렇다면 그동안 어떤 변화가 있었던 것일까? '근대문학의 종언'이

근대문학의 마지막 농담

라는 테제는 여전히 유효할까? 아니면 한물간 이야기일까? 흥미롭게도 몇 년 전 일본에서는 「근대문학의 종언」을 둘러싸고 국제심포지엄이 열렸다.[2] 뿐만 아니라 영어판도 출간될 예정이라고 한다. 다소 늦었지만 이 강연문이 지금도 주목을 받는다는 것은 '근대문학의 종언'이라는 문제제기가 여전히 유효하다는 증거일 것이다.

그런데 이런 분위기와 전혀 다른 곳이 있는데, 아이러니하게도 그곳이 바로 한국이다. 주지하다시피 그것은 작년에 있었던 한 문학이벤트 덕분이라고 해도 과언이 아니다. 당시 한국은 그야말로 축제 분위기였다. 하지만 전혀 예상하지 못한 결과였기에 정작 문학인들이나 출판관계자들은 그저 어리둥절할 수밖에 없었다. 모두가 원하던 그것이 '도둑같이' 찾아왔던 것이다. 하지만 어디선가 이미 예상하고 있었다고 주장하는 이들이 하나둘 등장했다. 그러고 보면 1945년 해방을 맞이했을 때도 그랬다. 이에 대해 함석헌은 다음과 같이 일갈을 날린 적이 있다.

> 이 해방에서 우리가 첫째 밝혀야 하는 것은, 이것이 도둑같이 뜻밖에 왔다는 것이다. 해방 후 분한 일, 보기 싫은 꼴이 하나둘만 아니지만, 그중에도 참 분한 일은 이 해방을 도둑해 가려는 놈들이 많은 것이다. 그들은 자기네만은 이 해방을 미리 알았노라고 선전한다. 그것은 그들이 이 도둑같이 온 해방을 자기네가 보낸 것처럼 말하여 도둑해 가려는 심정

---

[2] 이 심포지엄은 2019년 11월 30일 도쿄대학에서 열렸다.

에서 하는 소리다. 그러나 그것은 거짓말이다.[3]

뜻밖의 이벤트가 일어났을 때 이미 알고 있었다고 말하는 사람들은 사실 도둑처럼 온 것을 도둑질하려는 사람들이라는 이야기다. 문제는 이런 주장이 이후 이데올로기가 되고 그렇게 탄생한 서사(이야기)는 언론, 교육, 대중문화를 통해 역사적 진실이 된다는 점이다.

여하튼 이 이벤트로 인해 한국인의 문화적 자부심은 하늘을 찔렀고, 평소 독서를 하지 않는 사람들조차 애국심(?)을 발휘하여 너나 할 것 없이 책을 주문했다. 그로 인해 잠시 물량이 딸려 당근마켓 등에서는 정가보다 비싼 가격으로 팔리기도 했다. 파주에 있는 인쇄소에서는 외국인 노동자들이 밤을 새워가며 정작 자신들은 읽지도 못하는 책을 열심히 찍어냈다. 언제부터인가 한국에서도 힘든 노동현장은 대부분 외노자들로 대체되었다. 소위 선진국이 된 것이다. 노벨문학상이 국가적 경제구조(소위 국력)와 밀접한 관련이 있다는 항간의 주장이 사실이라면, 이런 변화는 확실히 긍정적인 신호였다.

노벨문학상의 수상소식이 전해지자 한국문학번역원은 곧바로 보도자료를 배포했다. 한강 작품은 28개 언어 총 76종의 책으로 출간되었는데, 모두 한국번역원의 지원이 있었다는 내용이었다. 그리고 상세한 지원내역과 해외문학상 수상 및 입후보 내용을 친절하게 표로 첨부했다. 이 자료를 바탕으로 계산하면 한강 작품의 해외소개에 사용

---

[3] 함석헌, 『뜻으로 본 한국역사』, 한길사, 1996, 377-378쪽.

근대문학의 마지막 농담

된 세금은 15억 정도로[4], 이는 노벨문학상 상금(1,100만 크로나)[5]과 비슷하거나 약간 더 많은 금액이다.

하지만 노벨문학상 수상 이후 이미 국내에서의 책 판매만으로 상금보다 더 많은 돈을 벌었다는 기사도 나오고 있다. 한때 종합 베스트셀러 목록 20위권에 무려 15권이나 올랐으니 말 그대로 한강 작품만 팔린 것이다. 덕분에 다른 책들(한국문학 포함)은 소외될 수밖에 없었다. 즉 노벨문학상은 한국출판계의 빈익빈부익부 현상을 극단적으로 만드는 데 공헌한 셈이다. 하지만 불만을 제기할 수 없었다. 한국에서 애국심을 의심받는 것만큼 위험한 일도 없기 때문이다.

한국의 언론과 일부 문학인들은 "한국문학이 마침내 세계문학에 도달했다"고 외치며 20여년 전에 있었던 '근대문학의 종언'을 둘러싼 논란을 마치 '없었던 일'처럼 취급하고 있다. 집단망각이 이루어진 것이다. 당시 문학인들이 느낀 배신감과 '비애'(백낙청의 표현)도 완전히 잊혔다. 그리고 만년 수상후보인 무라카미 하루키에 대한 조롱도 있었다.

---

[4] 1권당 2,000만 원으로 계산했을 때의 금액이다. 지원금의 액수가 바뀌기도 하니 정확한 금액은 한국문학번역원만 알 것이다.
[5] 수상일 기준 환율로 14억 4,000만 원 정도 된다. 참고로 노벨재단은 공격적인 투자로 유명하다. 연기금과 국부펀드에 비해 헤지펀드와 부동산, 인프라 펀드 등의 비중이 높다. 구체적인 투자처는 비공개다. 어쨌든 이를 통해 얻은 수익으로 상금을 마련한다. 이처럼 공격적인 투자로 높은 수익을 추구하는 곳 중 하나가 교황청이다.

1990년대 중반부터 한국에서 하루키의 영향력은 가히 압도적이었다. 그런데 한강이 노벨문학상을 수상하자 분위기가 일변하여 노벨문학상이 유럽, 미국, 아시아 하는 식으로 돌아가면서 주어지는 관례를 볼 때, 아시아 작가가 다시 상을 받기 위해서는 최소 10년 이상은 기다려야 하는데, 나이가 많은 하루키가 그때까지 살 수 있을지 염려된다고 조소한 것이다.

언론은 앞다투어 (박세리, 김연아의 예처럼) '제2의 한강', '한강 키즈'를 키우자고 목소리를 높였고, '천만문학'을 이야기하는 출판평론가까지 등장했다. 정부는 한발 더 나아가 '포스트 노벨 시대'를 이야기하고 있다.[6] 정말이지 아름다운 광경可觀이 아닐 수 없다. 언젠가는 한강 문학상, 한강 문학관, 그리고 한강 동상이 만들어질 것이다. 그리고 꿈꾸는 듯한 눈은 위대한 K-문학의 트레이드마크가 될 것이다.

그렇다면 일본과 미국 등 외국에서 '근대문학의 종언'에 대한 논의가 재점화되고 있는 지금[7], 한국문학만 예외적으로 시대를 역행하여 '세계문학'으로서 부활하는 것일까? 그런데 이것만큼 우스꽝스러운 이야기도 없다. 왜냐하면 그것은 고작 (노벨재단과 스웨덴 왕실의 후원을 받

---

[6] 문화체육관광부·한국문학번역원 주최로 7월에 〈포스트 노벨 시대 한국문학 해외 진출 활성화 방안〉이라는 국제포럼이 열릴 예정이다.
[7] 노벨문학상과 관련하여 미국은 14명의 수상자를, 일본은 2명의 수상자를 배출했다. 참고로 인구 1,000만의 스웨덴은 이미 총 8명의 수상자를 배출했는데, 사용언어의 비율과 국가인구의 비율을 고려했을 때 압도적으로 많은 숫자다. 현재 그들을 기억하는 사람은 거의 없지만.

근대문학의 마지막 농담

는) '스웨덴 아카데미'가 주는 문학상 하나가 근대문학의 종언을 저지하고 근대문학을 부활시킬 수 있다는 말이기 때문이다. 그럼에도 불구하고 그것을 믿는 사람이 있다면, '근대문학의 종언'을 입에 올리는 사람들을 향해 이제 다음과 같은 주문을 외치면 된다.

"칼 16세 구스타프 폐하 만세!"

그런 의미에서 이번 수상은 근대문학이 한국문학에 던지는 마지막 농담일지도 모른다. 물론 스웨덴의 악마가 발명한 상賞에 열광하는 사람들이 이 농담을 이해할 수 있을지는 의문이지만.[8] 그래서 '세계문학'이라는 개념을 제시한 괴테가 다음과 같이 쓴 것인지도 모른다.

"내가 원하지 않으면, 악마도 존재할 수 없다."[9]

---

[8] 조지 버나드 쇼는 노벨문학상과 관련하여 다음과 같이 말한 바 있다. "다이너마이트를 발명한 노벨은 용서할 수 있지만, 노벨상은 인간의 탈을 쓴 악마만이 발명할 수 있다."
[9] 괴테, 『파우스트』, 6791행.

발표지면 일람

■ 번역가 시메이, 『국문학』 2004년 9월호, 「번역가 시메이」 (일부 수정)
■ 근대문학의 종언, 『와세다문학』 2004년 5월호, 「근대문학의 종언」 (전면 수정)
■ 역사의 반복에 대하여, 『세계』 2005년 1월호, 「'1945년'과 '2005년'」 (전면 수정)
■ 교환, 폭력, 그리고 국가, 『현대사상』 2004년 8월호, 「자본, 국가, 종교, 네이션」 (일부 수정)
■ 아이러니 없는 종언, 『국문학』 2004년 1월호, 「비판철학으로의 전회」 (일부 수정)
■ 다가올 어소시에이션이즘, 『문학계』 2004년 11월호, 「끊임없는 이동으로서의 비평」 (일부 수정)

인터뷰 · 좌담회 출석자

■ 가야노 도시히토萱野稔人
1970년생. 쓰다주쿠대학 교수. 저서로『국가란 무엇인가』,『폭력과 부와 자본주의』등이 있다.

■ 세키이 미쓰오関井光男
(1939~2014) 문예평론가. 저서로『사카구치 안고』가 있으며, 공저로『나카무라 미쓰오 연구』, 공편으로『사카구치 안고 전집』등이 있다.

■ 아사다 아키라浅田彰
1957년생. 비평가. 교토예술대학 교수. 저서로『구조와 힘』,『도주론』,『헤르메스의 음악』,『20세기 문화의 임계』,『영화의 세기말』등이 있다.

■ 오사와 마사치大澤真幸
1958년생. 사회학자. 저서로『신체의 비교사회학』,『내셔널리즘의 유래』,『자유라는 감옥』,『가능한 혁명』,『사상의 케미스트리』등이 있다.

■ 오카모토 아쓰시岡本厚
1954년생. 편집자이자 저널리스트. 1977년 이와나미서점에 입사. 잡지『세계』의 편집장을 지냈다. 저서로『북한을 어떻게 마주할 것인가』등이 있다.

■ 오카자키 겐지로岡崎乾二郎
1955년생. 조형작가이자 비평가. 저서로『르네상스 경험의 조건』,『추상의 힘』,『감각의 에덴』등이 있고, 작품으로 8미리 영화『회상의 비트겐슈타인』, 컴퓨터 아트워크『Random Accident memory』, 근(近)자연공원『해바라기 무대』등이 있다.

근대문학의 종언

가라타니 고진

조영일 옮김

초 판 1쇄 펴낸날 2025년 7월 4일
펴낸곳 비고
주   소 경기도 광명시 광오로 17번길 9-1 201호

출판등록 2019년 5월 3일 제2019-000008호

이메일 vigobooks@naver.com
블로그 vigobooks.tistory.com

ISBN 979-11-989970-0-5 03800

값 23,000원

ⓒ비고, 2025, Printed in Korea